主编简介

黎玉浓,女,土家族,1977年12月出生,中共党员,硕士,副教授。现任湖南机电职业技术学院专职体育教师、体育学科带头人,主要研究方向为体育教育与运动训练。健美操国家一级裁判员,擅长健美操、啦啦操、体育舞蹈、排球、田径、武术等项目课程教学和运动训练。注重教研教改和科研,运用科研成果促进教学,公开发表论文30余篇,出版专著3部,主编教材2部,主持和参与省级课题9项,获得发明专利和软件著作权7项。参与湖南省高校教师技能比赛获二等奖。担任学院体育舞蹈、健美操和排球队的指导教师,指导学生多次获得省级体育竞赛前三名。担任多项学生社团俱乐部指导教师,积极组织学生参加课外体育活动和各类竞赛。近年多次荣获"优秀教师""先进个人""优秀教练员"等荣誉称号。

主 编 简 介

　　吴振，男，1985年3月生，汉族，讲师，2007年毕业于湖南师范大学体育学院，运动训练专业，田径专项。现任湖南机电职业技术学院体育教学部体育教研室主任。从事高校体育教育与管理工作，主要承担田径、太极拳等项目课程的教学和训练，主要研究方向为体育教育与运动训练，在国家级和省级等刊物上发表论文10余篇，参研省级课题3项，获得实用新型专利2项和软件著作权8项。

　　田径、游泳项目国家一级裁判员，担任学院田径队的教练员，多次指导学生参加湖南省大学生田径比赛获得金牌，2014年、2018年获得"湖南省大学生运动会优秀教练员"称号。

主编简介

刘少华,男,1979年9月生,汉族,中共党员,体育学教授,毕业于华中师范大学体育学院,武汉体育学院硕士。现任湖南机电职业技术学院体育教学部副部长、人文党总支第三党支部书记。兼任湖南省篮球协会副会长、湖南省职业教育与成人教育学会高等教育与体育类专业委员会委员。田径、武术、足球、排球和篮球国家一级裁判员。

从事高校体育教育与管理工作。主要研究方向为体育教育与训练。在《西安体育学院学报》等国家级和省级等刊物上发表论文70余篇,其中中文核心4篇、EI 2篇、SCI 2篇。出版体育专著3部,主编体育教材6部,主持和参研省(部)、厅、校级课题10项,获得实用新型专利8项和软件著作权4项。

2011年参加湖南省普通高校青年教师课堂教学竞赛活动荣获二等奖,2017年参加湖南省高校教师公共课说课比赛荣获一等奖,2018年参加湖南省普通高校青年教师课堂教学竞赛活动荣获一等奖,2018年参加湖南省高校教师技能比赛荣获二等奖,2018年荣获湖南省第十一届大学生运动会科学大会高职院校组论文一等奖,2020年荣获湖南省第十二届大学生运动会科学大会高职院校组论文二等奖。担任学院田径队指导教师,指导学生获得省级体育竞赛前三名多次。2014—2015年、2015—2016年、2016—2017年、2017—2018年连续四年被评为学院优秀教师,2018年8月荣获第五届黄炎培职业教育奖"杰出教师奖"。曾担任三届班主任和多项学生社团活动的指导教师,2014年被评为学院优秀班主任。

《大学体育与健康项目教程》编委会

主　编：黎玉浓（湖南机电职业技术学院）
　　　　吴　振（湖南机电职业技术学院）
　　　　刘少华（湖南机电职业技术学院）
副主编：向　东（湖南机电职业技术学院）
　　　　云大鹏（湖南机电职业技术学院）
　　　　陈　华（湖南机电职业技术学院）
　　　　肖志芳（湖南机电职业技术学院）
　　　　张　巍（湖南机电职业技术学院）
　　　　马勋立（湖南机电职业技术学院）
　　　　邱　杰（湖南机电职业技术学院）
　　　　刘　洋（湖南机电职业技术学院）
　　　　罗琼书（汕头职业技术学院）
　　　　邵晓华（湖南机电职业技术学院）
　　　　宁智杰（湖南机电职业技术学院）
　　　　杨西京（湖南机电职业技术学院）
　　　　赵　功（湖南有色金属职业技术学院）

前言 PREFACE

近年来，随着高校"体育与健康"课程教学改革的不断深入，体育与健康教学理论和实践的研究和探索日益活跃。体育事业不断为提高国民身体素质服务，积极地改变着人们的生活方式，在世界文化交流大浪潮中，体育发挥着越来越重要的作用。对大学生来说，体育不仅能够带来快乐，还能对身体健康、生活理念、精神面貌等方面带来积极的影响。

《全国普通高等学校体育课程教学指导纲要》指出："体育课程是大学生以身体练习为主要手段，通过合理的体育教育和科学的体育锻炼过程，达到增强体质、增进健康和提高体育素养为主要目标的公共必修课程；是学校课程体系的重要组成部分；是高等学校体育工作的中心环节。"大学体育与健康教育是普通高等学校对大学生进行身体教育、促进其全面发展的重要手段，它以体育教学、课外体育活动、课余体育训练和课余体育竞赛等为主要载体，通过合理的体育教育和科学的体育锻炼过程，帮助学生增强体质、增进健康和提高体育素养。

本书以"健康第一"为指导思想，把培养终身体育意识、提高体育素质和运动技能、增强身体健康作为出发点和落脚点，以加强高校体育课程建设、提高体育教育教学质量为目的，使大学生学习和掌握体育与健康的科学知识，培养对体育活动的兴趣和爱好，学会锻炼身体的科学方法，增强体质，促进身心健康，提高体育运动水平，成为德、智、体、美全面发展的高素质人才。

本书全面阐述了体育运动与健康的基本理论知识，并对一些基本的体育技能作了详尽的描述，使学生在了解基本理论的基础上，能科学地进行体育锻炼，提高自己的运动能力，掌握常见运动创伤的处置方法。通过本书的学习，学生可以了解体育文化、体育精神，树立正确的体育、健康观，掌握一至两项有终身体育锻炼价值的运动技能，练就健康的体魄和实现对健康的自我调控；还能促进心理稳定、积极乐观，具备良好的社会公德、协作精神、竞争意识和社会适应能力。

本书由湖南机电职业技术学院黎玉浓、吴振、刘少华担任主编，由湖南机电职业技术学院向东、云大鹏、陈华、肖志芳、张巍、马勋立、邱杰、刘洋、邵晓华、宁智杰、杨西京、汕头职业技术学院罗琼书和湖南有色金属职业技术学院赵功担任副主编。本书在编写过程中参阅了大量文献，在此向原作者致以衷心的感谢！

由于编写时间仓促，编者的经验和水平有限，书中难免存在不妥和错误之处，恳请广大读者和专家批评指正。

编 者

目录 CONTENTS

第一章　体育与健康 ·· 1
　　第一节　概述 ··· 1
　　第二节　高职院校体育教育的目的、任务和组成形式 ················· 5

第二章　体育锻炼常识与卫生保健 ·· 7
　　第一节　体育锻炼的原则和方法 ·· 7
　　第二节　体育锻炼的科学安排 ·· 14
　　第三节　体育锻炼的自我控制 ·· 17
　　第四节　常见运动损伤及处理 ·· 22
　　第五节　运动中常见的生理反应及处理 ································· 25

第三章　体质健康、运动能力测试与评价 ······································ 28
　　第一节　知晓自己的体能和健康状况 ····································· 28
　　第二节　评价身体形态与机能 ·· 30
　　第三节　自测心理健康 ·· 41

第四章　三大球类运动 ·· 47
　　第一节　魅力无穷的篮球运动 ·· 47
　　第二节　隔网竞争的排球运动 ·· 68
　　第三节　激情奔放的足球运动 ·· 81

第五章　三小球类运动 ·· 100
　　第一节　灵活多变的羽毛球运动 ·· 100
　　第二节　机灵敏捷的乒乓球运动 ·· 111
　　第三节　时尚高雅的网球运动 ·· 122

第六章　深受大众热爱的游泳运动 ·· 133
　　第一节　游泳概述 ··· 133
　　第二节　游泳基本技术 ·· 136
　　第三节　蛙泳 ··· 138
　　第四节　爬泳 ··· 143
　　第五节　仰泳 ··· 147

第七章　内外兼修的武术运动······149
   第一节　武术运动简介······149
   第二节　武术基本功······151
   第三节　二十四式简化太极拳······157

第八章　磨炼意志的跆拳道运动······174
   第一节　跆拳道运动简介······174
   第二节　跆拳道基本技术······175

第九章　优美柔和的形体运动······184
   第一节　健美操······184
   第二节　瑜伽运动······191

第十章　奇幻美妙的冰雪运动······200
   第一节　滑冰运动······200
   第二节　滑雪运动······208
   第三节　雪橇运动······211
   第四节　冰球运动······213
   第五节　冰壶运动······217

第十一章　贴近自然的休闲与拓展运动······220
   第一节　定向越野运动······220
   第二节　攀岩运动······226
   第三节　拓展运动······232

第十二章　体现原始本能的田径运动······236
   第一节　竞走、跑步、跳跃、投掷运动概述······236
   第二节　竞走、跑步、跳跃、投掷运动基本技术······238
   第三节　竞走、跑步、跳跃、投掷运动学练方法······246

附录······254
   附录一　国务院办公厅关于加强全民健身场地设施建设发展群众体育的意见······254
   附录二　体育总局 教育部关于印发深化体教融合 促进青少年健康发展意见的通知······258
   附录三　中共中央办公厅 国务院办公厅印发《关于全面加强和改进新时代学校体育工作的意见》和《关于全面加强和改进新时代学校美育工作的意见》······262

参考文献······270

第一章 体育与健康

第一节 概 述

 体育

（一）体育的由来

"体育"的英文是 Physical Education，指的是以身体活动为手段的教育，直译为身体的教育，简称为体育。

体育有着悠久的历史，但"体育"一词却出现甚晚。在古希腊，体育活动往往用"体操"来表示，但其含义不同于现在的体操，它包括当时进行的所有身体操练，如拳击、跳跃、奔跑、投掷和角力等。在我国古代，类似于体育活动的行为或运动用养生、导引、武术等名词标记。

据世界体育资料记载，"体育"是法国人于 1760 年在法国的报刊上论述儿童身体教育问题的论文时首先起用的（Education Physique〈法〉）。现在国际上普遍用"Physical Education"泛指"体育"。1762 年，卢梭在法国出版了著名的教育论著《爱弥儿》，他也使用"体育"

一词来描述对爱弥儿身体的教育过程。由于该书激烈地批判了当时的教会教育，在世界上引起了很大的反响，"体育"一词同时也在世界各国流传开来。可见，"体育"一词最初产生于"教育"一词，它最早的含义是指教育过程中的一个领域。到19世纪，世界上教育发达的国家普遍使用了"体育"一词。19世纪中叶以后，德国和瑞典的体操才传入我国，随后在兴办的洋学堂中设置了"体操科"。

"体育"一词最早于1904年由日本留学生引入中国。我国最早创办的体育团体是1906年上海的"沪西士商体育会"。1907年，我国著名女革命家秋瑾在绍兴也创办了体育会。同年，清朝学部的奏折中也开始有"体育"一词。辛亥革命后，"体育"一词便逐渐运用开来。随着西方文化的不断涌入，学校体育的内容也从单一的体操向多元化发展，出现了篮球、田径、足球等运动项目。

（二）体育的功能和作用

体育是社会发展与人类文明进步的一个标志。体育事业发展水平是一个国家综合国力和社会文明程度的重要体现。在现代化建设的进程中，体育伴随着经济、社会的发展而发展。体育能在人类社会存在和连绵不断地发展，得到了不同民族和国家的人们的喜爱及广泛的认同，而且发展的活力越来越大，其影响和作用也越来越大。这充分说明体育对人类社会有着重要的功能和作用，而且经济越发展，社会越进步，人们强身健体的意识就越强烈，体育的地位就越重要，作用就越显著。为了深入地分析与认识体育对人和人类社会的功能和作用，可以将体育的功能分为体育的独特功能和作用与体育的派生功能和作用两大类。

1．体育的独特功能和作用

体育的独特功能和作用是指体育所独有的本质功能和基本作用，是区别于其他社会现象和事物对人及人类社会所产生的功能、作用的根本点，并且具有其他事物不可替代的独特性的基本特征。体育的独特功能和作用主要表现在以下几个方面：

（1）增强体质，促进人自由、全面地发展。这是体育的本质功能，也是体育能在人类社会中持续不断地存在和长盛不衰的根本原因。通过体育手段来实现增强人的体质的目的，促进人自由、全面地发展。这正是体育的独特之处，也是体育区别于其他社会活动和事物对人及社会作用的本质所在，并且具有不可替代的基本特征。人的身体素质是思想道德素质和科学文化素质的物质基础，也是一个民族和国家强盛的基础。毛泽东在《体育之研究》一文中指出："体育一道，配德育与智育，而德智皆寄于体。无体是无德智也。"还指出："体者，载知识之车而寓道德之舍也。"体育最基本的作用和本质功能恰恰是作用于一个人、一个民族的身体素质，对人民的健康和身体素质提高及民族的强盛具有独特作用。通过体育达到增强体质、强国强民的目的，已经成为人类社会一种普遍的做法。这也是当今世界各国普遍重视体育运动的根本原因。

（2）培养人们勇敢顽强、克服困难、超越自我的意志品质。人们在进行体育运动时，特别是在运动训练过程中，要克服许多由体育运动产生的特有的身体困难，体验到很多在正常条件下不可能获得的身体感受。这也是人们在从事其他活动的过程中很难体会到的身体感受。它对一个人的内在意志品质具有特殊的培养和陶冶作用。强筋骨、强意志、调情感是体育的特殊功效，可以起到"文明其精神，野蛮其体魄"的作用。体育的这些功能对青少年的意志品质的培养作用尤为重要。

（3）培养人们竞争、团结、协作的社会意识。体育有利于人的"社会化"。竞赛是体育运动最显著的一个特征，体育竞赛能有效地培养人们的竞争意识和团结协作精神。没有强烈的取胜欲望和良好的团结协作精神，在体育竞赛中不可能取得胜利。人类现实社会是一个充满着激烈竞争的场所，需要团结和协作精神。体育竞赛，特别是在集体项目的竞赛过程中，要想取得胜利，既要有力争胜利的顽强竞争意识，又要懂得与同伴和队友的团结协作，这样才可能达到目的。体育竞争，犹如一种社会竞争的模拟，而体育的这种"模拟社会"的功能，是体育运动所独有的。

（4）丰富个人和社会的文化生活，提高人们的生活质量。人们通过参加和欣赏体育运动，不仅能增强体质，还能够愉悦身心，丰富文化生活。世界上还没有其他任何一种活动能像体育竞赛那样有规律地举行，特别是以奥运会为最高层次的国际体育竞赛已经成为现代人们关注和欣赏的热点。各种不同形式和类型的体育竞赛，以它独有的形式和方式为人类社会生产出丰富多彩的文化精神食粮，提高人类的生存和生活质量。群众体育给人们带来了特殊的享受，改变和改善着当今人们的生存及生活方式。

（5）为社会提供和构建公平、公开、公正的价值体系和价值标准。公平是人类社会所共同追求的一种理想社会状态。"阳光下的公平竞争"正是现代人类社会所追求的价值体系和价值标准的道德核心。竞赛是体育的一个最鲜明特点，通过竞赛，优胜劣败，决出名次，可以激发荣誉感，鼓舞上进心，这是其他任何形式的社会活动和手段不能代替的。从一定意义上讲，没有竞赛，就没有体育运动。体育竞赛就是在公平的规则下，在公开场合中，通过最大限度地发挥个人和集体的体力和智力，优胜者可以得到奖励和人们的尊重。体育运动向人们和社会所展示的以公平、公开、公正为核心的价值体系和价值标准得到了不同民族和国家的普遍尊重和推崇。

2. 体育的派生功能和作用

体育对人和社会的派生功能与体育的独特功能不同，主要区别在于这些功能和作用不是体育所独有的，在其他社会现象和活动中也能产生类似的功能和作用。

（1）体育的交流功能和作用。在体育运动过程中，能增强人与人之间的交流和交往，是促进人们的友谊和增强团结的重要手段。通过体育活动，能够扩大人们的情感交流，增加人与人之间的相互了解，改善人际关系，共同创造和谐文明的社会环境。国际间的体育交往，还能够促进国家与国家之间及不同民族之间的相互了解和相互信任，有利于人类社会的和平与发展。

（2）体育的经济功能和作用。体育作为一种社会活动，它总是在一定的物质消费的基础上进行的，因此，与体育活动相关的服装、器材、装备和体育场地设施等就随之而产生，体育服务等社会行业就必然会出现。特别是在现代社会，体育中的很多内容已经发展成为人类社会的第三产业，在社会经济生活中发挥着越来越大的作用。许多国家的政府还出台了体育产业发展纲要等政府文件，这些都充分说明了体育的经济功能和作用。

（3）体育的教育功能和作用。体育是学校教育的一个重要组成部分，是教育的一个重要手段和方面。体育在培养人们健康合理的生活方式、集体主义精神、爱国主义精神、刻苦耐劳精神、顽强拼搏精神等方面起着重要的作用。

（4）体育的娱乐功能和作用。体育运动能得到广大社会成员的喜爱，一个重要原因是体育与文化、艺术等活动一样具有较强的娱乐功能。人们在体育运动的过程中能体验到乐趣和快感，因而它也成为人们娱乐的一种形式。

另外，体育还具有政治功能、对外交往功能、科学研究功能等多种派生功能。体育的派生功能和体育的独特功能一样，在人类发展和社会进步中起着重要的作用，同时，也促进了体育运动本身在人类社会中的不断发展。体育的功能和作用随着社会发展和体育本身的发展也会不断地变化、发展。正确认识和深入研究体育的功能和作用，有助于了解体育在人类社会中的作用和充分地发挥体育的不同功能，使体育更好地为人类社会进步和发展服务。

二　健康

健康是人类生存发展的要素。以往，人们普遍认为"健康就是没有疾病，有疾病就不是健康"。随着科学的发展和时代的变迁，现代健康观告诉人们，健康已不再仅仅是指四肢健全、无疾病或虚弱，除身体健康外，还需要精神上有一个良好的状态。人的精神、心理状态和行为对自己、他人和社会都有影响。更深层次的健康观还包括人的心理、行为的正常和社会道德规范及环境因素的完美。现代健康的含义是多元的、广泛的。同时，健康是人类永恒的主题。

（一）健康的概念

健康的概念是随着人类对客观世界认识的不断深化而改变的。过去，不少学者认为健康的定义是没有疾病，有疾病就是健康受损，在形式上形成了健康的循环定义。这种建立在疾病基础上的健康概念，只反映了健康的负向方面，被称为健康的消极定义。

世界卫生组织关于健康的定义为："健康乃是一种在身体上、精神上的完满状态，以及良好的适应力，而不仅仅是没有疾病和衰弱的状态。"其实这就是人们所指的身心健康。也就是说，一个人在躯体健康、心理健康、社会适应良好和道德健康四个方面都健全，才是完全健康的人。对以上四个方面的健康可做如下解释：

（1）躯体健康：一般指人体的生理健康。

（2）心理健康：有三个方面的标志，第一，人格的完整；第二，在所处的环境中，有充分的安全感，保持适度的焦虑；第三，对未来有明确的目标，能切合实际地、不断地进取，有理想和事业的追求。

（3）社会适应良好：是指个体的社会行为，能适应复杂的环境变化，能保持正常的人际关系，能受到别人的欢迎。

（4）道德健康：不以损害他人利益来满足自己的需要，有辨别真伪、善恶、美丑等是非观念，能按社会行为规范的准则约束、支配自己的行为，能为人民的幸福做贡献。

（二）健康的标准

世界卫生组织提出的健康的10条标准如下：

（1）精力充沛，能从容地应付日常生活和工作的压力而不感到过分紧张。

（2）处事乐观，态度积极，乐于承担责任，事无巨细，不挑剔。

（3）善于休息，睡眠良好。

(4) 应变能力强，能适应环境的各种变化。
(5) 能够抵抗一般性感冒和传染病。
(6) 体重得当，身材匀称，站立时头、肩、臂位置协调。
(7) 眼睛明亮，反应敏捷，眼睑不发炎。
(8) 牙齿清洁，无龋齿，无痛感；齿根颜色正常，牙龈无出血。
(9) 头发有光泽，无头屑。
(10) 肌肉、皮肤富有弹性，走路轻松有力。

 三 体育对人的健康各方面的影响和作用

(1) 体育可以提高人的劳动素质，培养和造就全面发展的人格。
(2) 体育是保持人体机能处于最佳状态的有效手段，是人们消除身心疲劳、保障健康生活最积极的手段。
(3) 体育是戒除恶习、改善不良社会生活的有力措施。越来越多的科学证据表明，进行体育活动可以增进健康，并能防止慢性及非传染性疾病的发生。
(4) 体育可以满足人们的多种文化需求、精神需求和情感需求，改变人们的审美观念。
(5) 体育可以缓解现代生活节奏给人带来的紧张情绪，融洽人际关系。
(6) 体育活动可以使人学习基本的生活技能，提高人的生活能力，从而提高生活质量。

第二节　高职院校体育教育的目的、任务和组成形式

 一 高职院校体育教育的目的和任务

根据我国现代化建设事业对当代大学生身心发展的需求和大学生生理、心理特征，体育的功能及我国的国情，高职院校体育教育的目的是培养大学生的体育意识，提高体育能力，养成自觉锻炼的习惯，增强体质，培养良好道德品质，为终身体育、毕生事业建立良好的基础，使之成为合格的现代化事业的建设者和接班人。

高职院校体育教育的任务是：全面锻炼学生身体，使之增强体质，增进健康，提高抵抗疾病与适应环境变化的能力；学习和掌握体育"三基"（即基本知识、基本技术、基本技能），激发学生参加体育锻炼的兴趣，养成自觉锻炼身体的习惯，提高体育文化素质，为终身体育奠定基础；通过体育向大学生进行思想品德教育，培养良好的思想品质和道德风尚；发展大学生的体育才能，提高运动技术水平，促进体育运动的进一步普及。

二 高职院校体育教育的组成形式

高职院校体育教育的组织形式包括体育课教学、课外体育活动、课余体育训练和组织校内体育运动竞赛及参加校外各类体育运动竞赛等。这几种形式互相联系、互相配合，构成学校体育工作。其中，体育课教学是最重要的组织形式。

（一）体育课教学

体育课教学是学校体育工作的重要组成部分。当前高职院校一般采取选项课、选修课授课形式，一些处于改革开放前沿的职业大学，将计划体育课时的 1/3 分解到课余活动时间进行。主要是通过体育教学和体育锻炼，使大学生掌握体育基本知识和基本技能，培养体育兴趣，树立终身体育的观念。

（二）课外体育活动

课外体育活动是大学体育工作的重要组成部分，是课余文化生活的重要内容。其包括早操、课间操、课外体育锻炼等形式。除当天安排有体育课、实训劳动课外，提倡每天锻炼 1 小时的阳光体育活动。

（三）课余体育训练

课余体育训练是指学校各运动队、单项体育运动协会、各院系代表队的训练等。开展多种形式的课余体育训练，为有运动特长的学生提供展示才华和提高运动技能的平台，不仅能为学校争取荣誉，而且可以为学校和社会培养体育骨干。实践多次表明，有运动特长的高职学生毕业时会受到用人单位的青睐。

（四）体育运动竞赛

学校体育运动竞赛包括校内与校外两部分。校内的竞赛有校综合运动会、田径运动会、单项运动竞赛及院系之间的单项比赛等；校外的竞赛有全国、省、市大学生运动竞赛，包括综合运动会与单项比赛。运动竞赛不仅能扩大学校的声誉与影响、增进校际的交往与合作，而且是教育学生爱校、爱集体、团结协作、敢于挑战、锐意进取、尊重对手、增强凝聚力的最生动的教育课堂，还对丰富学生课余文化生活、构建和谐的校园文化有着重要的意义。

第二章 体育锻炼常识与卫生保健

第一节 体育锻炼的原则和方法

 一　体育锻炼的基本原则

体育锻炼是为实现一定目的的身体活动,要求参加者必须遵循人体发展的规律,才能达到理想的锻炼效果。体育锻炼的基本原则是人们参加体育锻炼所必须遵守的准则。它包括目的性原则、自觉性原则、全面性原则、循序渐进性原则和经常性原则。

(一)目的性原则

目的性原则是指体育锻炼者有目的、有计划地进行体育锻炼。参加者正确确定体育锻炼的目的,一是可以对体育运动的形式、内容、方法的选择和运动负荷的安排起指导作用;二是可以充分调动自己参加体育锻炼的积极性。因此,参加者首先要明确体育锻炼的目的是强身的需要、保健的需要、娱乐的需要或健美的需要,根据自身不同的需要确定锻炼的内容、方法等。

（二）自觉性原则

自觉性原则是指体育锻炼者明确锻炼目的，充分认识锻炼价值，自觉主动地进行体育锻炼。参加者只有明确了体育锻炼的目的，主观上充分认识到体育锻炼的价值和意义，才能形成体育锻炼的强烈欲望，才能自觉主动地、全身心地投入体育锻炼中，取得良好的锻炼效果。

（三）全面性原则

全面性原则是指体育锻炼应该全面发展身体的各个部位和各个器官的机能，提高身体素质，从而达到全面而和谐的发展。

人体是一个有机统一的整体，人体各部位、各器官系统的机能都是互相联系和互相影响的，人体在体育活动中所表现出来的力量、速度、耐力、柔韧性和灵敏度等素质是通过肌肉活动表现出来的，但同时也反映着神经系统和运动器官、运动器官和内脏器官配合的协调程度。因此，体育锻炼者必须采用多种运动形式、内容、方法和手段，并且要全面、科学、合理地搭配锻炼的内容，内外结合，既要考虑身体形态的发展，又要考虑体内组织器官和系统的反应，同时要注意心理素质的培养，以达到全面锻炼身体的目的。

（四）循序渐进性原则

循序渐进性原则是指体育锻炼时必须根据身体素质发展的规律和超量恢复原理，结合个人实际情况，科学安排锻炼内容、方法、项目及运动负荷，使人体在不断适应的同时，肌体功能不断得到改善和提高。在体育锻炼过程中，运动负荷的大小直接影响人体机能的变化，负荷是否适宜，对锻炼效果的好坏起很大的作用。运动负荷的大小因人、因时而异。因此，进行体育锻炼时应循序渐进，随时调整运动负荷，逐步提高锻炼水平。

（五）经常性原则

经常性原则是指体育锻炼必须经常性进行，使之成为日常生活中的重要内容。体育锻炼对机体给予刺激，每次刺激都会产生一定的作用痕迹，连续不断的刺激作用则会产生痕迹的积累。这种积累使机体结构和机能产生新的适应，体质就会不断增强，动作技能形成的条件反射也会不断得到强化。因此，体育锻炼贵在坚持，形成良好的习惯，使自身锻炼成为日常生活中的一个组成部分，这样才能达到良好的锻炼效果。

体育锻炼中的三要素

从运动生理学和体育运动训练学的机理上分析，决定体育锻炼效果的主要因素在于运动时间、运动项目选择和运动强度（即负荷）。

（一）最佳锻炼时间

每天 16：00—19：00，人的身体机能处于最佳状态。所以，锻炼身体也最好安排在下午的课外活动时间进行。

（二）安排锻炼内容

在锻炼的内容上，每个人可以根据实际条件和爱好选择一项较为剧烈的运动项目。注意：一项剧烈的运动就足够了，如篮球、足球、羽毛球、乒乓球、健美操、轮滑、跳绳等。一般情况下，应当保证每天1小时的锻炼时间。在晚饭前40分钟内，不要进行剧烈的身体活动。

（三）判断运动量

判断运动负荷大小是否合适的简易方法是测量脉搏和观察运动后的主观感觉。通过测量运动前后的脉搏次数，判断运动负荷的大小。

最适宜运动量：脉搏应该为130次/分钟左右。

最高心率：170次/分钟（最高心率=220－年龄）。

三 体育锻炼的方法

体育锻炼的方法是根据人体发展规律，运用各种身体练习，以提高人的身体素质和基本活动能力的途径和方式。体育锻炼的方法主要有重复锻炼法、间歇锻炼法、连续锻炼法、循环锻炼法、变换锻炼法和负重锻炼法。

（一）重复锻炼法

重复次数的多少不同，对身体的作用不同，重复次数越多，身体对运动反应的负荷量越大。如果重复次数不断地继续增加，可能使身体承受的负荷达到极点，乃至破坏有机体的正常状态，造成伤害。

运用重复锻炼法，关键是掌握好负荷的有效价值范围（最有锻炼价值负荷量下的心率），并据此调节重复次数。在重复锻炼中，对负荷如何控制，怎样去重复才能达到理想效果的负荷程度，应视实际情况而定。

（二）间歇锻炼法

人们认为体质增强的过程是在运动中实现的，其实体质内部增强过程主要是在间歇中实现的，是在休息过程中取得了超量恢复。若是离开在休息中取得超量恢复，则运动就变成了对增强体质毫无意义的事，甚至起不到作用。间歇对增强体质的作用并不亚于运动本身。自古以来就有以静炼身的经验。在现代科学的基础上，人们更清楚地认识到了在间歇时间内有机体的各种变化，认识到了保持同化优势的重要性，所以将间歇作为一种健身的基本方法。

同重复锻炼法一样，间歇的时间也要依据负荷的有效价值标准去调节。一般来说，当负荷反应（心率）指标低于有效价值标准时，应缩短间歇时间；而高于有效价值标准时，则可延长间歇时间。通过适当的间歇，把负荷量调节到负荷有效价值范围，以追求良好的锻炼效果。

实践中，一般心率在130次/分钟左右时，就应再次开始锻炼。间歇时，不要做静止休息，而应边活动边休息，如慢速走步、放松手脚、伸伸腰腿或做深而慢的呼吸等。因为轻微活动可使肌肉对血管起到按摩作用，帮助血液流回和排除代谢所产生的废物。

（三）连续锻炼法

从增强体质的良好效果出发，需要间歇就停一会儿，需要连续就接二连三地进行下去，所以不能仅讲究间歇，还要讲究连续。连续、间歇、重复都是在同一锻炼过程中实现的。连续、间歇、重复等因素各有其特有的作用。连续的作用在于保持负荷量维持在一定的水平上，使身体充分地受到运动的作用。

连续锻炼时间的长短，同样要根据负荷价值有效范围来确定。通常认为在 140 次 / 分钟左右心率下连续锻炼 20～30 分钟，可使机体的各个部位都长时间地获得充分的血液和氧的供应，因而能有效地提升有氧代谢能力。实践中，用于连续锻炼的主要是那些比较容易，并已为锻炼者所熟悉的动作，可以是跑步、游泳，也可以是跳迪斯科舞等。

（四）循环锻炼法

循环锻炼法由几个不同的练习点组成。当一个点上的练习一经完成，练习者就迅速转移到下一个点，下一个练习者依次跟上。练习者完成了各个点上的练习，就算完成了一次循环。循环锻炼法对技术的要求不高，而且各项目都采用轻度的负荷练习，因此练习起来既简单有趣，又可以获得综合锻炼，达到全面发展的良好效果。

（五）变换锻炼法

变换锻炼法可以有效地调节生理负荷，提高兴奋性，强化锻炼意向，克服疲劳和厌倦情绪，以达到提高锻炼效果的目的。如刚参加锻炼时，可多做一些诱导性练习和辅助性练习。随着锻炼水平的提高，应加大练习的难度，如用越野跑代替田径场的长跑等。由于锻炼条件的变化，可使锻炼者的大脑皮层不断地产生新异的刺激，提高兴奋性，激发锻炼的兴趣，从而提高机体对负荷的承受能力，提高锻炼效果。另外，不断地对锻炼的内容、时间、动作速率等提出新的要求，可有效地调节生理负荷，使机体不断产生适应性变化，达到更好地锻炼身体的目的。

（六）负重锻炼法

负重锻炼法是使用杠铃、哑铃、沙袋等重物进行身体运动来锻炼身体、增强体力的方法。负重的方法，既用于普通人为增强体质锻炼身体，又用于各项运动员进行身体训练，还可用于促进身体疾患的康复。一般情况下，人增强体质进行负重锻炼时，应该采用最大摄氧量和最大心血输出量以下的负荷。

四 提高身体素质的方法

1. 发展力量素质的方法

力量是指肌肉紧张或收缩时所表现出来的一种能力。力量素质是身体素质的基础。发展力量素质应根据目的采取不同的方法。一般情况下，发展绝对力量采用质量大、组数多、次数少的方法，发展速度力量采用中质量、中次数、组数少的方法，发展小肌肉群力量和力量耐力采用质量小、组数少、次数多的方法。具体可参见表 2-1 所列的方法进行锻炼。

表 2-1　发展力量素质的一般方法

力量素质要求	增大肌肉体积	发展肌肉耐力	发展速度力量	发展绝对力量
发展力量素质的方法	连续举中等质量，次数较多，直到举不起来为止，使肌肉工作到最大限度	连续举一定质量，次数较多，使肌肉长时间持续收缩，直到举不起来为止	连续举中等或小质量，次数较少或中等，以最快速度完成练习	以较少次数举接近最大负重量或本人的最大负重量
质量 /%	60～80	40～60	60～80	80～100
组数 / 组	2～3	2～4	4～6	6～10
次数 / 次	6～8（做到极限）	12以上（做到极限）	5～12	1～5

2. 发展耐力素质的方法

耐力素质是指有机体长时间工作克服疲劳及疲劳后快速恢复的能力。按运动的外在表现可分为速度耐力、力量耐力、一般耐力；按所影响的器官可分为心血管耐力和肌肉耐力等；按能量供应特点可分为有氧耐力和无氧耐力等。练习时，应强调意志品质、呼吸深度和呼吸方法。

（1）发展有氧耐力的方法：发展有氧耐力主要是提高心肺功能。运动时间要求在15分钟以上（至少为15分钟）。锻炼时负荷强度应达到所能承受最大强度的80%左右（心率大约在150次/分钟），经常采用持续负荷方法（包括连续负荷法和交替负荷法两种），如多选用跑步、跳绳、原地跑、球类、自行车、溜冰、划船等锻炼手段进行锻炼。锻炼时应注意逐渐增加运动强度和密度。

（2）发展无氧耐力的方法：无氧耐力又称专项耐力，是体能类、技能对抗类竞技体育的基础。发展无氧耐力的方法，主要采用尽可能快的动作或用平均速度以间歇练习法来完成专项耐力训练的任务。一般要在医务人员监督下进行锻炼，心率控制在180次/分钟以上。另外，对运动员常用缺氧训练或高原训练等手段，以提高身体处于缺氧状态下能长时间对肌肉工作供能的能力。

3. 发展速度素质的方法

速度素质是指人体快速运动的能力。速度可分为反应速度、动作速度和移动速度。各种速度素质练习，都应在体力充沛、精力饱满的情况下进行。

（1）反应速度：对外界刺激反应的快慢。利用信号让练习者做出相应反应是常用的方法。

（2）动作速度：完成某一动作的快慢。减小练习难度法（顺风跑、下坡跑等）、加大难度法（跳高前的负重跳等）和时限法（按一定节拍或跟随别人较快的节奏等，以改变自己的动作节奏或速度）是常用的发展动作速度的方法。

（3）移动速度：单位时间内位移的距离。发展的方法有最大速度跑、加快动作频率和发展下肢爆发力量。

4. 发展灵敏素质的方法

灵敏是指在多变的运动环境中迅速改变身体位置的能力。发展的方法有在跑跳中迅速、准确、协调地完成各种动作，各种综合练习，各种变换方向的追逐性游戏及球类活动等。

5. 发展柔韧素质的方法

柔韧是指关节活动的幅度，肌肉、肌腱、韧带等软组织的伸展能力。一般以采用静力性拉长肌肉和结缔组织的方法发展柔韧素质成效较快。静力性练习要求保持8～10秒，重复8～10次，如压、搬、劈、蹦、体前屈、转体、绕环等动作，并以感到酸、胀、痛为限。控制在 5～30 次的动力性拉伸练习（踢腿、摆腿、甩腰等），也是发展柔韧素质的方法之一。

发展柔韧素质应将静力与动力、主动与被动练习相结合，坚持细水长流，勿用力过猛。

体育锻炼的效果评价

体育锻炼效果是指锻炼者在体育锻炼的影响下，各器官、系统在形态、结构和机能等方面所产生的适应性变化和良好反应。

（一）心理感觉

运动量可以靠主观感觉来衡量。体育锻炼与运动员的训练不同，锻炼后要轻松自如，并有一种满足感，这也是锻炼者主观衡量运动量的一项指标。如果锻炼后有一种适宜的疲劳感，而且对运动有浓厚的兴趣，则说明运动量适合机体的机能状况；如果运动时气喘吁吁、呼吸困难，运动后极度疲劳，甚至厌恶运动，则说明运动量过大，应及时调整运动量。

（二）心率（或脉搏）的评定

心率是指心脏每分钟跳动的次数，正常成年人的心率为 60～100 次/分钟。心率可用听诊器在心脏表面直接测定，也可用其他仪器测定。在体育活动中，心率次数也可用脉搏次数表示，脉搏可用手在桡动脉、颈动脉和足背动脉直接测定。心率是监测负荷强度的一项比较灵敏的指标，但用来评定体育锻炼的效果时不太敏感，短时间内体育锻炼的效果不可能通过心率表现出来。只有长期从事体育锻炼取得较明显的效果时，心率的良好变化才能显示出来；而一旦从心率表现出良好的机能变化，则说明体育锻炼的效果已非常明显。

（三）血压的测定

血压是指流动的血液对血管壁的侧压力，一般常指动脉血压。血压值随心动周期的变化而有不同。动脉血压的最高值为收缩压，正常值为 100～200 mmHg；最低值为舒张压，正常值为 60～80 mmHg。血压可用血压计和听诊器测定。

在进行体育锻炼时，血压的变化较大。体育锻炼对血压变化的影响要经过长时间的锻炼才能表现出来，用血压这一指标评定锻炼效果时，要考虑到血压变化的这一特点。对于高血压患者和老年人，要经常注意观察其血压的变化；对于一般体育锻炼者，则应多在定量负荷后测定血压，以便对心血管机能做出综合评定。

（四）肌肉力量的评定

肌肉力量是指肌肉收缩产生的张力，不同肌肉群、不同关节角度和不同收缩速度产生的肌肉力量不同。但对人体的某一块肌肉来说，一般情况下，肌肉力量相对恒定。以肌肉力量作为评定体育锻炼效果的指标时，多用简单的肌肉力量测定计测定肌肉群的最大肌力，也可测定身体承受一定负荷的重复次数。肌肉力量是一项比较敏感的指标，经过短时间体育锻炼后，特别是进行了针对性的力量练习后，肌肉力量会明显增强。因此，肌肉力量可作为短时间体育锻炼的运动效果指标。应用肌力指标评定锻炼效果，最好在力量对比练习后的几天或一周后进行；

因为如果在力量练习后的第二天测定肌力指标，可能会由于身体疲劳或肌肉疼痛而影响评定效果。

（五）呼吸频率的测定

体育锻炼后，呼吸频率的变化可以在很大程度上反映肺通气功能的变化。人体在安静时呼吸频率为 12～16 次/分钟，体育锻炼时呼吸频率明显增加。呼吸频率可以通过胸廓的起伏次数测定。呼吸频率受心理因素的影响较大，如果直接告诉受试者测定呼吸频率，受试者往往会由于注意力过于集中而有意识地控制呼吸频率。所以，测定呼吸频率，最好通过转移注意力的方法进行，如在测量心率的同时测定呼吸频率，或在受试者不知道的情况下测定，以免由于心理因素的干扰而影响测定结果。

（六）体育锻炼时间的评定

体育锻炼时间一般是指在一次性体育锻炼过程中从运动开始到感到疲劳而停止运动的时间。一般情况下，可通过锻炼者的主观感觉去判断疲劳，终止运动。由于这一指标主要通过锻炼者自己去感受，所以锻炼者在应用时应做到前后一致，以保证客观性。用运动时间评定体育锻炼效果也是比较敏感的，一般通过短时间（两周左右）的体育锻炼，运动时间就可延长。另外，在应用这一指标时，也可用同样的锻炼时间和身体的不同感觉评定锻炼效果；如果在同样的运动时间内身体的疲劳反应程度小，说明身体机能有所增强。

（七）评定体育锻炼效果时应注意的问题

1. 活动项目的特点

不同体育活动项目对身体机能的影响不同。因此，在评定体育锻炼效果时，应考虑到体育锻炼项目的特点。力量性体育活动可以发展肌肉力量和肌肉体积，但对心血管系统的影响不明显；长跑锻炼，可以发展心肺功能，锻炼后安静时可能出现心率下降的现象；而健美操锻炼后，随着身体机能增强，可能不会出现安静时心率下降的现象。在评定锻炼效果时，应选择与体育锻炼形式相适应的、较敏感的生理指标。

2. 体育锻炼时限的特点

有些生理指标，经过短时期体育锻炼后就可能发生较明显的变化，如肌肉力量；另有一些指标，需要经过长期的锻炼才会出现变化，不宜以短时间的运动效果来评定。

3. 评定方法的一致性

在评定锻炼效果时，不同时期测量指标的方法要前后一致，这包括测定时间、运动负荷、测定部位等。因为只有测定方法统一，才能用于前后客观的比较，得出的结果才有意义。

4. 指标的变异特征

一般来讲，在锻炼的初期，任何生理指标提高起来都比较容易；而在提高到一定程度后，再继续提高就比较困难。所以，不要误认为只有不断提高生理机能才说明锻炼效果好；保持已提高的生理机能，也是锻炼效果好的表现。

第二节 体育锻炼的科学安排

一 制订体育锻炼计划

（一）制订锻炼计划或运动处方的步骤

（1）制订前要对自己的体能、健康状况、各项素质进行检查与预测。
（2）根据检查与测试结果确定锻炼计划或运动处方。
（3）按锻炼计划或运动处方积极锻炼。
（4）对锻炼的过程进行评价。
（5）适当修订锻炼计划或运动处方。
（6）按修订后的内容进行锻炼。
（7）经过一定的时间或一个学期、一个学年以后再进行评价，检查锻炼效果。

（二）制订锻炼计划或运动处方的方法

（1）划分锻炼阶段。通常以一个学期为一个阶段或者以月份为单位，将一个学期划分为几个阶段。
（2）确定每个阶段的锻炼任务、重点和指标。
（3）确定每周练习的次数和时间。
（4）确定每周练习负荷的节奏。
（5）确定每次练习的内容。

（三）体育锻炼计划的内容

（1）锻炼内容：练习的名称、距离、速度、数量、次数、间歇时间、方法等。
（2）锻炼日期要注明某年某月某日。
（3）锻炼时间是指开始和结束时间。
（4）准备活动和整理活动的内容。

（四）制订体育锻炼计划或运动处方应注意的事项

（1）锻炼计划制订得要全面。
（2）要从个人的实际出发，有针对性。
（3）要循序渐进。

（4）要有合理的运动负荷。
（5）要留有余地。

 长期体育锻炼的科学安排

体育锻炼只有持之以恒，才能取得理想的健身效果。因此，锻炼者在体育锻炼前应根据自身的条件、健身目的，制订出一个长期稳定而又切合实际的锻炼计划。在制订长期锻炼计划时，至少应考虑健身目的、年龄和季节等方面的因素。

1．根据健身目的科学地安排体育锻炼

在进行体育锻炼前，每个人都要有较明确的健身目的，这是人们科学安排体育锻炼的重要依据。如果是为了增强体质，提高健康水平，那么，安排体育锻炼的内容和时间就比较灵活一些；如果是为了提高肌肉力量，发展肌肉，就应以力量练习为主；如果以减肥为主要目的，就应以有氧运动为主，运动时间相应要长。

2．根据季节科学地安排体育锻炼

不同季节的气候条件对体育锻炼也有影响，要根据季节气候的变化规律安排体育锻炼，并注意季节交替时体育锻炼的内容衔接。

（1）春季锻炼。在春季进行体育锻炼时，要做好准备活动，充分伸展僵硬的韧带，以减少运动损伤。同时，要注意脱、穿衣服，防止感冒。

（2）夏季锻炼。夏季天气炎热，最好是在清晨或傍晚进行锻炼，锻炼后要注意水分的补充，以防身体脱水和中暑。夏季最理想的运动是游泳，但并不是所有的人都有条件或适合进行游泳运动，可供选择的其他较合适的项目还有慢跑、散步、太极拳、羽毛球等。

（3）秋季锻炼。秋季天气变化无常，早晚气温较低，要注意衣服的增减。另外，秋季天气干燥，锻炼前后要注意补充水分，以保持呼吸道的湿润。

（4）冬季锻炼。冬季参加体育锻炼，不仅可以提高身体的健康水平，还可以提高身体的抗寒能力，预防各种疾病的发生。冬季锻炼时身体的生理机能惰性较大，肌肉组织易受伤，所以要做好准备活动。运动最好采用口鼻呼吸方式，吸气时口不要张得太大，防止冷空气直接刺激口腔黏膜。

3．根据年龄科学地安排运动量

体育锻炼时，运动量是影响锻炼效果的重要因素。运动量过小，锻炼效果不明显；运动量过大，会对机体产生不利的影响。不同年龄的人身体状况不同，体育锻炼的运动量也应不同。

 每次体育锻炼的科学安排

体育锻炼参加者应学会科学地安排每次锻炼，以获得理想的健身效果。

1．准备活动充分

准备活动不仅可以提高锻炼效果，还可以减少损伤。准备活动不仅可使身体机能进入最佳状态，而且可使心理机能达到最佳水平。

2．运动强度逐渐增加

每次进行锻炼时，不要一开始就使强度很大，这样会使身体出现一系列不适反应。这是因为人的各器官都有一定的惰性,通过准备活动,肌肉已经能够进行大强度的活动,但内脏器官的活动并不能立即进入最佳状态,从而造成内脏器官与运动器官的不协调,出现各种不适症状。因此,活动开始后,运动强度要逐渐增加。

3. 足够的锻炼时间

以健身为目的的体育锻炼,应以有氧运动为主,因此,运动强度不要过大,但要保证足够的锻炼时间。为了保证锻炼效果,每天的锻炼时间至少要在半小时以上。在运动强度与时间发生矛盾时,应首先考虑运动时间,如果每天锻炼不能保证半小时,即使增加强度,健身效果也不明显。锻炼时间可以采取化整为零的办法,尤其是对于那些刚开始锻炼不能坚持到半小时或工作、学习繁忙的人。当然,并不是锻炼时间越长越好,每天锻炼1小时效果最好,身体机能好的人锻炼时间可长一些,但即使是散步这种强度小的锻炼,时间也不要超过2小时。

4. 身体疲劳与恢复

锻炼一段时间后,必然会产生疲劳。疲劳是一种生理现象,人体只有通过体育锻炼产生疲劳,才会出现身体机能的超量恢复。但是,疲劳的不断积累也可能造成身体的疲劳过度,从而对机体产生不利影响。了解锻炼时疲劳产生的原因,掌握诊断和消除疲劳的方法,对提高锻炼效果具有重要的意义。

(1)疲劳产生的原因。运动性疲劳是一个复杂的问题。由于体育锻炼的形式不同,产生疲劳的原因也不同。疲劳产生的原因主要有以下几种:

①能源物质大量消耗:能量的大量消耗使体内能源物质供应不足,从而造成身体机能下降。

②代谢产物堆积:体育锻炼过程中随着能源物质的大量消耗,体内代谢产物也急剧增加,代谢产物的堆积可造成体内代谢紊乱。在所有代谢产物中,乳酸是造成身体疲劳的主要物质,它是糖原在缺氧状态下的分解产物,它的堆积可使肌肉pH值下降,引起大脑和肌肉工作能力下降。另外,脂肪代谢产生的酮、蛋白质代谢产生的氨类物质在体内的堆积都可使身体产生疲劳。

③水盐代谢紊乱:大量排汗,不注意补水或者补水不科学,都可造成体内水盐代谢紊乱,使渗透压改变,引起细胞内外水平衡失调,造成身体机能下降。

(2)疲劳的判断。及时判断疲劳的出现是防止过度疲劳、提高锻炼效果的重要保障,下面介绍两种判断疲劳的方法:

①简易的生理指标测定法:肌力是常用的生理指标之一,体育锻炼后肌肉力量不增加,反而下降,说明机体产生疲劳。心率是判断疲劳的最简单的生理指标,体育锻炼后心率恢复时间延长,或第二天清晨安静心率较以前明显增加,表示机体产生疲劳。

②主观感觉:如果锻炼后感到头昏、恶心、胸闷、食欲减退,身体明显疲劳,甚至厌恶体育锻炼,说明身体疲劳程度较严重,应及时调整运动量。

第三节 体育锻炼的自我控制

一 体育锻炼的环境卫生要求

环境与健康关系密切，了解它们相互作用的规律，科学地保护并利用环境进行体育锻炼，对身心健康大有益处。

1．空气

新鲜空气中的氧气可以振奋精神，消除疲劳，提高学习和工作效率，也能改善睡眠状况，促进基础代谢。在体育锻炼时，为了满足运动时氧的需要，呼吸、循环系统的活动相应加强，如果空气不清新，含粉尘杂质和有害气体较多，不但使人体内氧的补充受到影响，而且容易引起呼吸道和其他疾病。因此，体育锻炼，要注意在空气新鲜的环境中进行。

2．诱因

在气温超过 35 ℃时，人体会因大量出汗而导致身体内环境的改变，运动能力下降，甚至出现痉挛、中暑等情况。在较高气温环境中运动时，运动量要由小到大，注意及时补充淡盐水，并常到阴凉通风处休息。

在气温较低的环境中，容易造成人体的局部冻伤或冻僵，使运动能力受到影响。在寒冷环境下长时间运动，会由于体温散失过多而出现头晕、协调能力下降、步幅不稳等现象。在低温环境下运动，应注意防寒保暖。

3．场地

（1）露天运动场所。露天运动应选择干燥、平坦、光线不为周围建筑物所遮挡的场所，并且要远离喧嚣的街道及放出有害气体、烟尘或产生噪声的工业区。

（2）室内外游泳池。游泳池的卫生设施、水质应符合卫生标准与要求。

（3）健身房。锻炼者应有人均 4 平方米的活动场地，以保证运动时的动作自由。健身房通风、保暖设施应良好，室内气温恒定在 14 ℃～ 15 ℃，光照度不小于 50 lx。

（4）运动场馆。运动场馆的地面应是木质或塑胶质，地面平整而坚固。除必需的设备外，不应有其他无关的东西和多余的器械，并应有良好的通风装置，经常通风换气，保持场馆内空气新鲜。

二 体育锻炼的自我保健

（一）做好准备活动

体育锻炼前进行充分的准备活动，对于体育锻炼者来说是非常重要的。有些体育爱好者就是由于不重视锻炼前的准备活动而导致各种运动损伤,不仅影响锻炼效果,而且影响锻炼兴趣,使人对体育活动产生畏惧感。因此,每个体育活动爱好者在每次锻炼前都必须做好充分的准备活动。

1．准备活动的主要作用

(1)提高肌肉温度,预防运动损伤。体育锻炼前,进行一定强度的准备活动,可使肌肉的代谢过程加快。肌肉温度的升高,一方面可使肌肉的黏滞性下降,加快肌肉的收缩和舒张速度,增强肌力;另一方面可以增加肌肉、韧带的弹性和伸展性,减少由于肌肉剧烈收缩造成的运动损伤。

(2)提高内脏器官的机能水平。内脏器官的机能特点之一是生理惰性较大,即当活动开始、肌肉发挥最大功能水平时,内脏器官并不能立即进入"最佳"活动状态。在正式开始体育锻炼前进行适当的准备活动,可以在一定程度上预先动员内脏器官的机能,使内脏器官的活动一开始就达到较高水平。另外,进行适当的准备活动,还可以减轻开始运动时由于内脏器官的不适应而造成的不适感。

(3)调节心理状态。体育锻炼不仅是身体活动,还是心理活动。现在越来越多的研究认为,心理活动在体育锻炼中起着非常重要的作用。体育锻炼前的准备活动可起到心理调节作用,接通各运动中枢之间的神经联系,使大脑皮层处于兴奋状态,从而全身心投入体育锻炼中。

2．准备活动的内容、时间和量及时间间隔

一般来说,做准备活动时主要应考虑准备活动的内容、时间和量及时间间隔。

(1)内容。准备活动可分为一般性准备活动和专门性准备活动。一般性准备活动主要是一些全身性身体练习,主要包括跑步、踢腿、弯腰等,其作用是提高整体的代谢水平和大脑皮层的兴奋状态,减少运动损伤的发生;专门性准备活动是指与所要进行的体育项目相适应的运动练习。日常体育锻炼时只需要进行一般性准备活动,即可进行正式的体育活动。

(2)时间和量。准备活动的时间和量随体育锻炼的内容和量而定。由于以健身为目的的体育锻炼量较小,因此准备活动的量也相对较小,时间不宜过长;否则,还未进行体育锻炼身体就疲劳了。半小时的体育锻炼,其准备活动的时间一般为5分钟左右。气温较低时,准备活动的时间可适当长一些,量可大一些;气温较高时,时间可短一些,量可小一些。

(3)时间间隔。运动员准备活动完成后适当地休息是为了使身体机能有所恢复,以便在比赛中取得优异成绩;而一般人参加体育锻炼是为了增强体质,因此准备活动后接着进行体育锻炼即可。

(二)合理安排体育锻炼期间的膳食

1．不空腹锻炼

饭前空腹剧烈运动所消耗的能量会比安静时多10倍。饥饿时人体血糖浓度偏低,此时做剧烈运动更容易出现低血糖症状,再加上胃酸或冷空气的刺激,会引起胃部痉挛,发生饥饿性腹痛。

2．运动前后的进餐时间

运动前,饮食不宜过多,但食物要含有充足的热量,易消化,要有较高的糖、维生素和磷质,以供运动时体内热量的需要。运动后不宜立即吃饭,饭后也不宜立即进行剧烈运动,运动与进食应有一定的间隔时间。因为剧烈运动刚结束时,大脑皮层运动中枢和交感神经仍处在兴奋状态,消化腺的分泌受到一定抑制,若马上进食,会影响食欲和消化功能。

3．剧烈运动后忌冷食

剧烈运动后，人的体温升高，突然受到冷食刺激，会使胃肠的血管收缩，引起功能紊乱，使食物不能很好地消化和吸收，引起腹痛、腹泻。另外，由于运动后咽喉部充血，再受到冷刺激，也会造成这一部位的机能紊乱，如喉部发炎、发痛、发哑等局部不适的感觉。

（三）体育锻炼后应注意的问题

1．体育锻炼后的补水

体育锻炼后的补水是可行的，只要口渴，在运动后即刻甚至在运动中也可补水。以往人们担心运动中补水会加重心脏负担，现在看来这种担心是多余的。在天气炎热的情况下，大量排汗引起体内缺水，若不及时补水，可能会造成机体脱水、休克等症状。所以，运动中丢失的水必须及时补充。最近的研究发现，中等强度的体育锻炼后，胃的排空能力有所加强，因此，运动后或运动中的补水是可行的。马拉松比赛途中的饮水站，也说明运动中补水是非常必要的。

但补水要注意科学性，不可暴饮。体育锻炼后的补水原则是少量多饮。可以在运动后每20～30分钟补水一次，每次饮水量为250毫升左右；夏季时水温为10℃左右，其他季节最好补充温水。饮用不同成分的饮料对人体的影响不同。运动中排汗的同时也伴随着无机盐的流失，因此，运动后最好能补0.2%～0.3%的矿泉水，也可选用橙汁、桃汁等原汁稀释饮料。但不要饮用含糖量过高（大于6%）的饮料，尽可能不饮用碳酸饮料。

2．体育锻炼后的整理活动

人体在进行体育锻炼时，心血管机能活动加强，骨骼肌等外周毛细血管开放，骨骼肌血流量增加，以适应身体机能的需要。而锻炼是骨骼的节律性收缩，又可以对血管产生挤压作用，促进静脉血回流。人体停止锻炼后，如果停下来不动，或是坐下来休息，静脉血管失去了骨骼肌的节律性收缩作用，血液会由于受重力作用而滞留在下肢静脉血管中，导致回心血量减少，心输出量下降，造成人暂时性脑缺血，出现头晕、眼前发黑等一系列症状，严重者会造成休克。因此，对于体育锻炼者来说，锻炼后应做一些整理活动，这样，可以避免头晕等症状的发生，还可以改善血液循环，尽快消除疲劳，增强锻炼效果。在进行整理活动时，应注意以下几个方面的问题：

（1）在任何形式的锻炼后，都可以做一些放松跑、放松走等形式的下肢运动，促进下肢静脉血的回流，防止体育锻炼后心输出量的过度下降。

（2）通过"转移性活动"，加速疲劳的消除。所谓转移性活动，是指在下肢活动后，进行上肢性整理活动，右臂活动后做左臂的整理活动。通过这种积极性活动，使身体机能尽快恢复。大量研究已经证实，转移性活动确实可起到加速消除疲劳的作用。

（3）整理活动的量不要过大，否则，整理活动又会引起新的疲劳。在进行整理活动时，应当有一种心情舒畅、精神愉快的感觉。如果体育锻炼本身的运动量不大，如散步等，就没有必要进行整理活动。

（4）大强度体育锻炼后，如长距离跑、球类比赛后，应当进行全身性整理活动，必要时，锻炼者之间可进行相互的整理活动和放松活动。

3．体育锻炼后的营养补充

人体在体育锻炼后，除采用休息手段加快身体机能的恢复外，还可以根据不同形式的体育锻炼特点,补充不同的营养物质,以加快疲劳的消除。以营养补充作为身体机能的恢复手段时,应根据不同的运动形式,采用不同的营养物质。

(1) 力量性锻炼后的营养补充。在进行力量性锻炼时,如举重、健美、俯卧撑等,锻炼中消耗的主要是蛋白质,而肌纤维的增粗、肌肉力量的增加,也需要体内蛋白质的合成。所以,为了尽快消除疲劳,提高力量锻炼的效果,在进行力量性锻炼后,应多补充蛋白质类物质。除要补充猪肉、牛肉、鱼、牛奶等动物性蛋白外,还要补充豆类等植物性蛋白,以保证机体丰富而又有多品种的蛋白质供给。

(2) 耐力性锻炼后的营养补充。在耐力性锻炼过程中,如长跑、游泳、滑雪等,机体主要进行的是糖类物质的有氧代谢,消耗的主要是淀粉类物质,因此,在锻炼后可适当补充一些米、面等淀粉类物质。

(3) 较剧烈体育锻炼后的营养补充。在进行较剧烈体育锻炼时,如球类比赛、快速跑、健美操等,机体主要靠糖的无氧代谢提供能量,糖在体内进行无氧代谢时,会产生一种叫作乳酸的酸性物质,这种物质在体内的积累,会造成机体的疲劳,并使恢复时间延长。所以,进行较剧烈的锻炼,应多补充一些碱性食物,如蔬菜、水果等。而动物性蛋白等肉类物质则偏"酸",在锻炼后的当天可适当减少。

(4) 锻炼后维生素类物质的补充。无论机体进行何种形式的锻炼,锻炼后都要补充维生素类物质。因为锻炼时体内的代谢加强,各种维生素都不同程度地参与体内的代谢过程,锻炼时体内的维生素消耗会增加,需要在锻炼后补充。体育锻炼后应多吃些含丰富维生素的食物,如绿叶蔬菜、水果、豆类及粗粮等。对于体育活动者来说,锻炼后一般只需要补充天然维生素,没有必要补充维生素制剂。

 自我医务监督

自我医务监督是指在体育锻炼过程中,对自身生理机能和健康状况进行观察和评定的一种方法。自我医务监督有利于及时了解自己在锻炼过程中生理机能的变化,有利于防止过度疲劳,并为合理地安排锻炼计划、训练内容和方法提供依据。

(一) 内容

1. 主观感觉

(1) 身体感觉。锻炼后身体自我感觉良好,无不适症状,心情愉快,为正常状态。若出现异常的疲劳,感到头晕、恶心,出现呕吐或身体某些部位感觉疼痛等状况,则反映身体状况不佳或患病,应减少运动量或暂停剧烈运动。

(2) 运动情绪。正常时精神饱满、精力充沛、渴望体育锻炼。若状况不佳或过度疲劳,就会有精神恍惚、情绪不佳等厌烦状况。

(3) 睡眠。入睡快,睡得深,少梦,醒来后精力充沛,属良好状态。如果入睡迟,易醒,多梦,失眠,醒来后仍感疲劳和无精神,则表明失常。

(4) 食欲。锻炼后一般食欲良好,食量增大。若锻炼后食量减小,不想进食,并在一定时期内不能恢复食欲,则表明胃肠器官的消化和吸收功能下降,身体健康状况不佳。

(5) 排汗量。排汗量的多少与锻炼量、训练水平、饮水量、气温、湿度、衣着及精神状态等有关。随着训练水平的提高，排汗量将逐渐减少。如果排汗量较过去明显增多，睡眠中大量出冷汗，则表明身体极度疲劳或可能是内脏器官患病，应引起注意。

2．生理指标

（1）脉搏。经常参加体育锻炼者的脉搏（基础心率），一般比平时低，为44～66次/分钟。若脉搏比过去减少或稳定不变，说明身体机能良好；若脉搏比过去增加12次/分钟以上，则表明身体机能不佳，需及时查找原因。

（2）体重。在开始参加体育锻炼时，由于排汗量增加及脂肪量的减少，体重稍有下降；持续3～4周后，体重即稳定在一定数值；约5周以后，随着体育锻炼的继续，肌肉逐渐发达，身体各器官系统功能增强，体重稍有增加，但保持在一定水平。如果体重下降过快，同时精神疲劳，可能与过度疲劳或内脏器官患病有关，应及时检查。测量体重一般在早晨，每周1～2次。

3．运动成绩

运动成绩是指身体运动素质项和专项成绩。

4．其他

其他如伤病情况等。

（二）方法

将体育锻炼后出现的各种生理反应和所测定的有关数据，在医务监督表（见表2-2）所属栏目中记录下来。再对各项记录进行综合分析和判断，检查内容、方法、运动负荷是否合理科学。如果发现异常，应及时检查，分析原因，并在教师的指导下及时调整练习内容和运动负荷。必要时暂停锻炼，或找医生做进一步检查。患有某种疾病或病后初愈者参加体育锻炼，更应在严密的医务监督下，谨慎地安排锻炼的内容和强度，定期进行有关项目的生理、病理指标的检测。

表2-2 医务监督表

类别	内容	反应	备注
主观感觉	身体感觉	正常　一般　较差	
	运动情绪	正常　一般　较差	
	睡眠	正常　一般　较差	
	食欲	正常　一般　较差	
	排汗情况	正常　较多　虚汗	
生理指标	脉搏	有规律　不规律	
	肺活量	增加　保持　减轻	
	体重	增加　保持　减轻	
	尿便情况	正常　混稀	
	女子经期情况	正常　不正常	
运动成绩	素质成绩	提高　保持　下降	
	专项成绩	提高　保持　下降	
其他	伤病情况	（记录伤病原因和程度）	

第四节　常见运动损伤及处理

参加体育锻炼的目的是增强体能，促进身体健康，而运动损伤的发生往往会使锻炼者的身心都受到一定的损害，因此，应防患于未然。锻炼者应采取一些运动损伤的预防措施，使体育锻炼健康安全而富有成效。常见运动损伤有软组织损伤，关节、韧带扭伤，关节脱位，骨折，脑震荡等。

一　软组织损伤

软组织损伤可分为开放性损伤和闭合性损伤两类。前者有擦伤、刺伤、撕裂伤等；后者有挫伤、肌肉拉伤、肌腱腱鞘炎等。

（一）擦伤

1. 原因与症状

因运动时皮肤受擦致伤。如跑步时摔倒、体操运动时身体擦磨器械受伤，擦伤后皮肤出血或组织液渗出。

2. 处置

小面积擦伤，用红药水涂抹伤口即可；大面积擦伤，先用生理盐水洗净，后涂抹红药水，再用消毒布覆盖，最后用纱布包扎。

（二）撕裂伤

1. 原因与症状

在剧烈、紧张运动或受到突然强烈撞击时，会造成肌肉撕裂，其中包括开放伤和闭合伤两种。常见的有眉际撕裂、跟腱撕裂等。开放伤顿时出血，周围肿胀；闭合伤触及时有凹陷感和剧烈疼痛感。

2. 处置

轻度开放伤，用红药水涂抹伤口即可；裂口大时，则需止血和缝合伤口，必要时注射破伤风抗毒血清，以防破伤风症；如肌腱断裂，则需手术缝合。

（三）挫伤

1. 原因与症状

因撞击器械或练习者之间碰撞而造成挫伤。单纯挫伤在损伤处出现红肿，皮下出血，并有疼痛感；内脏器官损伤时，则出现头晕、脸色苍白、心慌气短、出虚汗、四肢发凉、烦躁不安，甚至休克等症状。

2．处置

在 24 小时内冷敷或加压包扎，抬高患肢或外敷中药。24 小时后，可按摩或理疗。进入恢复期可进行一些功能性锻炼。如果怀疑内脏损伤，则做临时性处理后，送往医院进行检查和治疗。

（四）肌肉拉伤

1．原因与症状

通常，在外力直接或间接作用下，肌肉过度收缩或被拉长时易引起拉伤。特别是准备活动不充分，动作不协调及肌肉弹性、伸展性、肌力差者更容易拉伤。损伤后伤处肿胀、压痛、肌肉痉挛，触诊时可摸到硬块。

2．处置

轻者可即刻冷敷，局部加压包扎，抬高患肢。2 小时后可施行按摩或理疗。肌肉已大部分或完全断裂者，在加压包扎急救后，应立即送往医院进行手术治疗。

二 关节、韧带扭伤

（一）肩关节扭伤

1．原因与症状

一般因肩关节用力过猛及反复劳损所致，也有因技术错误、违反解剖学原理而造成损伤，如投掷、排球扣球和大力发球时常出现这类损伤。其症状主要为压痛，急性期有肿胀，慢性期三角肌可能出现萎缩，肩关节活动受限。

2．处置

单纯韧带扭伤，可冷敷、加压包扎。24 小时后可采用理疗、按摩和针灸治疗。出现韧带断裂时，应立即送医院缝合和固定处理。当肩关节肿胀和疼痛减轻后，可适当施行功能性锻炼，但不宜早活动，以防转入慢性。

（二）髌骨劳损

1．原因与症状

髌骨具有保护股骨关节面、维护关节外形和传递股四头肌力量的作用，是维护膝关节正常功能的主要结构。髌骨劳损是膝关节长期负担过重或反复损伤累积而成的，也可一次直接外力撞击致伤，如篮球滑步急停，跳高和跳远时踏跳不合理或摔倒受击，都可导致这种损伤。

2．处置

采用中药外敷、针灸、按捏等。平时加强膝关节肌群力量练习，如采用高位静力半蹲，每次保持 3～5 分钟即可。伤情好转时，可逐渐增加时间，每日进行 1～2 次。

（三）踝关节扭伤

1．原因与症状

运动中跳起落地时失去平衡，使踝关节过度内翻或外翻致伤。在准备活动不充分、场地不平坦的情况下，更容易造成这类损伤。主要症状为伤处疼痛、肿胀，韧带损伤处有明显的压痛，皮下淤血。

2. 处置

受伤后，应立即冷敷，用绷带固定包扎，并抬高伤肢。24小时后，根据伤情采取综合治疗，如外敷伤药、理疗、按摩等，必要时做封闭治疗。待伤情好转后，施行功能性练习。对严重者，可用石膏固定。

（四）腰部急性扭伤

1. 原因与症状

运动时，身体重心不稳定或肌肉收缩不协调，引起腰部扭伤。多数因腰部受力过度，或脊柱运动时超过了正常生理范围。例如，挺身式跳远中，展体过大；举重上挺时，过分挺胸塌腰；跳水时，下肢后摆过大，都有可能造成腰部扭伤。

2. 处置

腰部急性扭伤后，让患者平卧，一般不应立即搬动。如果剧烈疼痛，则用担架抬送医院诊治。处理后，应卧硬板床或腰垫一枕头，使肌肉韧带处于放松状态。可针灸、外敷伤药或按摩。

三　关节脱位

1. 原因与症状

因受外力作用，使关节面失去正常的连接关系，叫作关节脱位（或称脱臼）。严重的关节脱位，伴有关节囊撕裂。关节脱位后，常出现畸形，与健肢对比不对称，因软组织损伤而出现炎症反应，局部疼痛、压痛和关节肿胀，并失去正常活动功能，甚至发生肌肉痉挛等现象。

2. 处置

用长度和宽度相称的夹板固定伤肢。如果没有夹板，可将伤肢固定在自己的躯干或健肢上，防止震动，随后及时送往医院进行治疗。必须指出，如果没有把握做整复处置时，切不可随意做整复处置，以免再度受伤。

四　骨折

1. 原因与症状

运动中，身体某部位受到直接或间接的暴力撞击，造成骨折。例如，在踢足球时，小腿被踢，造成胫骨骨折；摔倒时手臂直接撑地引起尺骨或桡骨骨折等。骨折是比较严重的损伤，但发病率很低，骨折分不完全性骨折和完全性骨折两种。常见的骨折有肱骨骨折、前臂骨骨折、手骨骨折、大腿骨骨折等。发生骨折后，患处立即出现肿胀，皮下淤血，有剧烈疼痛感（活动时加剧），肢体失去正常功能，肌肉产生痉挛，有时骨折部位发生变形，移动时可听到骨摩擦声。严重骨折时，伴有出血和神经损伤、发烧、口渴，直至休克等全身性症状。

2. 处置

若出现休克症状时，应先进行处理，即点按人中穴，并进行口对口人工呼吸或心脏胸外按摩；若伴有伤口出血，应同时实施止血和包扎。骨折后暂勿移动患肢，应用夹板或其他代用品固定伤肢，及时送往医院进行检查和治疗。

五　脑震荡

脑震荡是指头部受外力打击后，使大脑管理平衡的膜半规管、椭圆囊、球囊等感受器机能失调，直至引起意识和机能的一时性障碍。

1．原因与症状

在体育锻炼时，两人头部相撞，或撞击硬物，或从高处跌下时头部撞地，都可造成脑震荡。致伤时，神志昏迷，脉搏徐缓，肌肉松弛，瞳孔稍大但能对称，神经反射减弱或消失；清醒后，患者常有头痛、头晕、恶心呕吐感；平时情绪烦躁，注意力不易集中、耳鸣、心悸、多汗、失眠、记忆力减退等。

2．处置

立即让患者平卧，头部冷敷。若有昏迷，即指压人中、内关、合谷穴；若呼吸发生障碍，立即进行人工呼吸。上述处理后，出现反复昏迷或耳、鼻、口出血，两瞳孔放大，又不对称时，表明病情严重，应立即送往医院进行治疗。在运送途中，要让患者平卧，头部固定，避免颠簸。脑震荡一般都可自愈，无须住院治疗，但要注意休息和必要的药物治疗，保持情绪安定，减少脑力劳动。在恢复过程中，可定期做脑震荡平衡试验，以检查病况进展。其方法是闭目、单腿站立、两臂平举。如果能保持平衡，表明脑震荡已基本治愈。这时，可适当参加体育锻炼，但要避免滚翻或旋转性动作。

第五节　运动中常见的生理反应及处理

由于运动使人体生理活动过程的有序性受到暂时性的破坏，因此人体常常出现某种生理反应。

一　肌肉酸痛

1．原因

刚开始或间隔较长时间后再锻炼，由于运动量较大，从而引起局部肌纤维与结缔组织的细微损伤，以及部分肌纤维的痉挛。

2．症状

局部肌肉疼痛、发胀、发硬。

3. 处理

可对疼痛的肌肉进行热敷，还可进行肌肉按摩。

二 肌肉痉挛

1. 原因

在体育锻炼时，肌肉受到寒冷的刺激；准备活动不够充分，肌肉猛力收缩；局部肌肉疲劳，大量出汗，疲劳过度，体内缺少氢化物。

2. 症状

肌肉突然变得坚硬和隆起，疼痛难忍，且不易缓解。

3. 处理

立即对痉挛部分进行牵引，还可配合揉捏、扣打等按摩动作，症状即可缓解和消失。

三 运动中腹痛

1. 原因

主要是准备活动不充分，运动过于激烈，内脏器官的功能不能满足运动器官的需要，造成脏腑功能失调，引起腹痛。

2. 症状

两肋处有胀痛感或腹部疼痛。

3. 处理

减慢运动速度，加深呼吸，疼痛常可减轻或停止；若无效，应停止运动，口服十滴水或揉按内关、足三里、大肠俞等穴位；若仍无效，则应送往医院进行治疗。

四 中暑

1. 原因

在高温环境中（温度高、通气差、头部缺少保护），被烈日直接照射，因体温调节功能障碍而发生中暑。

2. 症状

轻度中暑时会出现面部潮红、头晕、头痛、胸闷、皮肤灼热、体温升高现象；严重时将出现恶心、呕吐、脉搏快而细弱、精神失常、虚脱抽搐、血压下降甚至昏迷现象。

3. 处理

将患者迅速移至通风、阴凉处，冷敷额头，用温水擦身，并喝含盐饮料或十滴水，数小时后即可恢复。

五 极点和第二次呼吸

1. 原因

由于内脏器官的活动跟不上运动器官的需要，能量消耗大，氧供应不足，下肢回流血量减少，血乳酸大量堆积，引起呼吸循环系统功能失调，而导致动力定型的暂时混乱，从而使动作慢而无力，也不协调。

2．症状

呼吸困难，胸闷难忍，下肢沉重，动作不协调，甚至有恶心现象，不愿意再继续运动。

3．处理

适当减慢速度，加深呼吸，坚持运动。无须疑虑和恐惧，这是一种正常的生理现象，随着训练水平的提高，这种生理反应将逐步推迟和减轻。

六 运动性贫血

1．原因

贫血可由各种原因引起，它不是独立的疾病，而是一种症状。运动员在训练过程中如果生理负担量过大，也会导致贫血，这种贫血称为运动性贫血。其类型多为缺铁性贫血，少数为溶血性贫血，个别为混合型贫血。

2．症状

运动性贫血发病缓慢，主要表现为头晕、乏力、易倦、记忆力下降、食欲差等症状。运动时症状较明显，常伴有气喘、心悸等症状。

3．处理

适当减少运动量，必要时应停止训练，改善营养，尤其是补充富有蛋白质和铁的食物。口服硫酸亚铁片剂，并同时服用维生素 C 和胃蛋白酶合剂，有利于铁的吸收。

七 运动性晕厥

1．原因

在运动中或运动后由于脑部一时性供血不足或血液中化学物质的变化引起突发性、短暂性意识丧失、肌张力消失并伴有跌倒的现象称为运动性晕厥。运动性晕厥是由供应给大脑的血液和氧减少引起的。

2．症状

晕厥时，病人失去知觉，突然晕倒。昏倒前，病人感到全身软弱、头昏、耳鸣、眼前发黑、面色苍白。昏倒后，面色苍白，手足发凉，脉搏慢而弱，血压低，呼吸缓慢。轻度昏厥一般在倒下片刻后，脑贫血消除即可清醒过来，但醒后精神不佳，感觉头昏。

3．处理

让患者平卧，足部略抬高，头部放低，松开衣领，注意保暖，用热毛巾擦脸，自小腿向大腿做重推摩和揉捏。在知觉未恢复前，不能让其饮用任何饮料或服用药物。如有呕吐现象，应将患者的头偏向一侧，如呼吸停止，应做人工呼吸并及时送往医院进行检查和治疗。清醒后可饮用热饮料，注意休息。

第三章 体质健康、运动能力测试与评价

第一节 知晓自己的体能和健康状况

 体质健康

体质是指人体的质量,是在遗传性和获得性基础上表现出来的人体形态结构、生理功能和心理因素的综合相对稳定的特征。体质主要包括以下五个方面:

(1) 身体形态发育水平,即体格、体型、身体姿态、营养状况和身体组成成分。

(2) 人体生理功能水平,即机体的新陈代谢水平和各器官、系统的效能,如脉搏、血压、肺活量等反映心肺功能水平的指标。

(3) 身体素质和运动能力的发展水平,即速度、力量、耐力、灵敏性、柔韧性等身体素质和走、跑、跳、投、攀登、爬、负重等身体基本活动能力。

(4) 心理发育发展水平,即人体本体感知能力、智力、个性、意志等。

(5) 适应能力,即对不利因素和环境条件的适应能力、应激能力和对疾病的抵抗能力。

影响体质强弱的因素是多方面的,它与遗传、环境、营养、体育锻炼等有着密切的关系。

遗传只对体质的状况和发展提供了可能性和前提条件，体质的强弱则有赖于后天环境、营养、卫生和身体锻炼等因素。因此，有计划、有目的地进行科学的锻炼，是增强体质最积极有效的手段。

二 体质测定的内容

（1）形态指标：身高、体重、胸围、上臂围、坐高及身体组成测定；皮脂厚度、体脂比重、去脂体重等。

（2）功能指标：安静时心率、血压、肺功能及心血管运动试验等。

（3）身体素质指标：力量、爆发力、柔韧性、协调性、平衡性和耐力项目。

（4）运动能力指标：跑、跳、投掷能力。

三 体质健康评价内容

1．身体形态

身体形态包括体格、体型、姿势、营养状况及身体组成成分等。由于功能发育与形态发育密切相关，常用身高、体重两项代表身体形态发育水平。

2．健康体能

体能是身体适应能力的简称，包括身体机能、身体素质和运动能力等方面。

健康体能主要是指个人能胜任日常工作，有余力享受休闲娱乐生活，又可应付突发紧急情况的能力。它是由心肺功能，肌肉力量，肌肉耐力，柔韧度，身体的敏捷、协调、平衡、速度、反应及爆发力六项素质组成的。由于这些素质与基本运动能力关系较为密切，故归属运动体能。

3．心理健康

心理健康是指人的内心世界与客观环境的一种平衡关系，是自我与他人之间的一种良好的人际关系的维持，即不仅能获得自我安定感和安全感，还能做到自我价值实现，具有为他人的健康做贡献、服务的能力。

4．社会适应能力

社会适应能力是指个体在他人及社会环境相互作用下，具有良好的人际关系和扮演社会上应有角色的能力。运动锻炼可以增加人与人之间接触和交往的机会，可以得到社会的强化和群体的认同，从而在安全、友谊、爱情、亲情、支持、理解、尊重等方面得到应有的满足。

第二节 评价身体形态与机能

《国家学生体质健康标准》是测量学生体质健康状况和锻炼效果的评价标准，是国家对不同年龄段学生体质健康方面的基本要求，是学生体质健康的个体评价标准。它从身体形态和体能健康（身体机能、身体素质和运动能力）等方面综合评定学生的体质健康水平，是促进学生体质健康发展，激励学生积极进行身体锻炼的教育手段。

 《国家学生体质健康标准》说明

（1）《国家学生体质健康标准（2014年修订）》（以下简称《标准》）是国家对学校教育工作的基础性指导文件和教育质量基本标准；是评价学生综合素质、评估学校工作和衡量各地教育发展的重要依据；是《国家体育锻炼标准》在学校的具体实施。新修订的《标准》适用于全日制普通小学、初中、普通高中、中等职业学校、普通高等学校的学生。

（2）《标准》的修订坚持健康第一，落实《国家中长期教育改革和发展规划纲要（2010—2020年）》、《国务院办公厅转发教育部等部门关于进一步加强学校体育工作若干意见的通知》（国办发〔2012〕53号）和《教育部关于印发〈学生体质健康监测评价办法〉等三个文件的通知》（教体艺〔2014〕3号）有关要求，着重提高《标准》应用的信度、效度和区分度，着重强化其教育激励、反馈调整和引导锻炼的功能，着重提高其教育监测和绩效评价的支撑能力。

（3）《标准》从身体形态、身体机能和身体素质等方面综合评定学生的体质健康水平，是促进学生体质健康发展、激励学生积极进行身体锻炼的教育手段，是国家学生发展核心素养体系和学业质量标准的重要组成部分，是学生体质健康的个体评价标准。

（4）高职院校测试指标中，身体形态类中的身高、体重，身体机能类中的肺活量，以及身体素质类中的50米跑、坐位体前屈为各年级学生共性指标，均为必测指标。

（5）《标准》的学年总分由标准分与附加分之和构成，满分为120分。标准分由各单项指标得分与权重乘积之和组成，满分为100分。附加分根据实测成绩确定，即对成绩超过100分的加分指标进行加分，满分为20分；大学的加分指标为男生引体向上和1 000米跑，女生1分钟仰卧起坐和800米跑，各指标加分幅度均为10分。

（6）根据学生学年总分评定等级：90.0分及90.0分以上为优秀，80.0～89.9分为良好，60.0～79.9分为及格，59.9分及59.9以下为不及格。

二 高职学生体质健康评价指标与权重

（一）体质健康的评价指标与权重

《标准》中对高职学生体质健康的评价指标与权重见表3-1。

表3-1　高职学生体质健康标准评价指标与权重

评价指标（测试项目）	权重
身高标准体重	15
肺活量体重指数	15
坐位体前屈	10
立定跳远	10
50米跑	20
引体向上（男）/1分钟仰卧起坐（女）	10
1 000米跑（男）/800米跑（女）	20

注：体重指数（BMI）＝体重（千克）/身高^2（米^2）。

（二）单项指标评分表

高职学生体重指数（BMI）单项评分见表3-2，肺活量单项评分见表3-3，坐位体前屈单项评分见表3-4，立定跳远单项评分见表3-5，50米跑单项评分见表3-6；高职男生引体向上和高职女生仰卧起坐评分见表3-7；高职男生1 000米跑和高职女生800米跑评分见表3-8。

表3-2　高职学生体重指数（BMI）单项评分表　　　　千克/米^2

等级	单项得分	男生	女生
正常	100	17.9～23.9	17.2～23.9
低体重	80	≤17.8	≤17.1
超重	80	24.0～27.9	24.0～27.9
肥胖	60	≥28.0	≥28.0

表3-3　高职学生肺活量单项评分表　　　　毫升

等级	单项得分	男生		女生	
		大一、大二	大三、大四	大一、大二	大三、大四
优秀	100	5 040	5 140	3 400	3 450
优秀	95	4 920	5 020	3 350	3 400
优秀	90	4 800	4 900	3 300	3 350
良好	85	4 550	4 650	3 150	3 200
良好	80	4 300	4 400	3 000	3 050
及格	78	4 180	4 280	2 900	2 950
及格	76	4 060	4 160	2 800	2 850

续表

等级	单项得分	男生		女生	
		大一、大二	大三、大四	大一、大二	大三、大四
及格	74	3 940	4 040	2 700	2 750
	72	3 820	3 920	2 600	2 650
	70	3 700	3 800	2 500	2 550
	68	3 580	3 680	2 400	2 450
	66	3 460	3 560	2 300	2 350
	64	3 340	3 440	2 200	2 250
	62	3 220	3 320	2 100	2 150
	60	3 100	3 200	2 000	2 050
不及格	50	2 940	3 030	1 960	2 010
	40	2 780	2 860	1 920	1 970
	30	2 620	2 690	1 880	1 930
	20	2 460	2 520	1 840	1 890
	10	2 300	2 350	1 800	1 850

表3-4 高职学生坐位体前屈单项评分表　　　厘米

等级	单项得分	男生		女生	
		大一、大二	大三、大四	大一、大二	大三、大四
优秀	100	24.9	25.1	25.8	26.3
	95	23.1	23.3	24.0	24.4
	90	21.3	21.5	22.2	22.4
良好	85	19.5	19.9	20.6	21.0
	80	17.7	18.2	19.0	19.5
及格	78	16.3	16.8	17.7	18.2
	76	14.9	15.4	16.4	16.9
	74	13.5	14.0	15.1	15.6
	72	12.1	12.6	13.8	14.3
	70	10.7	11.2	12.5	13.0
	68	9.3	9.8	11.2	11.7
	66	7.9	8.4	9.9	10.4
	64	6.5	7.0	8.6	9.1
	62	5.1	5.6	7.3	7.8
	60	3.7	4.2	6.0	6.5
不及格	50	2.7	3.2	5.2	5.7
	40	1.7	2.2	4.4	4.9
	30	0.7	1.2	3.6	4.1
	20	−0.3	0.2	2.8	3.3
	10	−1.3	−0.8	2.0	2.5

表 3-5　高职学生立定跳远单项评分表　　　　　　　　　　　厘米

等级	单项得分	男生		女生	
		大一、大二	大三、大四	大一、大二	大三、大四
优秀	100	273	275	207	208
	95	268	270	201	202
	90	263	265	195	196
良好	85	256	258	188	189
	80	248	250	181	182
及格	78	244	246	178	179
	76	240	242	175	176
	74	236	238	172	173
	72	232	234	169	170
	70	228	230	166	167
	68	224	226	163	164
	66	220	222	160	161
	64	216	218	157	158
	62	212	214	154	155
	60	208	210	151	152
不及格	50	203	205	146	147
	40	198	200	141	142
	30	193	195	136	137
	20	188	190	131	132
	10	183	185	126	127

表 3-6　高职学生 50 米跑单项评分表　　　　　　　　　　　秒

等级	单项得分	男生		女生	
		大一、大二	大三、大四	大一、大二	大三、大四
优秀	100	6.7	6.6	7.5	7.4
	95	6.8	6.7	7.6	7.5
	90	6.9	6.8	7.7	7.6
良好	85	7.0	6.9	8.0	7.9
	80	7.1	7.0	8.3	8.2
及格	78	7.3	7.2	8.5	8.4
	76	7.5	7.4	8.7	8.6
	74	7.7	7.6	8.9	8.8
	72	7.9	7.8	9.1	9.0
	70	8.1	8.0	9.3	9.2
	68	8.3	8.2	9.5	9.4
	66	8.5	8.4	9.7	9.6
	64	8.7	8.6	9.9	9.8
	62	8.9	8.8	10.1	10.0
	60	9.1	9.0	10.3	10.2

续表

等级	单项得分	男生		女生	
		大一、大二	大三、大四	大一、大二	大三、大四
不及格	50	9.3	9.2	10.5	10.4
	40	9.5	9.4	10.7	10.6
	30	9.7	9.6	10.9	10.8
	20	9.9	9.8	11.1	11.0
	10	10.1	10.0	11.3	11.2

表3-7 高职男生引体向上和高职女生仰卧起坐评分表　　　　　　次

等级	单项得分	男生引体向上		女生1分钟仰卧起坐	
		大一、大二	大三、大四	大一、大二	大三、大四
优秀	100	19	20	56	57
	95	18	19	54	55
	90	17	18	52	53
良好	85	16	17	49	50
	80	15	16	46	47
及格	78			44	45
	76	14	15	42	43
	74			40	41
	72	13	14	38	39
	70			36	37
	68	12	13	34	35
	66			32	33
	64	11	12	30	31
	62			28	29
	60	10	11	26	27
不及格	50	9	10	24	25
	40	8	9	22	23
	30	7	8	20	21
	20	6	7	18	19
	10	5	6	16	17

表3-8 高职男生1 000米跑和高职女生800米跑评分表

等级	单项得分	男生1 000米跑		女生800米跑	
		大一、大二	大三、大四	大一、大二	大三、大四
优秀	100	3′17″	3′15″	3′18″	3′16″
	95	3′22″	3′20″	3′24″	3′22″
	90	3′27″	3′25″	3′30″	3′28″
良好	85	3′34″	3′32″	3′37″	3′35″
	80	3′42″	3′40″	3′44″	3′42″

续表

等级	单项得分	男生1 000米跑		女生800米跑	
		大一、大二	大三、大四	大一、大二	大三、大四
及格	78	3′47″	3′45″	3′49″	3′47″
	76	3′52″	3′50″	3′54″	3′52″
	74	3′57″	3′55″	3′59″	3′57″
	72	4′02″	4′00″	4′04″	4′02″
	70	4′07″	4′05″	4′09″	4′07″
	68	4′12″	4′10″	4′14″	4′12″
	66	4′17″	4′15″	4′19″	4′17″
	64	4′22″	4′20″	4′24″	4′22″
	62	4′27″	4′25″	4′29″	4′27″
	60	4′32″	4′30″	4′34″	4′32″
不及格	50	4′52″	4′50″	4′44″	4′42″
	40	5′12″	5′10″	4′54″	4′52″
	30	5′32″	5′30″	5′04″	5′02″
	20	5′52″	5′50″	5′14″	5′12″
	10	6′12″	6′10″	5′24″	5′22″

（三）加分指标评分表

高职学生加分指标评分见表3-9。

表3-9 高职学生加分指标评分表

加分	男生引体向上/次		女生1分钟仰卧起坐/次		男生1 000米跑		女生800米跑	
	大一、大二	大三、大四	大一、大二	大三、大四	大一、大二	大三、大四	大一、大二	大三、大四
10	10	10	13	13	−35″	−35″	−50″	−50″
9	9	9	12	12	−32″	−32″	−45″	−45″
8	8	8	11	11	−29″	−29″	−40″	−40″
7	7	7	10	10	−26″	−26″	−35″	−35″
6	6	6	9	9	−23″	−23″	−30″	−30″
5	5	5	8	8	−20″	−20″	−25″	−25″
4	4	4	7	7	−16″	−16″	−20″	−20″
3	3	3	6	6	−12″	−12″	−15″	−15″
2	2	2	4	4	−8″	−8″	−10″	−10″
1	1	1	2	2	−4″	−4″	−5″	−5″

三 《国家学生体质健康标准》实施办法

依据学校规定每个学生每学年评定一次，记入《〈国家学生体质健康标准〉登记卡》

第三章 体质健康、运动能力测试与评价

（见表3-10）。学生按当年的总分评定等级，凡及格以上的将获得相应学分。

表3-10　高职学生《国家学生体质健康标准》登记卡

学校 _____

姓名			性别			学号				
院（系）			民族			出生日期				
单项指标	大一			大二			大三			大四			毕业成绩	
	成绩	得分	等级	成绩	得分	等级	成绩	得分	等级	成绩	得分	等级	得分	等级
体重指数（BMI）/（千克·米$^{-2}$）														
肺活量/毫升														
50米跑/秒														
坐位体前屈/厘米														
立定跳远/厘米														
引体向上（男）/1分钟仰卧起坐（女）/次														
1 000米跑（男）/800米跑（女）/分　秒														
标准分														
加分指标	成绩	附加分		成绩	附加分		成绩	附加分		成绩	附加分			
引体向上（男）/1分钟仰卧起坐（女）/次														
1 000米跑（男）/800米跑（女）/分　秒														
学年总分														
等级评定														
体育教师签字														
编导员签字														

注：高等职业学校、高等专科学校参照本样表执行。

学校盖章：

年　　月　　日

学生测试成绩评定达到良好及良好以上者，方可参加评优与评奖；成绩达到优秀者，方可获体育奖学分。测试成绩评定不及格者，在本学年度准予补测一次，补测仍不及格，则学年成绩评定为不及格。普通高等学校学生毕业时，《标准》测试的成绩达不到50分者按结业或肄业处理。

学生因病或残疾可向学校提交暂缓或免予执行《标准》的申请，经医疗单位证明，体育教学部门核准，可暂缓或免予执行《标准》，并填写《免予执行〈国家学生体质健康标准〉申请表》，存入学生档案。确实丧失运动能力、被免予执行《标准》的残疾学生，仍可参加评优与评奖，毕业时《标准》成绩需注明免测。

各学校每学年开展覆盖本校各年级学生的《标准》测试工作，《标准》测试数据经当地教

育行政部门按要求审核后，通过"中国学生体质健康网"上传至"国家学生体质健康标准数据管理与分析系统"。测试和数据上传时间由教育行政部门确定。

高职学生《国家学生体质健康标准》测试方法

（一）身高

1．测试目的

测试学生身高，与体重测试相配合，评定学生的身体匀称度，评价学生生长发育的水平及营养状况。

2．场地器材

身高测量计：使用前应校对"0"点，以钢尺测量基准板平面至立柱前面红色刻线的高度是否为10.0厘米，误差不得大于0.1厘米。同时应检查立柱是否垂直，连接处是否紧密，有无晃动，零件有无松脱等情况并及时加以纠正。

3．测试方法

受试者赤足，立正姿势站在身高测量计的底板上（上肢自然下垂，足跟并拢，足尖分开成60°角）。足跟、骶骨部及两肩胛区与立柱相接触，躯干自然挺直，头部正直，耳屏上缘与眼眶下缘成水平位。测试人员站在受试者右侧，将水平压板轻轻沿立柱下滑，轻压于受试者头顶。测试人员读数时双眼应与压板水平面等高，记录员复述后进行记录。以厘米为单位，精确到小数点后一位。测试误差不得超过0.5厘米。

4．注意事项

（1）身高测量计应选择平坦靠墙的地方放置，立柱的刻度尺应面向光源。

（2）严格掌握"三点靠立柱""两点成水平"的测量姿势要求，测试人员读数时两眼一定与压板等高，两眼高于压板时要下蹲，低于压板时应垫高。

（3）水平压板与头部接触时，松紧要适度，头发蓬松者要压实，头顶的发辫、发结要放开，饰物要取下。

（4）读数完毕，立即将水平压板轻轻推向安全高度，以防碰坏。

（5）测量身高前，受试者应避免进行剧烈体育活动和体力劳动。

（二）体重

1．测试目的

测试学生的体重，与身高测试相配合，评定学生的身体匀称度，评价学生生长发育的水平及营养状况。

2．场地器材

杠杆秤或电子体重计：使用前需检验其准确度和灵敏度。准确度要求误差不超过0.1%，即每百千克误差小于0.1千克。检验方法是：以备用的10千克、20千克、30千克标准砝码（或用等重标定重物代替）分别进行称量，检查指标读数与标准砝码误差是否在允许范围。灵敏度的检验方法是：置100克重砝码，观察刻度尺变化，如果刻度抬高了3毫米或游标向远移动0.1千克而刻度尺维持水平位，则达到要求。

3．测试方法

测试时，杠杆秤应放在平坦地面上，调整"0"点至刻度尺水平位。受试者赤足，男性受试者身着短裤；女性受试者身着短裤、短袖衫，站在秤台中央。测试人员放置适当砝码并移动游标至刻度尺平衡。读数以千克为单位，精确到小数点后一位。记录员复诵后记录读数。测试误差不超过 0.1 千克。

4．注意事项

（1）测量体重前，受试者不得进行剧烈体育活动或体力劳动。

（2）受试者站在秤台中央，上下杠杆秤动作要轻。

（3）每次使用杠杆秤时均需校正。测试人员每次读数前都应校对砝码标重以免出现差错。

（三）肺活量

1．测试目的

测试学生的肺通气功能。

2．场地器材

电子肺活量计。

3．测试方法

房间通风良好；使用干燥的一次性口嘴（非一次性口嘴，则每换测试对象消毒一次，每测一人时将口嘴下倒出唾液并注意消毒后必须使其干燥）。肺活量计主机放置在平稳桌面上，检查电源线及接口是否牢固，按工作键液晶屏显示"0"，即表示机器进入工作状态，以预热 5 分钟后测试为佳。

首先告知受试者不必紧张，并且要尽全力，以中等速度和力度吹气的效果最好。令被测试者面对仪器站立、手持吹气口嘴，面对肺活量计站立试吹 1 至 2 次，首先看仪表有无反应，还要试口嘴或鼻处是否漏气，调整口嘴和用鼻夹夹住鼻子（或自己捏鼻孔）；学会深吸气（避免耸肩提气，应该像闻花式的慢吸气）。受试者进行 1 至 2 次较平日深一些的呼吸动作后，更深地吸一口气，屏住气向口嘴处慢慢呼出至不能再呼为止，防止此时从口嘴处吸气，测试中不得中途二次吸气。吹气完毕后，液晶屏上最终显示的数字即肺活量毫升值。每位受试者测试三次，每次间隔 15 秒，记录三次数值，并选取最大值作为测试结果。以毫升为单位，不保留小数。

4．注意事项

（1）电子肺活量计的计量部位的通畅和干燥是仪器是否准确的关键，吹气筒的导管必须在上方，以免口水或杂物堵住气道。

（2）每测试 10 人及测试完毕后用干棉球及时清理和擦干气筒内部。严禁用水、酒精等任何液体冲洗气筒内部。

（3）导气管存放时不能弯折。

（4）定期校对仪器。

（四）坐位体前屈

1．测试目的

测量学生在静止状态下的躯干、腰、髋等关节可能达到的活动幅度，主要反映这些部位的关节、韧带和肌肉的伸展性和弹性，以及学生身体柔韧素质的发展水平。

2．场地器材

坐位体前屈测试计。

3．测试方法

受试者两腿伸直，两脚平蹬测试纵板坐在平地上，两脚分开10～15厘米，上体前屈，两臂向前伸直，用两手中指尖逐渐向前推动游标，直到不能前推为止。坐位体前屈测试计的脚蹬纵板内沿平面为"0"点，向后为负值，向前为正值。记录以厘米为单位，保留一位小数。测试两次，取最好成绩。

4．注意事项

（1）身体前屈，两臂向前推动游标时两腿不能弯曲。

（2）受试者应匀速向前推动游标，不得突然发力。

（五）立定跳远

1．测试目的

测试学生下肢爆发力及身体协调能力的发展水平。

2．场地器材

沙坑、丈量尺。沙面应与地面平齐，如无沙坑，可在土质松软的平地上进行。起跳线至沙坑近端不得少于30厘米。起跳地面要平坦，不得有凹坑。

3．测试方法

受试者两脚自然分开站立，站在起跳线后，脚尖不得踩线（最好用线绳做起跳线）。两脚原地同时起跳，不得有垫步或连跳动作。丈量起跳线后缘至最近着地点后垂直距离。每人试跳三次，记录其中成绩最好一次。以厘米为单位，不计小数。

4．注意事项

（1）发现犯规时，此次成绩无效。三次试跳均无成绩者，应允许再跳，直至取得成绩为止。

（2）可以赤足，但不得穿钉鞋、皮鞋、凉鞋参加测试。

（六）50米跑

1．测试目的

测试学生速度、灵敏素质及神经系统灵活性的发展水平。

2．场地器材

50米直线跑道若干条，地面平坦，地质不限，跑道线要清楚。发令旗一面，口哨一个，秒表若干块（一道一表）。秒表使用前，应用标准秒表校正，每分钟误差不得超过0.2秒。标准秒表选定，以北京时间为准，每小时误差不超过0.3秒。

3．测试方法

受试者至少两人一组测试。站立起跑，受试者听到"跑"的口令后开始起跑。发令员在发出口令的同时要摆动发令旗。计时员视旗动开表计时，受试者躯干部到达终点线的垂直面停表。以秒为单位记录测试成绩，精确到小数点后一位，小数点后第二位数按非零进1原则进位，如10.11秒则读成10.2秒记录。

4．注意事项

（1）受试者测试最好穿运动鞋或平底布鞋，赤足亦可，但不得穿钉鞋、皮鞋、凉鞋。

（2）发现有抢跑者，当即召回重跑。
（3）如遇风一律顺风跑。

（七）引体向上

1．测试目的

测试学生的上肢肌肉力量的发展水平。

2．场地器材

高单杠或高横杠，杠的粗细以手能握住为准。

3．测试方法

受试者跳起双手正握杠，两手与肩同宽成直臂悬垂。静止后，两臂同时用力引体（身体不能有附加动作），上拉到下颌超过横杠上缘为完成一次。记录引体次数。

4．注意事项

（1）受试者应双手正握单杠，待身体静止后开始测试。
（2）引体向上时，身体不得做大的摆动，也不得借助其他附加动作撑起。
（3）两次引体向上的间隔时间超过 10 秒停止测试。

（八）仰卧起坐

1．测试目的

测试学生的腹肌耐力。

2．场地器材

垫子若干块（或代用品），铺放平坦。

3．测试方法

受试者仰卧于垫子上，两腿稍分开，屈膝成 90°角左右，两手指交叉贴于脑后。另一同伴压住其踝关节，以固定下肢。受试者坐起时两肘触及或超过双膝为完成一次。仰卧时两肩胛必须触垫。测试人员发出"开始"口令的同时开表计时，记录 1 分钟内完成次数。1 分钟到时，受试者虽已坐起但肘关节未达到双膝者不计该次数，精确到个位。

4．注意事项

（1）如发现受试者借用肘部撑垫或臀部起落的力量起坐，该次不计数。
（2）测试过程中，观测人员应向受试者报数。
（3）受试者双脚必须放于垫子上。

（九）800 米或 1000 米跑

1．测试目的

测试学生耐力素质的发展水平，特别是心血管呼吸系统的机能及肌肉耐力。

2．场地器材

400 米、300 米、200 米田径场跑道，也可使用其他不规则场地，但必须丈量准确，地面平坦。秒表若干块，使用前需要校正，要求同 50 米跑测试。

3．测试方法

受试者至少两人一组进行测试，站立式起跑。当听到"跑"的口令后开始起跑。计时员看到旗动开表计时，当受试者的躯干部到达终点线垂直面时停表。以分、秒为单位记录测试成绩，不计小数。

4．注意事项

（1）如果在非400米标准场地上测试，测试人员应向受试者报告剩余圈数，以免跑错距离。

（2）测试人员应告知受试者在跑完后应保持站立并缓慢走动，不要立刻坐下，以免发生意外。

（3）受试者不得穿皮鞋、凉鞋、钉鞋参加测试。

（4）对时间进行换算时要细心，防止出现差错。

第三节　自测心理健康

一　大学生心理健康自评的意义

（一）大学生是心理健康问题的高发人群

许多调查研究表明，大学生是心理状态最为脆弱、心理冲突和情节行为问题高发的人群。这是由于科技信息的高速发展，人们生活节奏日益加快，紧张多变的社会生活，对大学生提出了更高的要求。在新旧价值观念的冲突之中，大学生这一群体与其他社会群体相比，要敏感而迅速得多。但同时，由于大学生的自我意识尚未完全成熟，价值选择和判断仍缺乏稳定而统一的标准，他们面对多重价值并存的社会文化环境，较其他社会群体承受着更多的精神压力和心理矛盾。他们还必须面对该群体存在的许多特殊问题，如学习环境、学习任务的适应，择业，恋爱等。这些也都可能对大学生心理健康造成不良后果。

（二）国家关心重视大学生心理健康

中共中央、国务院下发《关于进一步加强和改进大学生思想政治教育的意见》，教育部、卫计委、共青团中央下发《关于进一步加强和改进大学生心理健康教育的意见》以后，各高校高度重视，认真学习领会精神，积极推动工作落实，大学生心理健康教育得到了切实加强。

（三）学习心理测评有利于促进心理健康

心理健康是大学生顺利完成学业、适应社会需要必须具备的基本素质。心理测评作为一种能客观地评价大学生心理健康的科学的量化工具，大学生应当学习、掌握、运用。

二　大学生心理健康的标准

心理健康的标准难以数量化，主要是通过定性的观察，从诸多优秀的心理品质中总结出来的有代表性的特征，有以下六个方面。

（1）智力正常，思维敏捷，记忆力良好。这是大学生学习、工作和生活的最基本的心理条件，是大学生心理健康的首要标准。

（2）意志坚强，对自己能做出恰当的评价。对自己的个性、能力、功过是非及优缺点都有客观的正确评价，充满自信，相信自己，不无故悲观。有理想，有毅力，能判定自己的生活、学习和事业追求的目标，进行自我设计。不自卑，能够自爱、自尊、自制、自强、自立、自信地做人。

（3）情绪稳定，开朗乐观，情感专一。有恰当控制情绪的能力，无论成功与失败，都能及时进行自我调整，合理支配自己的情感和行动。不轻易动怒，也不轻易伤感。成功激动时能够理智恰当地宣泄，防止情绪大起大落；失败挫折时不灰心丧气，控制情绪，调整心态，很快渡过难关。情感专一，不左右摇摆，不轻易改变主意。

（4）待人信任宽容，人际关系和谐。能保持独立而完整的人格，乐于与他人交往，能用尊重、信任、友爱、宽容、理解的态度与人相处，不仅与亲人之间的关系融洽，而且与同事之间、朋友之间、邻里之间的关系也融洽。换言之，心理健康的大学生既要家庭关系和谐，又要与社会保持和谐关系。

（5）适应能力强。心理健康的大学生，能与社会保持良好的接触，对社会现状有较清晰、正确的认识，思想和行为都能应付大多数的家庭、社会、个人生活中发生的变故，能适应社会环境。当发现自己的需要和愿望与社会需要及大多数人的利益发生矛盾时，能迅速进行自我调节，跟得上时代的发展步伐，与社会的要求相符合。

（6）无不安全感。无不安全感是指在正常情况下无不安全的感觉，没有不必要的担惊受怕，没有疑神疑鬼的心态。

也有人给心理健康归纳出"三良好"标准。一是良好的个性人格，主要表现为情绪稳定，性格温和；意志坚强，情感丰富；胸怀坦荡，开朗乐观。二是良好的处事能力，主要表现为观察问题客观、现实，具有较好的自我控制能力，能适应复杂的社会环境。三是良好的人际关系，主要表现为助人为乐，与人为善，对人际关系充满热情。

上述心理健康的标准只是一种相对的衡量尺度，在理解和运用时应注意：心理健康是较长一段时间内持续的心理状态，一个人偶尔出现一些不健康的心理和行为，并非意味着这个人就一定是心理不健康的。判断一个人的心理健康状况，不能简单地根据一时一事下结论。心理健康状态并非固定不变的，而是不断变化的，心理健康与否只能反映某一段时间内的特定状态，既可以从不健康转变为健康的，也可以从健康转变为不健康。了解这些知识，有利于大学生充分地发挥自我潜能，从而追求心理健康和心理发展的最高层次。

 大学生心理健康的测评

（一）心理健康测评的方面

心理健康全面测评应包括行为特征（或症状）、人格特征及社会因素三个方面。

1. 行为特征

人的行为是心理活动的物质外壳。人的心理活动无论正常还是异常必然会从外部行为表现出来，人与外界相互作用同样也会留下痕迹，这个痕迹就是人的心理活动及其行为表现。心理学界通过对异常症状的内容、性质及程度进行分析评价，来推断心理健康水平，并用不同的心理健康测量工具，以测查异常精神症状。

2．人格特征

人格是一个人的个性。个性包括一个人的性格、气质、能力和爱好等。心理学讲的人格是指个体心理差异，与遗传有很大关系，是心理健康的渊源。人格既能代表个人，又解释说明这个人的行为。

3．社会因素

各种社会因素对心理健康有重大的影响和制约作用。人在生活中若遇到突然发生的变故，往往会产生急剧心理变化，甚至出现心理障碍。在这个过程中，社会支持对应激状态下的个体提供保护，即对应激起缓冲作用。社会支持在影响心理健康的社会因素中尤为重要，总体的评价是寻求社会支持有利于心理健康。

（二）心理健康测评的有益提示

1．坚持标准，灵活掌握

由于人的心理健康状况是复杂多变的，因此无论是对个体还是对群体的心理健康状况界定时，既要坚持标准，又要灵活掌握。

2．把握现象、过程、变化、差异

对人的心理健康状况的界定，应以其较长时间内持续存在的心态为依据，心理健康的人，偶尔出现情绪波动或心理异常状况应视为正常。人的心理从健康到不健康是连续不断的心理变化过程，健康和疾病是它的两极状态。因此，对心理健康的界定，与其说是健康与疾病之分，不如说是程度上的差异。

3．注意心理与品德关系

不能将心理问题当作品德问题对待，要给有心理障碍的人更多的宽容关爱。

4．重视差异与发展

心理健康的标准应与社会文化氛围相符合，随着社会的发展而发展，在同一时期，不同地区、不同国家、不同民族的同一心理测评的常模存在着明显差异，其心理健康的划定，就应以所属地区的常模为依据。

（三）《中国人心理健康量表》与评价方法

当前国内外有不少心理健康测量与评价方法，这里仅介绍《中国人心理健康量表》与评价方法，供大学生参考。

1．《中国人心理健康量表》

表3-11是有关测试者心理状态的一些题目。请仔细阅读每一个题目，根据自己的实际情况认真填写。每个题目没有对错之分，需尽快回答，不要在每道题上过多思考。每个题目后都有五个等级供选择，分别按照程度的高低用1、2、3、4、5来表示：1为无；2为偶尔；3为有时；4为经常；5为总是。注意：每个题目后只能选择一个等级，在相应的数字上画圈；每个题目都要回答。

表 3-11 中国人心理健康量表

测试题目	无	偶尔	有时	经常	总是
1. 我情绪忽高忽低	1	2	3	4	5
2. 做什么事我都感觉很困难	1	2	3	4	5
3. 我喜欢与人争论、抬杠	1	2	3	4	5
4. 我对许多事情心烦	1	2	3	4	5
5. 遇到紧急的事我手发抖	1	2	3	4	5
6. 我怕应付麻烦的事	1	2	3	4	5
7. 我情绪低落	1	2	3	4	5
8. 我感到人们对我不公平	1	2	3	4	5
9. 我觉得大多数人都不可信任	1	2	3	4	5
10. 感到别人对我不友好	1	2	3	4	5
11. 我不能控制自己而发脾气	1	2	3	4	5
12. 我感到前途没有希望	1	2	3	4	5
13. 我喜怒无常	1	2	3	4	5
14. 我要求别人十全十美	1	2	3	4	5
15. 我抱怨自己为什么比不上别人	1	2	3	4	5
16. 我觉得别人想占我的便宜	1	2	3	4	5
17. 我觉得活得很累	1	2	3	4	5
18. 看见房间杂乱无章我就安不下心来	1	2	3	4	5
19. 我着急时，嘴里有味	1	2	3	4	5
20. 我感到有坏事发生	1	2	3	4	5
21. 我觉得疲劳	1	2	3	4	5
22. 我常为一些小事而心情不好	1	2	3	4	5
23. 我不能容忍别人	1	2	3	4	5
24. 别人有成绩我生气	1	2	3	4	5
25. 我的想法与别人不一样	1	2	3	4	5
26. 遇到挫折，我便灰心	1	2	3	4	5
27. 我经常责备自己	1	2	3	4	5
28. 害怕别人注意我的短处	1	2	3	4	5
29. 我一紧张就头痛	1	2	3	4	5
30. 我有想打人或骂人的冲动	1	2	3	4	5
31. 感到别人不理解我，不同情我	1	2	3	4	5
32. 我固执己见	1	2	3	4	5
33. 我对什么事情都无兴趣	1	2	3	4	5
34. 我心里焦躁	1	2	3	4	5
35. 我过人多、车多的十字路口心里发慌	1	2	3	4	5
36. 遇到紧急的事我尿多	1	2	3	4	5
37. 我心情时好时坏	1	2	3	4	5
38. 我对新事物不习惯	1	2	3	4	5

续表

测试题目	无	偶尔	有时	经常	总是
39. 我感到别人亏待我	1	2	3	4	5
40. 我感到很难与人相处	1	2	3	4	5
41. 我有想摔东西的冲动	1	2	3	4	5
42. 我觉得我出力不讨好	1	2	3	4	5
43. 总觉得别人在背后议论我	1	2	3	4	5
44. 我爱揭别人的短处	1	2	3	4	5
45. 我喜怒都表现在脸上	1	2	3	4	5
46. 我紧张睡不好觉	1	2	3	4	5
47. 我无缘无故感到紧张	1	2	3	4	5
48. 遇到应采取果断行动时，我就犹豫不决	1	2	3	4	5
49. 我与人相处，关系紧张	1	2	3	4	5
50. 该做的事做不完我放不下心	1	2	3	4	5
51. 我不分场合发泄我的不满	1	2	3	4	5
52. 我控制不住自己的情绪	1	2	3	4	5
53. 当别人看我或议论我时，我感到不自在	1	2	3	4	5
54. 别人对我成绩的评价不恰当	1	2	3	4	5
55. 我感到自己没有什么价值	1	2	3	4	5
56. 我总觉得别人在跟我作对	1	2	3	4	5
57. 我情绪波动性大	1	2	3	4	5
58. 我担心别人看不起我	1	2	3	4	5
59. 我感到忧愁	1	2	3	4	5
60. 我心情紧张，胃就不舒服	1	2	3	4	5
61. 在变化的情况下，我不能灵活处事	1	2	3	4	5
62. 我觉得我的学习或工作的负担重	1	2	3	4	5
63. 我对比我强的人并不服气	1	2	3	4	5
64. 我不能接受别人的意见	1	2	3	4	5
65. 我对亲朋好友忽冷忽热	1	2	3	4	5
66. 我觉得生活没意思	1	2	3	4	5
67. 我担心自己有病	1	2	3	4	5
68. 遇到紧急情况，我心跳厉害	1	2	3	4	5
69. 我与陌生人打交道感到为难	1	2	3	4	5
70. 我心里总觉得有事	1	2	3	4	5
71. 我在公共场合吃东西感到不舒服	1	2	3	4	5
72. 我的朋友有钱，吃得好、穿得好，我感到不舒服	1	2	3	4	5
73. 我做事想怎么做就怎么做	1	2	3	4	5
74. 我难以完成工作任务或学习任务	1	2	3	4	5
75. 紧张时我手出汗	1	2	3	4	5

续表

测试题目	无	偶尔	有时	经常	总是
76. 我常用刻薄的话刺激人	1	2	3	4	5
77. 我遇到杂乱脏环境及强烈噪声不能承受	1	2	3	4	5
78. 我容易激动	1	2	3	4	5
79. 我的情感容易受到别人伤害	1	2	3	4	5
80. 到一个新环境，我不能很快适应	1	2	3	4	5

2.《中国人心理健康量表》评分方法

（1）表3-11共有80个评定项目，又可分为10个独立的评价指标。各评价指标所包含的项目如下：

①人际关系紧张与敏感：包括10、14、23、31、49、53、71、79，共8项。

②心理承受力差：包括2、17、26、40、50、62、74、77，共8项。

③适应性差：包括6、18、35、38、48、61、69、80，共8项。

④心理不平衡：包括8、15、24、39、42、54、63、72，共8项。

⑤情绪失调：包括1、13、22、37、45、52、57、65，共8项。

⑥焦虑：包括4、20、28、34、47、58、67、70，共8项。

⑦抑郁：包括7、12、21、27、33、55、59、66，共8项。

⑧敌对：包括3、11、30、41、44、51、76、78，共8项。

⑨偏执：包括9、16、25、32、43、56、64、73，共8项。

⑩躯体化：包括5、19、29、36、46、60、68、75，共8项。

（2）每一项采用5级评分，每个指标的8项按此标准计分之和除以8，即该指标得分。

（3）将每个指标以2分为简单判断标准分数线，就可以简单、初步地判断哪些指标存在问题和症状。

①凡指标分超过2分以上的就可初步地判断这些指标存在问题和症状。

②对指标分超出2分的，一般初步确定为有心理问题，其症状严重的评分如下：

a. 2～2.99分，表示该指标轻度存在问题，可通过自我心理调节予以改善。

b. 3～3.99分，表示该指标存在中度症状，可通过自我心理调节逐步减轻和缓解，若一个月未能缓解，可找心理医生调节。

c. 4～4.99分，表示该指标存在较重的症状，也可自我先调节，一周后再用《中国人心理健康量表》测试，若该指标仍为4分以上，请找心理医生帮助。

d. 如果达到5分，说明该指标存在严重的心理症状，应加强心理咨询与治疗。

（4）总平均分的计算方法是将该量表80项各自的分数加在一起之后被80除，得出的分数便是受试者心理健康的总平均分。以总平均分判定心理健康状况。

①2～2.99分为轻度心理健康问题。

②3～3.99分为中度心理健康问题。

③4～4.99分为较严重的心理健康问题。

④如果达到5分，则是非常严重的心理健康问题，应加强心理咨询与治疗。

第四章 三大球类运动

第一节 魅力无穷的篮球运动

 篮球运动的基本技术

篮球技术是篮球比赛所必需的专门动作方法的总称,其是完成战术配合质量的重要因素。

(一)站立和起动

1. 基本技术

(1)基本站立姿势。

两脚左右或前后开立,两脚之间距离与肩同宽,全脚掌着地,两膝弯曲,大小腿之间的角度约为135°,身体重心落在两脚之间,上体略微前倾,两臂屈肘自然下垂置于体侧,两眼平视注意场上情况。防守时的站立姿势,两脚之间距离略比肩宽,两臂屈肘左右或前后张开,如图4-1所示。

动作要点:两腿要尽量弯曲下蹲,便于起动,两眼平视注意场上情况。

(2)起动。

起动是队员在球场上由静止状态变为运动状态的一种动作,其是获得位移初速度的方法。

起动时,身体重心向跑动方向移动,以后脚(向前起动)或异侧脚(向侧起动)的前脚掌内侧突然用力蹬地,同时上体迅速前倾或侧转,手臂协调地摆动,充分利用蹬地的反作用力,迅速向跑动方向迈步,如图4-1所示。

动作要点:猛蹬地,快跨步,快频率。

图 4-1　基本站立姿势和起动

2. 练习方法

(1)按动作要求做基本站立姿势和起动练习。

(2)以一脚为轴做跨步、撤步、同侧步、交叉步后迅速恢复成基本站立姿势。

(二)移动

1. 基本技术

(1)变向跑。

跑动中向左变方向,最后一步右脚落地,脚尖向左转,迅速屈膝,上体向左转移动重心。同时,左脚用力蹬地向左前方迈出,右脚迅速随着向左侧前方跨出,继续加速前进,如图4-2所示。向右变方向时,动作相反。

图 4-2　变向跑

(2)跨步急停。

快跑中,先向前跨出一大步,用脚尖先着地,然后过渡到全脚掌着地,迅速屈膝,同时上体稍后仰;第二步落地时,脚尖稍内扣,腰胯用力,两膝深屈,重心下降,用全脚掌内侧蹬地,身体稍向内转,重心投影点在两脚之间,两臂弯曲,自然张开,保持身体平衡,如图4-3所示。

(3)跳步急停。

跑动中单脚或双脚起跳(不要太高,紧贴地面),两脚左右分开,与肩同宽同时落地,全脚掌着地，两脚内侧稍用力。两腿屈膝，稍向内扣。两臂弯曲，自然张开，保持身体平衡，如图4-4所示。

图4-3 跨步急停　　　　　　　　图4-4 跳步急停

（4）前转身。

绕中枢脚脚尖方向转动的叫作前转身。以右脚为中枢脚做前转身为例：转动时，重心移到右脚上，左腿前脚掌内侧蹬地，右腿前脚掌用力碾地，同时头、肩和腰胯配合向右前方移动，左腿迅速绕右脚尖方向转动，达到欲转动的角度后左脚落地，重心仍落在两脚中心。两臂自然张开，以维持身体平衡，如图4-5所示。

（5）后转身。

绕中枢脚脚跟方向转动的叫作后转身。以左脚为中枢脚做后转身为例：转动时，重心移到左脚上，右脚前脚掌内侧蹬地，左脚前脚掌用力碾地，同时头、肩和腰胯配合向右后方转动，右脚迅速绕左脚跟方向转动，达到欲后转角度后右脚落地，重心落在两脚之间。两臂自然张开，以维持身体平衡，如图4-6所示。

图4-5 前转身　　　　　　　　图4-6 后转身

（6）侧滑步。

身体成基本站立姿势，两臂自然左右张开。以向左侧滑步为例：右脚前脚掌内侧蹬地，左脚先向左侧滑跨，由脚跟至脚尖着地，接着向内侧滑动右脚。移动中始终保持低重心、宽步幅。向右侧滑步时，动作相同，方向相反。

（7）前滑步。

两脚前、后开立比肩略宽，屈膝降重心，脚跟微抬起，身体重心落在两脚掌上。前脚尖对着移动方向，前脚的同侧臂前上举，后脚的同侧臂侧下举。向前滑步时，后脚脚掌内侧蹬地，前脚向前滑，由脚跟至脚尖着地，然后滑动后脚。保持低重心、宽步幅。

2．练习方法

（1）基本站立姿势（面向、背向、侧向），听或看信号开始练习。

（2）自抛或别人抛球后，迅速快跑，将球接住。

（3）成一列纵队，全场采用"之"字形急停急起。练习时，第一名队员急停转向后，第二名接上再做，依次进行。

（4）看手势做前、后、侧滑步练习，全场"之"字形滑步练习。

（三）传接球

1．基本技术

（1）双手胸前传球。

双手持球的方法是两手手指自然分开，拇指相对成八字形，用指根以上部位持球，手心空出（图4-7）。两肘自然屈于体侧，将球置于胸腹之间的部位，身体成基本站立姿势。传球时，在后脚蹬地、身体重心前移的同时前臂迅速向传球方向伸出。球出手后，身体迅速调整成基本站立姿势。传球距离近，前臂前伸的幅度小。远距离的传球，则需加大蹬地、伸臂和腰腹的协调用力。传球距离越远，伸臂的动作速度越快。

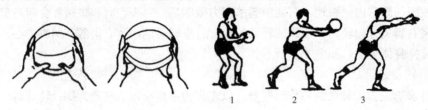

图4-7　双手胸前传球

动作要点：持球动作正确，蹬（地）、伸（臂）、翻（腕）、拨（食、中指）球动作连贯，用力协调。

（2）单手肩上传球。

单手肩上传球是单手传球中一种最基本的方法。

传球时（以右手传球为例），左脚向传球方向迈出半步，右手托球，同时将球引到右肩上方，肘部外展，上臂与地面近似平行，手腕后仰。左肩对着传球方向，重心落在右脚上，右脚蹬地，转体，右前臂迅速向前挥摆，手腕前屈，通过食指、中指拨球将球传出（图4-8）。

图4-8　单手肩上传球

动作要点：自上而下发力，蹬地、扭转肩、挥臂和扣腕动作连贯。

其他传球方式如图4-9所示。

(a) (b) (c)

图 4-9 其他传球方式

(a) 双手头上传球；(b) 体侧传球；(c) 双手反弹传球

(3) 双手接球。

双手接球是最基本的接球方法，也是在比赛中运用最多的动作之一。

双手接球时，两眼注视来球，两臂伸出迎球，手指自然分开，两拇指成八字形，手指向前上方，两手成一个半圆形。当手指触球后，迅速抓握球，两臂随球后引缓冲来球的力量，两手握球于胸腹之间。保持身体的平衡，做好传球、投篮或突破的准备。

动作要点：伸臂迎球，在手接触球时，收臂后引缓冲，握球于胸腹之间，动作连贯。

2．练习方法

(1) 定点传球练习：在墙上至少画出高度不同的 3 个点，作为传球目标。从距墙 3 米处开始传球，先双手胸前传球、双手反弹传球，然后双手头上传球等。

(2) 迎面传接球练习：全体队员分成两组，面对面各站成一列纵队，相距 3～4 米。

(3) 全场 3 人 8 字形围绕传接球练习：全体队员先分成 3 组，面向球场分别站成一列纵队，间隔距离相等。要求向前跑动互相传球，不许运球，不许掉球。

（四）投篮

投篮的方式多种多样，要提高投篮命中率就必须了解投篮的技术结构，正确掌握投篮技术。在学习投篮技术时，必须注意掌握以下技术要领。

投篮技术动作包括两个方面，一是投篮时的身体姿势；二是持球手法。

原地投篮时，要两脚前后自然开立，两膝微屈，上体稍前倾，重心落在两脚之间。这样，既便于投篮集中用力，也利于变换其他动作。移动中接球跳投、运球急停跳投或行进间投篮时，跨步接球与起跳动作既要连贯衔接，也要迅速制动，使身体重心尽快移到支撑面的中心点上，以保证垂直起跳。身体姿势正确就能保证身体重心移动与投篮出手的方向一致，就能保持身体平衡。控制身体平衡是保证出球方向准确的基本条件。

投篮时，无论是单手还是双手，持球时五指都应自然张开，掌心空出，用指根及指根以上部位触球，增大对球的接触面积，以保持球的稳定性，控制球的出手方向。

原地投篮是最基本的投篮方法，是行进间投篮和跳起投篮的基础。原地投篮易于保持身体平衡，便于全身协调用力，比较容易掌握。一般在中、远距离投篮和罚球时运用较多。

1．基本技术

(1) 原地双手胸前投篮（图 4-10）。

这种投篮方式虽然出球点较低，但出手前稳定性好，出手力量大，便于与传球、突破相结合，多用于远距离投篮。

双手持球基本同于双手胸前传球。两肘自然下垂，将球置于胸前，目视瞄准点。两脚前后或左右开立，两膝微屈，重心落在两脚之间。

投篮时，两脚蹬地，腰腹伸展，两臂向前上方伸出，两手腕同时外翻，拇指稍用力压球，食指、中指拨球，使球从拇指、食指、中指指端飞出。球出手后，脚跟提起，身体随投篮出手方向自然伸展。注意：投篮时，蹬伸踝、膝、髋，双手用力均匀，手腕外翻，手指拨球。

图 4-10　原地双手胸前投篮

（2）原地单手肩上投篮（图 4-11）。

以右手投篮为例：由双手持球开始，将球引至右肩前上方，右臂屈肘，肘关节稍内收，上臂与肩关节约成水平，前臂与上臂大约成 90°。右手五指自然张开，手腕后屈，掌心空出，用手掌外缘和指根以上部位托住球的后下方，左手扶球的左侧。单手肩上投篮时，随着下肢蹬伸和腰腹伸展，投篮臂向前上方抬肘伸臂，最后力量集中到手腕和手指上，由手腕前屈和手指拨球的动作，使球通过食指、中指的指端柔和地飞出。出手后，全身随球跟送，手臂自然伸直。通常距离越近，身体其他部分用力越小，多以手腕和手指用力为主；投篮距离越远，身体协调用力越大，对手腕、手指调节力量的能力也要求越高。

图 4-11　原地单手肩上投篮

（3）行进间单手肩上投篮（图 4-12）。

行进间单手肩上投篮又称行进间单手高手投篮，是在比赛中切入篮下时常用的一种投篮方法。以右手投篮为例，右脚向前跨一大步时接球，接着左脚蹬地起跳，右腿屈膝上抬，同时双手举球于右肩前上方。腾空后，上体稍后仰，当接近了最高点时，向前上方抬肘伸臂，用手腕前屈和手指拨球力量将球投出。跨步一大二小向上跳，节奏要清楚。出手时，手腕、手指用力要柔和。

图 4-12　行进间单手肩上投篮

（4）行进间单手低手投篮（图 4-13）。

行进间单手低手投篮是在快速跳动或运球超越对手后，在篮下的一种投篮方法，具有伸展距离远和出球平稳的优点。以左手投篮为例，左脚向前跨出一步的同时接球，右脚跨第二步时用力蹬地向前上方起跳，左腿屈膝自然上提，腾空到最高点，左手五指自然张开，掌心向上，托球的下部，左臂向前上方伸展，接近球篮时，用手腕上挑和手指的拨动，使球向前旋转进入篮筐。腾空时身体向前上方充分伸展，举球后保持托球的稳定，手腕、手指上挑动作柔和协调。

图 4-13　行进间单手低手投篮

2．练习方法

（1）单手站姿投篮练习：初学者可在距篮筐 1.5 米处练习（篮筐区域或侧面均可），要求抬肘伸臂充分，用手腕前屈和手指柔和地拨球。

（2）定点投篮练习：围绕罚球区 0°、30°、45°、90°等七个点移动投篮。

（五）运球

1．基本技术

运球的基本动作是两脚前后或左右自然开立，两膝微屈，上体前倾，抬头平视前方。运球时手臂自然弯曲，以肘关节为轴，用前臂和手指的力量控制球的运动，另一只手臂自然张开，以保护球。

运球的技术动作很多，总的来说可分为以下几种：

（1）高运球：在没有对手紧逼的情况下，通常用这种运球方法。运球时，两腿微屈，目视前方，运球手在腰腹间触球，手脚协调配合，拍球有节奏地向前运行，如图4-14所示。

图4-14 高运球

（2）低运球：在对手紧逼防守时，为了更好地保护球，通常用这种运球方法。运球时，两腿弯曲，上体前倾，用身体保护球的同时短促地拍球，使球的反弹高度在膝部以下，如图4-15所示。

图4-15 低运球

（3）急停急起运球：就是利用速度的变化来摆脱对手的运球方法，如图4-16所示。

图4-16 急停急起运球

（4）体前变向：当对手堵截在运球前进路线上时，突然向左或向右改变运球方向，并且交换控球手来摆脱对手的运球方式。以右手为例：右手拍球的右后上方，把球从右侧拍按到左侧前方，同时向左转体以保护球，然后换手运球，加速前进，如图4-17所示。

图 4-17 体前变向

（5）背后运球：当对手离身体较近时，无法在体前改变方向，可以用背后运球。以右手为例：变向时右脚在前，右手将球拉至身体右侧后方，迅速拍球的右后方，将球从身后拍至左侧前方，然后换左手加速运球。

（6）胯下运球：当防守队员迎面堵截时，可以用胯下运球摆脱对手。以右手为例：变向时左脚在前，右手拍球的右上部，将球从两腿之间运至身体左侧，然后上右脚并换手运球，加速前进。

（7）转身运球：当对手离身体较近时，不能用体前变向，也可用转身运球过人。以右手为例，变向时，左脚在前为轴做后转身，右手将球拉至身体左侧前方，然后换手运球，加速前进。运球时要尽量降低身体重心，不要上下起伏。

2．练习方法

（1）原地垂直的高、低运球，体会运球的动作要点。

（2）对墙运球练习，提高手腕、手指的控球能力。

（3）体前左、右手交替做推送横运球练习。

（4）体前单手做横推拉运球练习，体侧单手做纵推拉运球练习。

（5）在球场两边线间做直线折返高低运球，要求运球往返时分别用两只手练习，并且抬头看前方。

（6）运球急停急起练习：根据教师信号或以球场的罚球线、中线等横线为标志做运球急停急起练习。

（六）持球突破

1．基本技术

持球突破是持球队员运用合理的脚步动作与运球技术相结合，快速超越防守队员的一项攻击性很强的进攻技术。在比赛中，及时地把握突破时机，合理地运用突破技术，是直接切入篮下得分的重要手段。持球突破还可打乱对方的防御部署，为同伴创造更多更好的投篮机会。突破若能巧妙地与投篮、传球等结合运用，使突破技术灵活多变，就能更好地发挥突破技术的攻击力。根据持球突破采用的步法，可分为同侧步突破和交叉步突破两种。

（1）原地持球同侧步突破。

原地持球同侧步突破也称顺步突破（图 4-18），其优点是突破时突然起动，初速度快，但球暴露较多，容易被对手将球打掉。以左脚做中枢脚从防守队员左侧突破为例：突破时，上体积极前倾的同时，右脚迅速向右前方跨一大步，同时上体右转，左肩积极下压。左脚内侧用力蹬地，在左脚离地前，用右手推按球于右脚外侧前方，然后左脚迅速跨步抢位，加速运球超越对手。注意：起动要突然，跨步、运球要快速连贯，中枢脚离地前球要离手。

图 4-18　原地持球同侧步突破

（2）原地持球交叉步突破。

原地持球交叉步突破的优点是跨步后与防守队员接触面较小，能更好地利用跨步抢位保护球（图 4-19）。以左脚做中枢脚从防守队员右侧突破为例：突破时，右脚向右侧前方迈出一小步，将防守队员引向自己右侧的同时，用右脚前掌内侧迅速蹬地，向左侧前方跨一大步，上体稍左转，右肩向前下压，重心向左前方移动，将球推引至左侧，用左手推按球于左脚右侧前方，接着右脚蹬地加速超越对手。注意：积极蹬地，突然起动；转体探肩应与跨步相连；推按球离手必须在中枢脚离地之前；跨步脚尖指向突破方向。整个动作协调连贯。

图 4-19　原地持球交叉步突破

2．练习方法

（1）原地模仿练习。

（2）原地一对一。

（3）半场或全场一对一。

（4）半场二对二。

（七）防守

1. 防守无球队员

（1）防守无球队员的基本要求。

①抢占有利的防守位置，注意人球兼顾。对离球和球篮近的对手防守要紧，对远离球和球篮的对手可适当放松。

②防止对手摆脱，当对手向篮下切入时，要积极堵截其移动路线，切断其接球路线。

③在必要时，应及时果断地进行协防、补防，或与相邻的同伴组织夹击和"关门"，积极干扰、阻截对手的进攻。

（2）防守无球队员的基本方法。

①防守位置与距离的选择：要根据球和自己防守对手所处的位置来确定和调整自己的防守位置。有球的一侧为强侧，无球的一侧为弱侧。当自己防守的对手处在强侧时，因其靠近球，随时都有接到球的可能，所以要全力封锁对手接球，同时又能控制对手向篮下切入。防守队员应采取错位防守，即站在对手与球篮之间偏向有球的一侧。当对手处于弱侧时，因其距离球远，威胁较小，为了协助同伴加强对有球一侧的防守，又便于控制篮板球，防守队员应向球和球篮方向靠拢，取松动防守。防守无球队员时，始终要保持"球—我—他"的原则，即防守队员要处于对手与球之间，与对手、球要成钝角三角形。防守距离要根据对手与球、球篮的距离而定，做到近球上，远球放，人、球、区兼顾，控制对手接球。

②站位姿势：如进攻队员离球较近时，应采用面对对手、侧向球的姿势，用两脚将对手罩住，近球手臂扬起，封锁其接球路线。另一手臂平伸，用以协助判断对手向远离球方向的移动。当进攻队员离球较远时，可采用面向球、侧对对手的姿势，两臂自然侧伸，便于断球和进行协防。

③移动步法：防守队员根据球的转移和对手的移动，使用上步、撤步、滑步、交叉步和跑动等脚步动作，堵截对手摆脱移动路线，抢占有利的防守位置，不让对手在有威胁的进攻位置上接球。

2. 防守有球队员

（1）防守有球队员的基本要求。

①要站在对手与球篮之间的有利位置上。

②比赛中迅速摸清对手的主要技术特点，以便采取针对性的防守策略。如对手中远距离投篮较准，则应紧逼以防投篮为主，或者对手善于突破，则应保持适当距离，以防突破为主。

③当对手运球停球后，应及时迎上严密防守，并和同伴伺机进行夹击。

（2）防守有球队员的基本方法。

①防守位置：防守队员应位于持球队员与球篮之间。防守距离的远近要根据对手距离球篮的远近和对手的技术特长而定，离球篮近则近，反之则稍远；对手善投则应稍近，对手善突则应稍远。

②防守姿势：由于持球对手的进攻特点、意图及与球篮距离不同，防守姿势也有所差异，但当今大部分采用的是平步防守的步法，即两脚平行站立，两手臂侧伸或在体前不停挥摆。这种步法防守面积大，便于向左右移动，适合于贴身防守，攻击性强，能有效地阻止对手向前的趋势。还有一种斜步防守姿势，即两脚前后站立，前脚同侧手臂上扬，另一手臂平伸。这种姿势便于前后移动。

（八）抢篮板球

1. 基本技术

（1）抢占位置，要设法抢占在对手与球篮之间的有利位置上（图 4-20）。抢进攻篮板球时要判断球的落点，利用各种假动作冲抢；抢防守篮板球时要注意用转身挡人的动作先挡人后抢篮板球。无论抢进攻篮板球还是抢防守篮板球，都要抢占在对手与球篮之间的位置上（图 4-21）。

图 4-20 抢占有利位置

图 4-21 抢占对手与球篮之间的位置

(2)起跳动作，起跳前两腿微屈，重心降低，上体稍前倾，两臂屈肘举于体侧，重心置于两脚之间，注意观察判断球的反弹方向，及时起跳。起跳时两脚用力蹬地，同时两臂上摆，手臂上伸，腰腹协调用力，充分伸展身体，并控制身体平衡。

　　(3)抢球动作，分为双手、单手和点拨球。双手抢篮板球时，指端触球瞬间，双手用力握球，腰腹用力，迅速将球拉入胸腹部位，同时两肘外展，以保护球。单手抢篮板球，跳起达到最高点时，指端触球后，迅速屈指、屈腕、屈肘收臂，将球下拉，另一只手扶球护球于胸腹部位。点拨球是在跳起到最高点时，用指端点拨球的侧方、侧下方或下方。进攻抢到篮板球时或补篮或投篮，或迅速传球给同伴重新组织进攻；防守抢到篮板球，或在空中将球传出，或落地后迅速传出，或运球突破后及时传给同伴。

2．练习方法

　　(1)对墙练习：持球站在距离墙1.5米的地方，尽量用力对墙掷球、起跳、抢球。

　　(2)空中大力抢球练习：持球站在距离球篮1.5米的地方，投篮、起跳、抢球。

　　(3)三对三练习：一组在罚球线的中点上，另外两组站在罚球圈的两侧距离球篮约1.8米的位置，各组背对球篮的人为防守员。教练员投篮出手后，防守队员立即完成转身、撤步与挡人动作。

二 篮球运动的基本战术

篮球战术是比赛中队员个人技术的合理运用和队员之间相互协调配合的组织形式。

(一)进攻战术的基本配合

（1）传切配合（图4-22）。

传切配合是指进攻队员之间利用传球和切入技术所组成的简单配合。其包括一传一切和空切配合。切入队员首先要掌握切入时机，根据对方的防守情况，利用假动作摆脱、及时、快速切入篮下，并随时准备接球。传球队员要利用假动作吸引、牵制对手，并采用合理的传球方法及时、准确地将球传出。

（2）突分配合（图4-23）。

突分配合是指持球队员突破对手后，主动地或应变地利用传球与同伴配合的方法。队员突破时要快速、突然，在突破过程中要随时观察场上攻守队员位置的变化，及时准确地传球。接球队员要把握时机，及时摆脱对手，迅速抢占有利位置接球投篮。

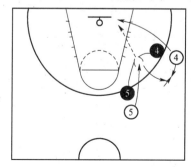

图4-22　传切配合

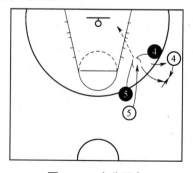

图4-23　突分配合

（3）策应配合（图4-24）。

策应配合是指进攻队员背对篮筐或侧对篮筐接球，由其做枢纽，与同伴空切相配合而形成的一种里应外合的方法。策应队员要及时抢位要球，两手持球护于胸前或头上，接球后结合转身、跨步等动作协助同伴摆脱防守或个人进行攻击。外围传球队员要根据策应者的位置和机会，及时准确地传给策应队员，做到人到球到，传球后迅速摆脱对手切入篮下，创造进攻机会。

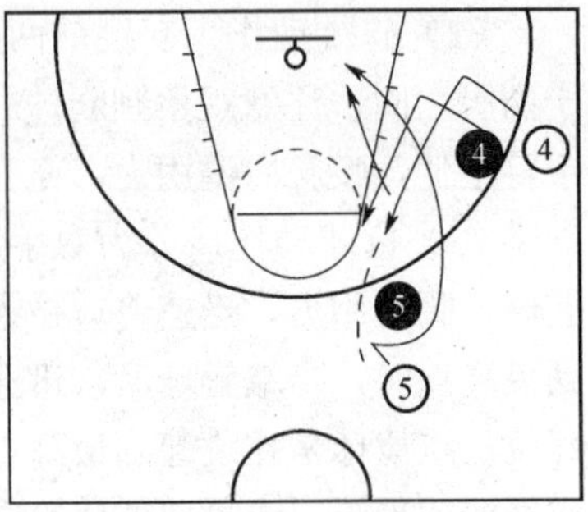

图 4-24 策应配合

（4）掩护配合（图4-25）。

掩护配合是指掩护队员采用合理的行动，用自己的身体挡住同伴防守者的移动路线，使同伴借以摆脱防守，或利用同伴的身体和位置使自己摆脱防守的一种配合方法。掩护要符合规则的规定，掩护队员动作要迅速，被掩护队员要用假动作吸引自己的防守队员，不让对方发现同伴的掩护意图。掩护时同伴之间的配合时机非常重要，掩护配合时队员配合要默契，注意动作果断，并根据临场变化，争取第二次机会。

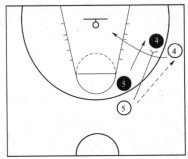 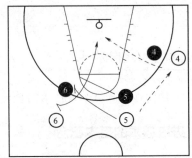

图 4-25 掩护配合

（二）防守战术的基本配合

（1）夹击配合（图4-26）。

夹击配合是指两名防守队员有目的地同时采取突然的行动，封堵和围夹持球者的一种配合方法。要选择好夹击的位置和时机。运用夹击时，贴近对方身体要适度，不能犯规。已形成夹击后，其他队员要随时轮转补位，严防对方近球区队员接球，远球区的防守队员要以少防多，选好断球位置。

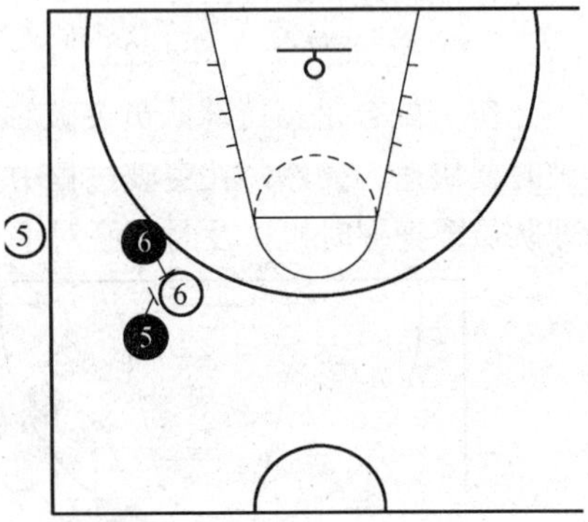

（2）关门配合（图4-27）。

关门配合是指两名防守队员靠拢协同防守突破的配合方法。防守队员应积极堵截突破的移动路线，临近突破一侧的防守者要及时向同伴靠拢进行关门，不给突破者留有空隙。

图 4-26 夹击配合

（3）挤过配合（图4-28）。

挤过配合是指防守者在掩护队员临近自己时，要积极向前跨出一步，贴近自己的防守对手,从掩护者前面挤过去,继续防住自己的对手。挤过时要贴近对手,向前抢步要及时,动作要突然,防掩护的队员要相互提醒。

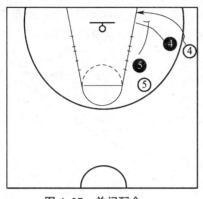

图 4-27 关门配合

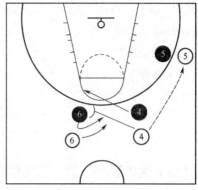

图 4-28 挤过配合

（4）穿过配合（图 4-29）。

穿过配合是指当进攻队员进行掩护时,防守做掩护的队员要及时提醒同伴并主动后撤一步,让同伴及时从自己和掩护队员之间穿过,以继续防住各自的对手。运用穿过时,要及时提醒同伴并主动让路,调整防守位置和距离。

（5）绕过配合（图 4-30）。

绕过配合是指当进攻队员进行掩护时,防守做掩护的队员主动贴近对手,让同伴从自己的身旁绕过,继续防住各自的对手。

图 4-29 穿过配合

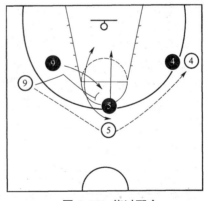

图 4-30 绕过配合

（三）半场人盯人防守

基本要求是根据对手所在进攻的强弱区域、与球的距离远近位置、与球篮的位置、与防守队员之间的距离、双方身体素质以及战术"陷阱区域"等要求和设置来选位,以盯人为主,人球兼顾,近球紧、远球松,要随进攻队员转移球的速度调整自己的移动速度,积极移动,并要主动抢占有利位置,破坏对方的进攻配合,破坏对方主力队员之间的联系,加强防守的伸缩性、立体性、集体性和攻击性。

具体要求有以下几点：

（1）对持球队员的防守一般要逼近,一般情况下为一臂间隔的距离,要始终保持在对手和球篮之间的位置上，挥动双手积极干扰对手的投篮、传球、突破等战术行动，控制对手持球手的任意行动。

（2）对不持球队员的防守应该提前判断对方的意图，"看透"对方的进攻意图，抢先切断其接球和移动路线，尤其要严密控制对手并防止其空切篮下，注意随时调整防守位置、身体角度和随时准备协防。

（3）在控制对手的基础上，积极迫使持球进攻队员进入"场角"和"事先设置的陷阱区域"进行夹击、抢断和补防。

（4）防守对手的分工，通常是根据双方队员的身高、技术水平、身体素质、攻守特点和攻守位置来考虑，尽量与对手实力相当。

（四）区域联防与进攻区域联防

1. 区域联防

区域联防是由进攻转入防守时，防守队员退回后场，每个队员分工负责防守一定的区域，严密防守进入该区域的球和进攻队员，并与同伴协同防守，用一定的队形，把每个防守区域有机地联结起来，组成区域联防战术。

（1）区域联防的基本要求。

①每个队员必须认真负责自己的防区，积极阻挠进入该防区的进攻队员的行动，并联合进行防守。

②要以防球为重点，随球的转移来调整自身位置，做到人球兼顾，不让持球队员突破和传球给内线防区。

③对进入罚球区附近或穿过罚球区的进攻队员，必须严加防守，切断其接球路线，不让其轻易接球、传球或投球，加强篮下区域防守。

④每个防守队员要彼此呼应，随时准备协防、换位、越区、"护送"等，相互帮助，加强防守的集体性。处于远离球的后线防守队员，要起指挥防守的作用。

（2）区域联防的形式和特点。区域联防的站位队形有"2-1-2""2-3""3-2""1-3-1"等，图中黑线区为联防的薄弱区。下面主要介绍"2-1-2"区域联防，如图4-31所示。"2-3"区域联防，如图4-32所示。

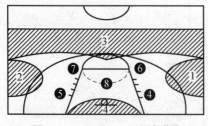

图4-31　"2-1-2"区域联防

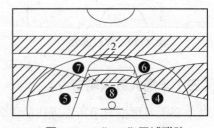

图4-32　"2-3"区域联防

"2-1-2"区域联防的优缺点：五个防守队员分布比较均衡，移动距离近，便于相互协作，并能根据进攻队员的特点防守位置，变换防守队形，所以它是区域联防的基本形式。这种防守队形便于控制篮下，有利于抢篮板球和发动快攻。但有薄弱地区，不利于防守这些区域内的中远距离投篮，不利于在球场底角进行"夹击"防守配合。

(3) 区域联防的方法。

示例一：球在外围左侧时的防守移动配合，如图 4-33 所示。⑬ 传球给 ⑪，⓫ 上 ⑪，⓭ 稍向下移动，协助 ⓬ 防守，⓬ 站在 ⑫ 的侧后方，切断 ⑪ 与 ⑫ 的传球路线，并防 ⑫ 向篮下空切。⓯ 站在 ⑮ 的侧前方，注视 ⑪ 与 ⑮ 的传球路线，减少 ⑮ 接球。⓮ 稍向球区移动，既要协助防守篮下，又要堵 ⑭ 背插，还要准备断 ⑪ 给 ⑭ 的横传球。当 ⑪ 投篮时，⓬、⓫、⓯ 拼抢篮板球。

图 4-33　区域联防方法（一）

示例二：堵截后卫向中锋传球移动的配合，如图 4-34 所示。⑥ 正要向 ⑤ 传球时，❺ 和 ❼ 围守 ⑤，不让其接球，❹ 向罚球线中间移动，防 ⑧ 空切，❽ 向罚球区内移动，防 ④ 横插和溜底线，保护篮下。

示例三：防左前锋中投与供中锋球结合的移动配合，如图 4-35 所示。当 ⑧ 持球时，❽ 上前防守 ⑧，❹ 和 ❼ 围守 ④，不让其接球，❻ 向罚球区移动，防 ⑥ 空切和保护禁区腹地，❺ 移动到篮下，防 ⑤ 空切和溜底线并保护篮下。

图 4-34　区域联防方法（二）

图 4-35　区域联防方法（三）

2．进攻区域联防

进攻区域联防是针对区域联防的特点、队形、方法和变化所采用的进攻战术。

(1) 进攻区域联防的基本要求。

①由防守转入进攻时，应首先争取快攻。乘对方立足未稳，尚未组织好防守之前进行攻击。

②根据对方区域联防队形，采用针对性落位队形，组织对薄弱地区的攻击。

③运用传球转移、中远距离投篮等进攻技术，通过"人动""球动"打乱对方防守队形。运用声东击西、内外结合、以多打少等方法，创造投篮机会进行攻击。

④要组织拼抢篮板球，争夺二次进攻机会，同时还要保持攻守平衡，准备及时退防。

(2) 进攻区域联防的队形与方法。

①进攻区域联防的队形。常用的进攻队形有："1-3-1""2-1-2""2-2-1""1-2-2""1-4"等。

②进攻区域联防的方法。"1-2-2"进攻方法：这种队形，队员分布面广，攻击点多，便于内外联系，左右配合，有利于组织抢篮板球和保持攻守平衡。

示例一："1-2-2"落位进攻"2-3"区域联防。如图 4-36 所示，⑥、⑧ 互相传球吸引 ❻、❼ 上来防守，⑤ 插至罚球线准备接球，防守 ❽ 也跟上防守，底线拉空，⑥ 突然将球传给 ⑦，这时有 3 个攻击点，第一个是 ⑦ 本身投篮，若 ❹ 上防 ⑦，④ 就是空档，⑦ 可传给 ④ 投篮，同时，⑧ 从背后插入罚球区，形成 ⑦、④、⑧ 进攻 ❹、❽ 的以多打少的有利局面，⑦ 根据情况决定自己投篮或传球给④或⑧投篮。

"2-1-2"进攻方法：这种队形，队员站位有针对性，利用进攻"1-3-1"，便于内外联系，有利于突破和外线。

示例二："2-1-2"阵形落位进攻"1-3-1"区域联防。如图 4-37 所示，⑦、⑥相互传球，吸引防守，当❻上防⑥时，⑥将球传给⑧；⑧接球后转身投篮。若❽上防，⑧将球传给底线的④，④接球后投篮，若❺上来防守，⑧迅速切入篮下，准备接球进攻，同时，⑤插入罚球区，④根据防守情况，将球传给⑤或⑧投篮。

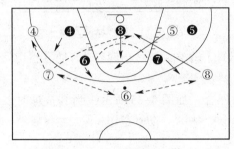
图 4-36 进攻区域联防（一）

图 4-37 进攻区域联防（二）

（五）快攻与防守快攻

1. 快攻

快攻是由防守转入进攻时，在对方未站稳阵脚之前，抓住战机以最快的速度、最短的时间，果断而合理地发动攻击的一种速决性战术配合。发动快攻的时机是在抢获后场篮板球、抢球、断球和跳球获球后。快攻的形式有长传快攻、短传和运球快攻相结合等。

（1）抢后场篮板球长传快攻。如图 4-38 所示，D 抢到后场篮板球后，首先观察场上的情况，寻找长传快攻机会。B 和 C 判断 D 有可能抢到篮板球时，便立即起动快下，争取超越防守队员接 D 的长传球投篮。

（2）断球长传快攻。如图 4-39 所示，c 断球后，看到 b 已快下，可立即传球或运球后传球给 b 投篮。

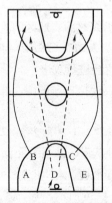
图 4-38 抢后场篮板球长传快攻

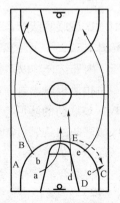
图 4-39 断球长传快攻

（3）短传与运球结合快攻。短传与运球结合快攻是指队员在后场获球后，利用快速的短传球和运球推进相结合的方法迅速推进到前场进行攻击的一种配合。其特点是参加人数多、机动灵活、层次清楚、容易成功,但对队员配合的技巧要求较高。

2. 防守快攻

篮板球是发动快攻的主要先决条件之一,积极地与对方争抢前场篮板球是防止发动快攻的重要步骤。

(1)有组织地积极堵截对方发动快攻的第一传,是防守快攻的关键。

(2)防守快下队员。快下队员是对方长传快攻的主要成员,如果快下队员接到球,将给防守造成极大的困难。因此,当对方抢获篮板球时,外线队员要迅速退守,在退守过程中,控制好中路,堵截快下路线,紧逼沿边线快下的进攻队员,切断对方长传球的路线。

(3)提高以少防多的能力。当对方发动快攻并迅速地向前场推进时,防守队员往往来不及全部退防,出现以少防多的局面。提高一防二、二防三的能力,重点防篮下,为同伴回防赢得时间,这就必须提高个人防守能力,以及同伴之间的相互补防能力。

三 篮球运动竞赛规则简介

(一)场地器材

1. 篮球场地

篮球场是一个长方形的坚实平面,无障碍物(图 4-40)。对于国际篮联主要的正式比赛,篮球场尺寸为:长 28 米,宽 15 米,篮球的丈量是从界线的内沿量起。对于所有其他比赛,国际篮联的适当部门,如地区委员会对地区或洲的比赛,或国家联合会对所有国内的比赛,有权批准符合下列尺寸范围内的现有篮球场:长度减少 4 米,宽度减少 2 米,只要其变动互相成比例。天花板或最低障碍物的高度至少 7 米。篮球场照明要均匀,光度要充足。灯光设备的安置不得妨碍队员的视觉。所有新建篮球场的尺寸,要与国际篮联的主要正式比赛所规定的要求一致:长 28 米,宽 15 米。篮球场线条及其尺寸:篮球场线条要用相同颜色画出,宽度为 5 厘米。

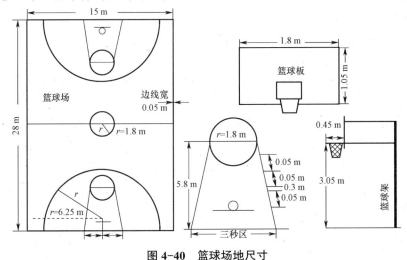

图 4-40 篮球场地尺寸

2. 篮板

篮板横宽 1.8 米,竖高 1.05 米,篮板下沿距地面 2.90 米。

3. 比赛用球

充气后，使球从1.8米的高度落到地面上，反弹高度不得低于1.2米，也不得高于1.4米。

（二）比赛规则

（1）比赛时间：比赛由4节组成，每节10分钟。第一节和第二节、第三节和第四节中间休息时间分别为2分钟。两半时中间休息10分钟或15分钟。每一决胜期为5分钟。

（2）比赛的胜负：在规定的比赛时间内得分较多的一队为胜队。

（3）比赛开始：比赛在中圈内跳球开始。当主裁判持球步入中圈执行跳球时，比赛正式开始。

（4）交替拥有：交替拥有是以掷球入界而不是以跳球来使球成为活球的一种方法。

（5）球中篮和它的得分值：球进入篮筐，罚球得1分；2分区投篮得2分；3分投篮区投篮得3分。

（6）罚球：是给予一名队员从罚球线后的半圆内的位置，在无争抢的情况下投篮得1分的机会。

（三）常见的违例

违例是指队员违犯了比赛中关于时间或技术等方面的规则之行为。

（1）3秒。场上控制活球的队员在对方限制区内停留了超过3秒。

（2）5秒。罚球时，每次罚球均不得超过5秒；掷界外球时，不得超过5秒；在场上，持球队员一旦被对方严密防守并停步时开始计算，须在5秒内出手，否则视为违例。

（3）8秒。每当一名队员在自己的后场控制活球时，队友必须在8秒内使球进入他们的前场，否则视为违例。

（4）24秒。每当一名队员在场上控制活球，该队须在24秒内进行投篮，否则视为违例。

（5）回后场。当某队队员在前场控制球时，不能使球回后场，否则视为违例。

（6）带球走。篮球技术的特殊特点之一是队员一旦持球，就必须确定中枢脚。中枢脚离地后再次落地前，球必须离开队员的手，否则则是"带球走"。

（7）非法运球。当在场上已获得控制活球的队员将球掷、拍、滚或运在地面上，并在球触及另一队员之前再次触及球为运球开始；当队员双手同时触及球或允许球在一手或双手中停留时为运球结束。下列情况不算运球：连续投篮、运球前后的漏接、用拍击的方式试图获得球等。

（8）二次运球。队员在一次运球结束后不得再次运球。

（9）队员出界和球出界。当队员身体的任何部分接触界线上、界线上方或界线外的除队员以外的地面或任何物体时，即是队员出界。当球触及了在界外的队员或任何其他人员；界线上、界线上方或界线外的地面或任何物体；篮板支撑架、篮板背面或比赛场地上方的任何物体即是球出界。

（10）罚球时的违例。罚球时，罚球队员除了需遵守5秒规则外，还有脚不得触及限制区（罚球线是限制区的一部分）和投出的球必须触及篮圈以及不得做假动作。

（11）脚踢球和拳击球违例。故意踢或用腿的任何部分阻挡球或用拳击球是违例。

（四）常见的犯规

犯规是对规则的违犯，含有与对方队员的非法身体接触和（或）违反体育道德的举止。犯规者的每一次犯规应被登记，记入记录表并受到相应的处罚。

1．侵人犯规

侵人犯规是队员与对方队员的接触犯规。无论球是活球或是死球，队员不应通过伸展他的手、臂、肘、肩、髋、腿、膝或脚来拉、阻挡、推、撞、绊、阻止对方队员行进，不应将其身体弯曲成"反常的"姿势（超出他的圆柱体），也不应放纵任何粗野或猛烈的动作。

罚则：

（1）应给犯规队员登记一次侵人犯规。

（2）如果对正在做投篮动作的队员发生犯规，应按下列所述判给投篮队员若干罚球：

①如果投篮成功，应计得分并判给 1 次追加的罚球。

②如果从 2 分投篮区域的投篮不成功，应判给 2 次罚球。

③如果从 3 分投篮区域的投篮不成功，应判给 3 次罚球。

2．双方犯规

双方犯规是两名互为对方的队员大约同时相互发生侵人犯规的情况。

罚则：应给每一犯规队员登记一次侵人犯规，不判给罚球。

3．违反体育道德的犯规

根据裁判员的判断，一名队员不是在规则的精神和意图的范围内合法地试图去直接抢球，由此发生的接触犯规是违反体育道德的犯规。

罚则：

（1）登记犯规队员一次违反体育道德的犯规。

（2）应判给被犯规的队员相应的罚球，以及随后在记录台对面的中线延长部分掷球入界。

4．技术犯规

技术犯规是包含（但不限于）行为性质的队员非接触的犯规。

罚则：

（1）由一名队员犯规，应给他登记一次技术犯规，作为队员犯规并作为全队犯规之一计数。

（2）由一名教练员、助理教练员、替补队员或随队人员犯规，给教练员登记一次技术犯规，并不作为全队犯规之一计数。

（3）应判给对方队员 2 次罚球，以及随后在记录台对面的中线延长部分掷球入界。

5．取消比赛资格的犯规

队员、替补队员、教练员、助理教练员或随队人员任何恶劣的违反体育道德的行为是取消比赛资格的犯规。一名队员被登记了 2 次违反体育道德的犯规时，该队员也应被取消比赛资格。

罚则：

（1）应给犯规者登记一次取消比赛资格的犯规。

（2）相应的罚球，以及随后在记录台对面的中线延长部分掷球入界。

第二节　隔网竞争的排球运动

一　排球运动的基本技术

排球基本技术是指运动员在比赛中采用的各种合理击球动作和未完成击球动作必不可少的其他配合动作的总称。

发球、垫球、传球、扣球和拦网是排球运动中五项完整的击球动作，又称有球技术。凡是没有触及球的各种准备姿势、移动、起跳及前仆、滚翻、鱼跃、倒地等均为配合动作，或称无球动作。合理的击球动作和配合动作，首先要符合规则的要求，符合人体解剖学和运动生物力学的原理，同时要结合个人的特点。完成动作时要做到协调、轻松、正确、省力，能够充分发挥人的体能和技能，能充分运用时间和空间的变化。

（一）准备姿势

1. 准备姿势动作方法

如图 4-41 所示，按照身体重心的高低，准备姿势可分为半蹲准备姿势、低蹲准备姿势和稍蹲准备姿势三种。

（1）半蹲准备姿势。两脚开立略比肩宽，两膝弯曲，脚跟自然提起，上体前倾，重心靠前，膝部的垂直线应在脚尖前面，两臂放松，自然弯曲置于腹前，两眼平视，注意来球，两脚始终保持微动。

图 4-41　准备姿势

（2）低蹲准备姿势。身体重心比半蹲准备姿势更低更靠前，两脚左右、前后的距离更宽一些，膝部弯曲的程度大于半蹲准备姿势。身体重心要更靠前，肩部垂直线过膝，膝部垂直线超过脚尖。两手臂置于胸腹之间。

（3）稍蹲准备姿势。两脚左右开立与肩同宽，一脚在前，两膝微屈，身体重心位于两脚之间，并稍靠近前脚，后脚跟稍提起，上体稍前倾，两臂放松，自然弯曲置于腹前。两眼注视球并兼顾场上各种情况，两脚保持微动状态。

2. 准备姿势练习方法

（1）成两列横队，在教师指导下做各种准备姿势。

（2）两人一组，一人做准备姿势，另一人纠正其错误动作，两人交换进行。

（二）移动

1. 移动动作方法

移动是指运动员从起动到制动之间的位置移动和动作。它是由起动、移步和制动三个环节所组成的。移动的目的是使身体尽快接近来球，将球最为合理地击出。根据来球的速度和距离，可以采取不同的脚步移动方法。

（1）跨步法。当来球较低、距离身体一到两步之间，可采取此方法。移动时一脚蹬地，一脚向来球方向跨出一大步。上体前倾，使重心移至跨步腿上，另一腿适当伸直或随重心移动而跟着上步成击球的准备姿势。

（2）并步法。一脚先迈出一步，同时另一脚用力蹬地。当前脚落地时，另一脚迅速跟上，成击球前的准备姿势。连续并步即"滑步"。

（3）交叉步。若向右移动，上体稍向右转，左脚从右脚前向有交叉地迈出一步，右脚再向右跨出一步，同时身体转向来球方向，迅速成击球前的准备姿势。

（4）跑步法。球的落点距离身体较远时，采用跑步法。跑步时，应迅速起动，跑动的最后阶段要逐渐降低重心，做好击球前的准备姿势。

2. 移动练习方法

（1）成半蹲准备姿势，向教师手指的方向做各种步法的移动。

（2）两人一组相对站立，一人跟随另一人做同方向的移动。

（3）以滑步和交叉步进行 3 米往返移动，手触及两侧线。

（4）两人一组，一人持球向不同方向抛出 2～3 米，另一人移动对准球，用双手在额前接住球。

（5）成纵队立于网前，依次接教师抛向场地不同方向及不同弧度的球。

（三）垫球

1. 垫球动作方法

垫球在比赛中主要用于接发球、接扣球、接拦回球及防守和处理各种困难球。现将几种常用的垫球技术介绍如下：

（1）正面双手垫球。正面双手垫球是双手在腹前垫击来球的一种垫球方法，是各种垫球技术的基础，是最基本的垫球方法。其适合于接各种发球、扣球和拦回球，在困难时也可以用来组织进攻。

如图 4-42 所示，正面双手垫球的基本手型有抱拳式、叠掌式和互靠式。

图 4-42　正面双手垫球基本手型

正面双手垫球在垫轻球、垫中等力量来球和垫重球时，其动作方法是有一定区别的。

①垫轻球。如图 4-43 所示，采用半蹲准备姿势，当球飞来时，双手成垫球手型，手腕下压，两臂外翻形成一个平面，当球飞到腹前一臂距离时，两臂夹紧前伸，插到球下，向前上方蹬地抬臂，迎击来球，利用腕关节以上 10 厘米左右处的桡骨内侧平面击球的后下部，身体重心随击球动作前移。击球点保持在腹前一臂距离。

图 4-43　垫轻球

②垫中等力量来球。动作方法与垫轻球相同，由于来球有一定力量，因此击球动作要小，速度要慢，手臂适当放松。

③垫重球。根据来球的高低和角度，采用半蹲或低蹲准备姿势，击球时采用含胸、收腹的动作，帮助手臂随球屈肘后撤，适当放松，以缓冲来球力量。在撤臂缓冲的同时，用小臂和手腕动作控制垫球的方向和角度。

（2）体侧垫球。体侧垫球，简称侧垫，是在身体侧面垫球的一种垫球方法。其特点是控制面宽，但较难把握垫击的方向、弧度和落点。

如图 4-44 所示，左侧垫球时，以右脚前脚掌内侧蹬地，左脚向左跨出一步，身体重心随即移至左脚，并保持左膝弯曲，两臂夹紧向侧伸出，左臂高于右臂，右肩向下倾斜，再用向右转腰和收腹的力量，配合两臂在体侧截击球的后下部。

图 4-44　左侧垫球

（3）跨步垫球。队员向前或向侧跨出一步的垫球方法称为跨步垫球。当来球的速度较快，弧线低，距离身体 1 米左右时，可采用跨步垫球的方法。如图 4-45 所示，跨步垫球时，当判断来球的落点后，迅速向来球方向跨出一大步，屈膝深蹲，臀部下降，两臂夹紧伸直插入球下，用两前臂的内侧平面击球的后下部，对准垫出方向，将球平稳垫起。

图 4-45　跨步垫球

(4)单手垫球。当来球较远,速度快,来不及或不便用双手垫球时,可采用单手垫球。单手垫球动作快,垫击范围大,但触球面积小,不易控制。单手垫球可采用各种步法接近球,可采用虎口、半握拳、掌根、手背及前臂内侧击球。

2．垫球练习方法

(1)原地徒手模仿完整的垫球动作。

(2)一人持球固定在小腹前高度,另一人从准备姿势开始,做垫击模仿动作。

(3)自垫练习：原地连续向上垫球练习。

(4)两人一组,相距3～4米,一抛一垫,要求抛垫到位。

(5)两人一组,相距3米,左右抛球,另一人移动垫球。

(6)两人一组,相距3～4米连续对垫。

(7)一人一球,对墙自垫练习。

(8)两人一组,相距9米左右,一人发球,另一人将球垫到指定位置。

(四)传球

1．传球动作方法

(1)正面传球。正面传球可从以下几点加以描述：

①准备姿势：看清来球,迅速移动到球的落点,对正来球,两脚左右开立,约同肩宽,左脚稍前,后脚脚跟稍提起,两膝微屈,上体稍前倾。两臂弯曲置于胸前,两肘自然下垂,两手成传球手形,眼睛注视来球方向。

②击球点：击球点在额前上方约一球距离处。

③传球手形：当手触球时,手腕稍后仰,两手自然张开,手指微屈成半球状。两拇指相对成"一"字形或"八"字形,两拇指间的距离不能过大,以防漏球,如图4-46(a)所示。

④击球用力：当来球接近额前时,开始蹬地、伸膝、伸臂,两手微张迎球,以拇指内侧、食指全部、中指的二三指节触球的后下部,无名指和小指触球两侧。手触球时,指腕保持适当紧张,以承担球的压力。用手指的弹力、手臂和身体协调的力量将球传出,如图4-46(b)所示。

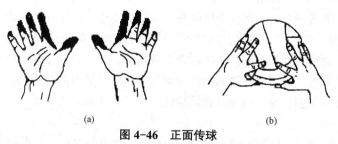

(a) (b)

图4-46 正面传球

(2)背传。向后上方的传球,称为背传。背传的准备姿势比正传时稍直立,身体重心在两脚之间,不要前倾,双手自然抬起,放松置于脸前。当判断一传来球之后,迅速移动到球下,双手抬起,手触球时,手腕适当后仰,掌心向上,在额上方击球的下部。传球时,用蹬地、展腹、抬臂、向后翻腕及手指的弹力把球向后上方传出。

(3)跳传。跳起在空中传球称为跳传。跳传的起跳最好是向上垂直起跳,要掌握好起跳的时间,起跳过早或过晚都会影响传球的质量。根据一传球的高低,及时起跳,两手放在脸前,当身体上升到最高点时,靠伸臂动作和手指手腕的弹击力量将球传出。由于在空中无支撑点,用不上蹬地力量,只有靠伸臂动作将球传出,因此,必须在身体下降前传球出手,才能控制传球力量,如图4-47所示。

图4-47 跳传

2．传球练习方法

（1）成两列横队,随教师口令做徒手传球。

（2）每人一球,向自己头顶上方抛球,然后用传球手形接住,自我检查手形。

（3）连续自传,传球高度不低于50厘米。

（4）两人一组,抛传球。

（5）两人一组,对传练习。

（6）两人一组,隔网对传练习。

3．传球技术的运用

传球技术在比赛中的运用主要体现在二传。所谓二传,是将一传接起来的球传到网前一定的高度,供其他队员扣球进攻。由于来球的方向不定,又对传出球的落点要求较高,因此,二传难度大。

（1）一般正面二传。一般正面二传是二传中最简单、最常用的技术。这种传球的动作与正面传球基本相同,只是传球前身体不要正对来球,也不要正对传球方向;而是要边迎球边转身,将击球点放在靠传球方向一侧,身体随传球动作边传边向传球方向转动。

（2）调整二传。将一传不到位、离网较远的球传给扣球队员进攻,这种传球称为调整二传。调整二传与正面传球动作相同。当传球距离较远时,要充分利用蹬地、伸臂和手指手腕等全身协调力量;当调整二传时,应注意选择传球的方向,传球方向与网的夹角越小越有利于扣球,尽量避免垂直向网前传球。调整二传球应比一般传球稍高,不要太拉开,这样有利于扣球队员观察和上步扣球。

（3）背向二传。背向二传能充分利用网的全长,增加进攻点,具有很大的隐蔽性、突然性。传球前要移动插到球下,背对传球方向,要明确身体所处的位置及离标志杆的距离。传球时,要利用向后上方展体、抬臂、伸肘动作将球传出。

（4）传快球。传出的球弧线低,节奏快,这样的传球叫作传快球。传快球主要是依靠手指手腕的弹击动作和适当的伸臂动作来控制传球力量。要传好快球,二传队员必须主动与扣球队员配合,要根据一传的弧线、速度和扣球队员的助跑速度、起跳时间、击球点的高度和挥臂速度等情况,来决定传球的速度、高度、距离和出手时间,把球主动送到扣球队员手上。

（5）传短平快球。传出的球速度快、弧线平，落点距二传手2～3米处，这种球叫作短平快球。传球时，击球点应保持在脸前或额前，上体前倾，充分利用伸肘和压腕动作，传出快速的平弧线球。

（6）传平拉开球。传出的球速度快、弧线平，落点距二传手6～7米处，这种球称为平拉开球。平拉开传球与短平快传球动作基本相同，但要充分利用蹬地、伸臂、压腕伴随动作将球传出。如果来球低，要稍屈膝，降低重心，使击球点保持在脸前。如果来球较高，可采用跳传。传球时，利用伸肘和主动加大屈指、屈腕的力量将传球路线压平。

（五）发球

1．发球动作方法

比赛是以发球开始的，有威力的发球可以直接得分或破坏对方的一传，起到先发制人、争取主动的作用，在心理上给对方以威胁。发球失误或发球后对方能很容易地组织进攻，就会直接失去发球权给本方防守带来困难。因此，发球既要有攻击性，又要有准确性。发球时队员应在发球区内，不得踏及端线和踏过发球区的短线及延长线。一只手平稳地将球向上抛起，用另一只手或手臂的任何部位将球击入对方场区，触球的一刹那即完成发球。发球技术分类如图4-48所示。

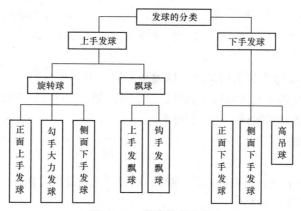

图4-48　发球技术分类

（1）下手发球。

①准备姿势：面对球网，两脚前后开立，左脚在前，两膝微曲，上体前倾，重心偏后脚，左手持球于腹前，右臂自然下垂。

②引臂：击球的同侧手臂直臂向后摆动。

③抛球：左手将球平稳地向上托送竖直抛起，抛球高度为30厘米左右。

④挥臂击球：右腿蹬地，身体重心随着右臂的直臂前摆而前移，在腹前用掌的坚硬部位击球的后下部。重心随击球动作前移，迅速进场比赛。

（2）上手发球。上手发球如图4-49所示。

①准备姿势：面对球网站立，两脚自然开立，左脚在前，左手持球于体前。

②抛球：左手将球平稳地垂直抛于右肩的前上方，抛球高度为1.5米左右。

③引臂：屈肘后引，上体稍向右转，手停于耳旁。

④挥臂击球：收腹、振胸、挂肘，上臂带动前臂向前上方弧形挥摆，伸直手臂，在肩的上

方用全掌击球的后中部。

⑤击球手法：全手掌包裹推压击球，使球成上旋飞行。

图 4-49　正面上手发球

（3）飘球。发球时以手掌根的坚硬部位，短促有力地击球，使作用力线通过球心。球不旋转，但运行中因周围空气对球的压强不同而产生上下或左右的飘晃，常使接发球队员判断失误，从而增加了发球的威力，在比赛中被广泛运用。按发球的姿势，有正面上手发飘球和勾手发飘球。发出的球有前冲飘球、下沉飘球、高飘球、平飘球等。

（4）旋转球。发球时击球体中心的某一侧，使球产生旋转。旋转球转速快、力量大，可以使对方判断错误而造成接发球失误。按发球的姿势，有正面上手发旋转球、勾手大力发旋转球、侧面下手发旋转球三种。按球发出后的性能变化，分别有上旋球、下旋球、左旋球和右旋球。

（5）高吊发球。发球队员对网站立，球抛至右肩前方，与肩同高。以虎口击球下部，前臂向上猛挥使球经高空落入对方场区。其特点是旋转性强、弧度高、下降速度快，接发球队员难以判断落点，从而破坏接发球一传的到位率。

2．发球练习方法

（1）单手抛球练习。

（2）结合抛球进行引臂和挥臂练习，抛球、引臂、击球动作要协调。

（3）近距离的隔网发球练习。

（4）在发球区内向对方场区发球。

（5）在发球区内向指定区域发球。

（六）扣球

1．扣球动作方法

（1）正面扣球。正面扣球如图 4-50 所示。

①准备姿势：两脚自然开立，两膝微屈，上体稍前倾，观察二传来球。

②助跑：左脚先向前迈出一步，接着右脚迅速跨出一大步，左脚及时并上落在右脚侧前方，两脚尖稍向右准备起跳。

③起跳：两臂自后积极向前摆动，随双腿蹬地向上起跳，两臂协调配合起跳动作，用力上摆。

④空中击球：接近最高点时用正面上手大力发球的挥臂动作在右肩前上方击球的中上部。

⑤落地：完成击球动作后，身体自然下落，应尽量用双脚的前脚掌先着地，同时顺势屈

膝，缓冲身体下落的力量。

图 4-50　正面扣球

（2）勾手扣球。勾手扣球为扣球的一种方法。利用身高和弹跳优势，将球从拦网者手的上空击入对方场区。这种扣球线路较长，落点较远。队员起跳后利用收胸动作带动手臂挥动，以手掌甩腕击球的后中部或后中下部，手腕有包击动作，球成前旋飞行。

2．扣球练习方法

（1）学生做一步助跑起跳、两步助跑起跳练习，注意动作协调性。

（2）徒手做助跑起跳练习。

（3）徒手挥臂练习。

（4）两人一组，一人持球高举固定球，另一人扣球练习。

（5）连续对墙扣反弹球。

（6）4号位扣教师抛来的球。

（7）4号位扣教师的传球。

（七）拦网

1．拦网动作方法

（1）单人拦网。单人拦网是集体拦网的基础，如图4-51所示。其动作结构可分为准备姿势、移动、起跳、空中动作和落地五个互相衔接的部分。

①准备姿势。队员面对球网，两脚左右开立，约与肩同宽，距离球网30～40厘米。两膝微屈，两臂屈肘置于胸前。

图 4-51　单人拦网

②移动。常用步法有一步、并步、交叉步、跑步等。无论采用哪种移动步法，都要做好制动动作，以保证向上起跳，避免触网和冲撞同队队员。

③起跳。原地起跳时，两腿屈膝，重心降低，随即用力蹬地，两臂以肩发力，与体侧近身处画弧或前后摆动，帮助身体迅速跳起。移动后的起跳，其起跳动作与原地起跳一样，但要注意制动并使移动与起跳动作紧密衔接。

④空中动作。起跳时，两手从额前沿球网向上方伸出，两臂伸直并保持平行，两肩上提。拦网时，两臂应伸过网去接近球。两手自然张开，屈指屈腕成半球状。当手触球时，两手要突然收紧，手腕下压盖在球的前上方。

⑤落地。拦球后，要做含胸动作，以保持身体平衡。手臂要先后摆或上提，从网上收回至本方上空，再屈肘向下收臂，以保持身体平衡。与此同时，屈膝缓冲，双脚落地，随即转身面向后场，准备接应来球或做下一个动作准备。

（2）双人拦网。由前排两个队员互相靠近，同时起跳组成的拦网，称为双人拦网。双人拦网是集体拦网的一种，是比赛中最常用的一种拦网形式，主要在对方大力扣球时采用。

双人拦网时，应以一人为主拦队员，另一人为配合队员。但主拦队员不是固定的，一般情况下距对方扣球点近的队员应为主拦队员。主拦队员必须抢先移动到对正扣球点的位置，做好起跳准备，配合队员则迅速移动靠近主拦队员准备同时起跳。两队员之间的距离一定要合适，距离太远，跳起后将出现"空门"；距离太近，起跳时互相干扰，致使双方都跳不高。双人拦网起跳时，两人的手臂应该在体前画小弧向上摆伸，都要尽量垂直向上起跳，要防止互相碰撞或干扰。手臂在空中既不能重叠，造成拦击面缩小，又不能间隔太宽，造成中间漏球。扣球靠近边线时，靠边线近的拦网队员外侧的手应适当内转，以防打手出界。

（3）三人拦网。三人拦网也是集体拦网的一种形式。其是在对方扣球进攻力强，路线变化多，但很少轻扣和吊球时采用。三人拦网的动作方法与双人拦网相同，关键在于移动迅速，取位恰当，配合密切。无论对方从哪个位置进行扣球，一般都以3号位队员为主拦队员，2、4号位队员为配合队员。由于三人拦网对配合的要求高，加之减弱了防守、保护的力量，故要在必要的情况下才采用。

拦网队员要在短短的瞬间从防守转为进攻，从被动转为主动，而完成这些都要在空中进行，所以难度较大，这就要求拦网应积极主动，判断准、起动快、跳得高、下手狠。

2．拦网练习方法

（1）原地做拦网的徒手动作练习。
（2）由3号位向2、4号位移动拦网徒手练习。
（3）低网扣拦练习：两人一组，原地一扣一拦。
（4）结合扣球练习拦网技术。

排球运动的基本战术

（一）阵容配备

阵容配备是合理地调动本队队员的一种组织形式。其目的是将全队的力量有效地组织起来，扬长避短，最大限度地发挥每一个队员的作用和特长。

阵容配备的形式有以下三种。

1. "三三"配备

由三名进攻队员和三名二传队员组成，站位时，一名进攻队员间隔一名二传队员。目前采用这种配备形式的比较少，一般适合于初学者和水平较低的队。

2. "四二"配备

由四名进攻队员（两名主攻队员与两名副攻队员）和两名二传队员组成，他们分别站在对角的位置上。这样每个轮次前后排都能保持有一名二传队员、两名进攻队员，便于组织和发挥本队的攻击力量。目前，在水平一般的球队中，采用这种配备形式的较多（图4-52）。

3. "五一"配备

由五名进攻队员和一名二传队员组成。这种阵容配备的优点是拦网和进攻力量得到加强，一个二传队员的打法，全队容易建立默契。但二传队员在前排时，只有两点攻。要充分利用两次球、吊球及后排扣球等战术突袭对方，弥补"五一"配备的不足。目前，在水平较高的队中普遍采用这种配备形式（图4-53）。

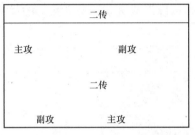
图4-52 "四二"配备

图4-53 "五一"配备

（二）个人战术

（1）发球个人战术的应用。主要运用有变换发球方法，变换发球力量、落点和飞行幅度；对方正处于进攻较弱的轮次时，应注意发球的稳定性；"找人"发球，发给连续失误、信心不足、情绪急躁或刚上场的队员等。

（2）扣球个人战术的应用。避强打弱，避重就轻。从对方身体矮、弹跳力差或拦网能力差的队员的拦网区域进行突破。扣球落点尽量找人、找点，向防守技术差的队员或对方空当扣球。

（3）防守个人战术的应用。集中注意力观察对方进攻的意图和本方拦网的情况，在接球前做出正确的判断，选择有利位置，当判断出对方进行大力扣球而本方已布置好拦网时，重点防守未拦到的线路或防打手出界的球；而对方扣球变吊球时，则要快速前压防守。

（三）进攻战术

1. "插上"进攻战术

如图4-54所示，后排二传手分别从6或5位充分利用球网全长，突破对方的防线，由后排担任二传手的队员插到前排传球，以保持前排三点进攻的战术。注意：发球时，二传必须在发出球后方可移动"插上"，否则要被判为越位犯规。同时，不要影响其他队员接球，"插上"队员传球后，应立即对进攻队员进行保护，

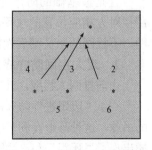
图4-54 "插上"进攻战术

防拦回球或后撤防守。

2. 进攻战术的各种打法

（1）平快掩护。2、4号位平拉开进攻、3号中间短平快进攻的战术形式，如图4-55（a）所示。

（2）交叉进攻。两名队员用交叉跑动路线换位进攻的形式，目的在于扰乱对方盯人拦网的布置，如图4-55（b）所示。

（3）重叠进攻。两名队员几乎在同一点上进行不同时间的进攻，成重叠之势，使拦网人难以判断真假，如图4-55（c）所示。

（4）"夹塞"进攻与"串平"进攻。以短平快为掩护，另一进攻队员跑动"夹"在传球手与快攻手之间的进攻，称为"夹塞"进攻；扣球队员在短平快掩护队员的背后打平拉开快球的进攻，称为"串平"进攻，如图4-55（d）所示。

（5）双快一跑动进攻。两名队员进行快球进攻，第三名队员进行大范围跑动进攻，如图4-55（e）所示。

（6）前后排互相掩护的进攻。也称立体进攻，优点是可以形成进攻队员人数上的优势，进攻点多，扩大了进攻的纵深范围，如图4-55（f）所示。

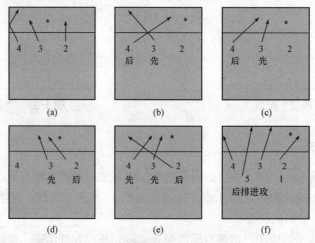

图4-55 进攻战术的各种打法

（四）防守战术

1. 单人拦网防守战术

这是最基础的防守配套形式，在水平高的比赛中也时常被迫采用。一般情况下，多采用拦对方相应位置的攻手，邻近的队员则后撤保护，也可以由本队一名拦网好的队员专门拦网，不拦网的队员则后撤保护。

2. 双人拦网防守战术

由前排两人拦网，其他队员组成防守阵形。

（1）"边跟进"防守阵形：防守队员取位成半圆，"边"上1号位的队员重点防守心和边的吊球。这种阵形有利于防对方的大力扣杀，其弱点是在防吊球时，中心的空当太大，为此，便出现了"死跟"和"活跟"的变化，如图4-56所示。

①活跟：1号位队员根据判断来决定是"退守长线"还是"跟进防吊"的灵活布置，就是活跟。当前压跟进时，要求6号位队员及时补直线，4、5号位队员积极策应，前排拦网则要拦住中区。

②死跟：对方进攻无论是扣球还是吊球，1或4号位防守直线的队员皆固定跟进防吊球，6号位队员固定防守直线，这就是死跟，其在对方吊球多、对方直线进攻少时运用较多。

③双卡：当对手攻击力不强、吊球多时，采取4或2号位前排队员向内后撤，1或5号位队员直线半跟，形成"双卡"防守阵式。

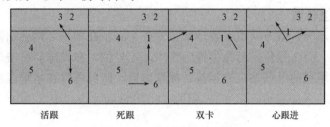

图 4-56　边跟进与心跟进

（2）"心跟进"防守阵形：在本方拦网好，对方运用吊球多的情况下采用，除心跟进队员外，其他队员扼守各自的位置。但因后场只有两人防守，后场中央和两腰容易造成空当，如对方进攻多变，突破点多时，则不宜采用这种防守形式。

三　排球运动竞赛规则简介

（一）场地及设施

1．排球比赛场地

排球比赛是在长为18米、宽为9米的长方形场地中进行。场地所有线宽均为5厘米。距中线三米处有一条进攻线，以限制后排队员在前排进行攻击性击球。

2．球网

球网长为9.50米、宽为1米。男子网高为2.43米，女子网高为2.24米。网上两端有标志带和标志杆。标志带垂直于边线；标志杆长1.80米，设在两侧标志带的外沿，高出球网80厘米。

3．比赛用球

球的圆周为65～67厘米，质量为260～280克，气压为0.30～0.325千克/厘米。每场正式的排球比赛在比赛场上必须有三个排球。

（二）比赛队及队员装备

每队最多有12名队员、1名教练员、1名助理教练员和1名医生。

全队队员的上衣、短裤和袜子都必须统一、整洁和颜色一致（后排自由防守队员除外）。

运动鞋必须是没有后跟的柔软轻便的胶底或皮底鞋。

队员上衣必须有号码，序号为1～18号。号码必须在身前和身后的中间位置，并与上衣的颜色明显不同。

禁止佩戴可能造成伤害及有利于人为加力的物品。

（三）主要规则

1．胜一分、胜一局和胜一场

比赛采用每球得分制，胜一球即得一分。

比赛的前4局以先得25分，并同时超出对方2分的队为胜一局。决胜局以先得15分，并同时超出对方2分的队获胜。正式比赛采用五局三胜制。最多比赛5局，先胜3局的队为胜一场。

2．队员的场上位置

在发球队员击球时，双方队员（发球队员除外）必须在本场区内各站两排，每排3名队员。前排位置为4、3、2号位，后排位置为5、6、1号位。在发球队员击球瞬间，双方队员场上的站位必须与填写的上场站位表相符。球发出后，队员可以在本场区和无障碍区的任何位置。

3．轮转

接发球队获得发球权后，该队队员必须顺时针方向轮转一个位置（2号位队员转至1号位发球）。

4．换人

规则规定，每局比赛每队可替换一人或多人。场上队员在同一局中可以退出比赛和再次上场各一次，只能回到原阵容位置上。替补队员每局只能上场一次，他／她只能由替换他／她下场的队员来替换。

5．暂停

规则规定：第1～4局，每局有两次技术暂停，各为1分钟，每当领先队达到8或16分时自动执行。每一个比赛队每局还有一次机会请求30秒的普通暂停。决胜局（第5局）无技术暂停，每队在该局可请求两次30秒的普通暂停。

6．发球

发球队员必须在发球区内发球，第一裁判员鸣哨后8秒钟内将球击出。

7．比赛中的击球

每队最多击球三次（拦网除外），队员身体任何部位都允许触球。击球的犯规有"四次击球""持球""连击""过网击球"。

8．触网

比赛进行中，任何队员的身体的任何部位触及9.50米以内的球网、标志杆、标志带为触网犯规。

9．过中线

比赛进行中，队员整个脚、整个手或身体其他任何部分越过中线并触及对方场区时，为过中线犯规。

10．过网击球

对方进攻性击球前或击球时，在对方空间拦网或触球为过网击球犯规。

11．后排队员进攻犯规

后排队员在前场区内，或踏及进攻线及其延长线，将高于球网的球击入对方场区，为后排队员进攻犯规。

12. "自由人"

自由人必须穿着与其他队员不同颜色（或不同式样）的上衣，且不得参与发球、拦网和试图拦网。他／她在换下任一后排队员时，不需经过换人过程，也不计在正常换人人次数内。其上、下场次数不限，但在其上、下两次之间必须经过一次发球过程。

第三节　激情奔放的足球运动

一　足球运动的基本技术

（一）无球技术

足球运动员在比赛中无球跑动占全场比赛的绝大多数时间，无球跑动中所设计的动作运用，可大致归为跑、跳、停、起动、晃动和转身。

无球技术对比赛极为重要，尤其是无球技术的质量对运动员的技巧水平具有相当作用。对足球技巧缺乏深刻认识的教练员，往往只关注队员的球技或速度等——因为这些比较容易观察，但无球技术的作用却不易显露——于是使他们忽略了能发展队员的无球动作质量的训练。

1．跑

足球比赛中的跑，要求运动员必须能随时急停或减速，并通过扭动或转身来及时改变运动方向。

足球跑与田径跑的主要不同点在于：田径跑的腾空时间长而足球跑的腾空时间短，因为足球跑需要随时变向或变速，必须降低重心并使脚接近地面。另一不同之处是双臂摆动应比正常冲刺跑幅度小，这样有助于维持身体平衡和更敏捷地调整步法。

2．跳

无论是场上队员还是守门员，跳的形式主要有单足跳、双足跳。单足跳比双足跳跳得高，两种跳法的高度都需要正确的技术和腿部爆发力，这两种跳法可看作是"跳高"。还有一种跳可称为"跳越"，在多数跳越中，队员需在快速跑中越过障碍物。比赛中的障碍，主要是队员身体的某一部位。

3．停

足球跑与正常冲刺跑的最大不同点是便于随时因情急停，球技多是在单脚支撑状态下完成的。运动员为保持处理球时的身体稳度，应注意降低身体重心。

4．起动

最费力和低效的运动姿势是静态直立，足球场上必须绝对避免这一姿势。在静态起动不可回避的时候，运动员应使脚的站立便于向任意方向蹬出，要屈膝且上体适当前倾。头部保持稳定，身体质量应置于一脚的前部，两腿分开以保持平衡。

5．晃动

晃动是指侧倾和以身体垂直轴为中心的扭转。多数情况下，"晃动"动作用以诱骗对手的重心偏向一侧从而失去平衡。在运动员突破对手时，我们经常可以看到这些动作。

无论是在活动中还是在静止状态下，都可以做假动作使身体重心向某一侧移动。防守者也应充分掌握假动作，在抢截时进行虚晃，扰乱进攻队员的意图。

6．转身

变向或转身能力与队员的动作速度密切相关，同时也取决于队员做动作时的脚部位置。低重心的要领，在急停与起动中提到过，对转身动作也同样适用。在比赛的许多场合，转身常与急停和起动具有相随关系。

无球技术的建议如下：

（1）无球练习要与竞争因素相联系，来调动练习积极性；

（2）可以用无球技术练习做准备活动；

（3）在身体素质练习中，安排一些无球技术练习；

（4）无球技术练习的重点内容，应放在急停、稳定性和平衡力三个方面，借助相关身体素质的改善，无球技术能力定会不断提高。

（二）颠球技术

1．颠球的基本技术

双脚脚背颠球：脚向前上方摆动，用脚背击球。击球时踝关节固定，击球的下部。两脚可交替击球，也可一只脚支撑，另一只脚连续击球。击球时用力均匀，使球始终控制在身体周围。

2．颠球的练习方法

（1）一人一球颠球：体会触球的时间、触球的部位、触球的力量和整个动作的协调配合。

（2）两人一球颠球：用脚背、大腿、头部及身体各部位触球，掌握好触球的力量，尽量不让球落地。每人可触球一次颠给对方，也可触球多次互颠。

（3）四五人一组，围圈用两球颠球：可规定每人触球的次数与部位，也可自由掌握触球的次数与部位。颠传时要注意观察，防止两个球同时颠传给同一伙伴。

（三）踢球技术

1．踢球的基本技术

踢球是指运动员有目的地用脚的某一部位把球击向预定的目标。踢球的方法有脚内侧踢球、脚背正面踢球、脚背内侧踢球、脚背外侧踢球等。

（1）脚内侧推传球。

脚内侧推传球（图4-57），这是传出准确的短距离地面球的最可靠技术。

推传时助跑的方向与出球方向一致。支撑脚置于球的一侧，脚尖指向传球方向，支撑脚距球约15厘米，应保证踢球腿的自由摆动。踢球脚在触球时，脚应外转并使脚内侧以正确角度对准传球方向，踝部要紧张并保持坚硬。触球时，头部要稳定，眼睛要看着球，为传低球，击球作用力要通过球的水平中线。

图 4-57 脚内侧推传球

完成触球动作后，球已朝向同伴或目标，若踢球腿的跟随动作与传球方向一致，可保证传球的准确性。所以触球后有跟随动作，踢球腿的跟随摆动应与传球方向一致，而不是向身体一侧摆动。

脚内侧推传球准确性最高且易于接控，也是保持控球权的有效工具。由于该技术难以对球施加很大力量，故不宜做长距离传球和射门；该传球易被对手预测传球方向；同时，在急跑中完成推传，也是不易之事。

（2）脚内侧传弧线球。

脚内侧传弧线球不同于脚内侧推传球，脚内侧传弧线球技术无论长短传都可以运用，许多队员利用该技术射门。另外，在定位球进攻时，例如，在踢直接任意球或角球时，该技术会有一定效力。

脚内侧传弧线球的助跑方向为30°，这有助于加大踢球腿的摆幅，支撑脚的选位在球的侧方稍后一点，脚尖指向前方。若是右脚踢球，踢球腿应自左向右摆动。触球时，以第一足趾关节部位（即踢球脚内侧的前部）击球的右中部，就会使球自右向左滚动。若是传空中弧线球，触球点在球的中部偏下。击球点若在球的中部，球则会低平飞行。

（3）脚外侧传弧线球。

脚外侧传弧线球与脚内侧传弧线球相似，不同点在于击球点和不同的脚部位。助跑方向为直线，这可保证踢球腿的外摆。

支撑脚位于球的侧方稍后，脚尖所指方向与助跑同向触球时，仍以右脚踢球为例，踢球腿自右向左摆动，以脚外侧击球的右中部，可传出自左向右旋转的弧线球。踢球后踢球腿的跟随动作是继续向外上方摆动，与触球方向明显不一致。

脚外侧传弧线球是那些高水平球员"军械库"中的必备武器。

脚外侧传弧线球技术可在做长传时运用，并且也是很有威力的射门技术；另外，该技术能在高速跑动中完成。但该技术难度较大，若要熟练掌握，须多加练习。

（4）脚外侧敲传球。

在对手防守压力大且人员密集的情况下，脚外侧敲传球是极为有效的技术。其与脚外侧传弧线球技术不同之处在于踢球腿摆动幅度小，几乎是仅靠关节向外的加速抖动来完成的，可以说只是脚的敲击过程。所以该技术极具隐蔽性，可在自然跑动中传球。若要传低球，触球时，应使击球作用力通过球的水平线。该技术因传球力量难以施加，只宜做短传。

（5）脚背传球（图4-58）。

脚背传球的助跑角度为30°左右，这样有利于增加踢球腿的摆幅，以便加大击球力量。触球前的最后一步要加大，目的是进一步增加摆幅。触球时，踝部应紧张且脚尖指向地面，这样可保证击中球的后中部并使球低平飞行。若脚尖不指向地面，一是容易造成脚尖捅球，二是触球点在球的中部与底部之间，球会飞离地面。击球后，踢球腿应随出球方向向前摆，这样的跟随动作可增加传球的准确性。

图 4-58 脚背传球

（6）脚背大力高吊球（图 4-59）。

脚背大力高吊球最宜做长距离传球。当试图利用防守队员身后空间，且只有把球传过防守者头顶这一重要途径时，脚背大力高吊球技术的掌握便显得尤为重要。

助跑仍是斜线方向，但角度可大可小。支撑脚的选位一定要在球的侧后方，触球时要使踢球脚的踝关节伸展并保持紧张，脚尖外指，击球作用力要通过球的垂直中线，触球的部位在球的中底部之间。要想传高球，击球点必须在球的水平中线以下，越接近底部，传出球的后旋越强，而且球速慢，但球会陡然升起。踢球腿在触球后要随触球方向继续上摆。

图 4-59 脚背大力高吊球

（7）脚背传凌空球。

在处理球时间紧迫时，如抢点射门或传统防守解围时，凭借该技术就可更早、更迅速地利用控球权。

触球时，踢球脚的踝关节伸展并保持紧张，击球作用力要通过球的垂直中线，触球后，踢球腿要随出球方向跟随摆动。

2．踢球的练习方法

（1）各种踢球技术动作的模仿练习。在地面设想有一目标（足球），首先跨步上前做踢球动作，然后过渡到几步慢速助跑的踢球模仿动作练习，最后可做快速助跑踢球的模仿动作练习。练习中应注意要求有设想球，尤其注意设想触球一瞬间踢球脚踝关节的固定和脚背绷紧。

（2）一人用脚底挡球，另一人踢球。此方法应注意踢球腿摆动与触球部位的正确与否，同时，还要检查其支撑阶段的状况。

（3）距离足球墙5米左右进行踢球技术练习。此种方法主要强调小腿的摆动、大腿带动小腿进行摆、脚与球接触面、支撑环节是否正确。练习一段时间后，可将距离逐渐增加。

（4）利用足球墙和标杆做踢旋转球的练习。可将标杆插在踢球者与墙之间，标杆与人及墙的距离视需要而定，开始可大些，当技术掌握后再逐步缩小。

（5）原地踢自抛的反弹球、空中球练习。这两种练习多采用正脚背踢球。

（6）原地踢弧线球练习。多采用脚背内侧或者外侧踢球。

（7）各种跑动中的踢球练习。

（四）停球技术

1．停球的基本技术

停球是指运动员有目的地用身体的合理部位把运行中的球停在所需要的控制范围内。在比赛中停球不是最终目的，而是为传球、运球、过人和射门做准备。常用的停球方式有脚内侧停球、脚底停球、脚背正面停球、胸部停球、大腿接球和腹部接球等。

（1）脚内侧停球。

脚内侧停球的特点：脚接触球的面积大，易将球停稳，并且便于改变方向和结合下一个动作，多用来停地滚球、停反弹球和停空中球。

①停地滚球。支撑脚正对来球，膝关节微屈，停球腿屈膝外转并前迎，脚尖稍翘起，当脚与球接触前的一刹那开始后撤，在后撤过程中用脚内侧接触球，缓冲来球力量，将球控制在衔接下一动作所需要的位置上。

②停反弹球。支撑脚踏在球的落点的侧前方，膝关节弯曲，上体稍向前倾并向停球方向微转，同时停球腿提起，踝关节放松，用脚内侧对准来球的反弹路线，当球落地反弹刚离地面时，用脚内侧踢球的中上部。

③停空中球。一种方法是根据来球的高度，将停球脚前迎，脚内侧对准来球路线，在脚与球接触前的刹那开始后撤，在后撤过程中用脚内侧触球，缓冲来球力量，将球控制在所需要的位置上；另一种方法是将脚提起稍高于选择的停球点，在脚与球接触的一刹那开始下切，在下切过程中用脚内侧切于球的侧上部，将球停在地上。接空中球时，先提大腿，腿弓正对来球。触球时，小腿放松下撤。

（2）脚底停球。

脚底停球的特点：脚底接触面积大，易将球停稳。比赛中多用于停正面来的地滚球和反弹球。

①停地滚球。支撑脚站在球的侧后方，膝关节微屈，停球脚提起，膝关节自然弯曲，脚尖翘起高过脚跟（脚跟离地面稍低于球高），踝关节放松，用前脚掌触球的中上部。

②停反弹球。支撑脚踏在球落点的侧后方，当球着地的一刹那，用前脚掌对准球的反弹路

线，触球的后上部。

（3）脚背正面停球。

脚背正面传球接球方法适用于接高处下落的球。身体正对来球，接球腿屈膝提起，以脚背对准来球，当球与脚接触的一刹那，小腿和脚跟放松下撤，缓和来球力量，使球落在身前；另一种接法是在球接近地面时，用正脚背触球，随球下撤落地。

（4）胸部停球。

胸部停球的特点：面积大、有弹性、位置高，适用于停高球和平直球。胸部停球有挺胸停球和收胸停球两种方法。

①挺胸停球。挺胸停球一般用来停高于胸部的下落球。身体正对来球，两脚前后开立，重心落在两脚之间，两膝微屈，两臂自然张开，上体稍后仰，收下颚，当球与胸部接触前的刹那，脚跟提起，向上挺胸，使球弹起，然后落于体前，如图4-60所示。

图 4-60 挺胸停球

②收胸停球。收胸停球一般用来停胸部高度的水平球。身体正对来球，两脚前后开立，两臂自然张开，挺胸迎球。当球与胸部接触的刹那间迅速收胸、收腹以缓冲来球力量，把球停在身前。

（5）大腿接球。

大腿接球适用于接高球。接球时，大腿抬起迎球，当与球接触的一刹那即随球下撤，使球落在身前，也可用大腿上抬垫球，使球平稳弹下，如做转体接球时，以支撑腿为轴向左（右）转体，将球接到身体左或右侧。

（6）腹部接球。

腹部接球适用于接反弹球。身体正对来球，两脚平行站立，当球从地上弹起时，两臂张开，上体前倾、提气、收腹，缓冲来球力量，将球接在身前（图4-61）。

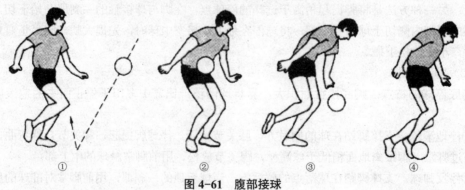

图 4-61 腹部接球

2．停球的练习方法

（1）个人停球练习。

①各种停球的模仿练习，主要体会动作要领和方法。

②接迎面地滚球，两人面对面站立，间隔 10 米左右，一人踢（抛）地滚球，另一人主动迎上接球。

③自己向上抛或踢球，用脚内侧或脚外侧停反弹球。

④自己向墙上抛或踢球，然后迎上去接反弹球。

⑤自抛自颠接空中球。

⑥对墙踢球，迎上去接反弹回来的球。

⑦接两侧的地滚球。

（2）多人停球练习。

①三人一组成纵向站立，甲、乙传球，丙迎上向两侧或身后接球，再传向另一方。

②两人对面抛高球练习接反弹球。

③两人对面互踢定位球练习接反弹球。

④互抛接空中球。

⑤两人对面互踢定位球练习接空中球。

（五）运球技术

1．运球的基本技术

（1）运球的三个环节。

①助跑。助跑应该在紧密控球的前提下，径直逼近对手，这样才能使防守队员没有调整选位的时间。运球速度应适宜：速度太慢会让防守者稳步向前，于是变主动为被动；速度太快则会影响对球的控制，不利于突然变向。另外，目光应兼顾球与对手。

②变向。变向距离应稍远于防守队员的控制范围。变向太早，无法突破对手。可以利用球、身体和眼神的移动迫使对方移动从而失去平衡，控制队员应全心留意防守者的重心变化，一旦防守队员移动，应不失时机地变向突破对手，有时必须将球和身体的移动结合起来才能达到诱使对手失去平衡的目的。因为高水平的防守队员总将注意力放在球上，只有球才对球门构成威胁。

③变速。变向后即刻变速，若不利用防守队员平衡失去的瞬间加速突破，对手会有时间重新调整选位，再次进行正抢。突破路线应由防守者的选位决定，若有可能，应直对球门，因为若是其他方向，被突破的对手将有机会朝球和球门之间的地域回撤。如果突破对手后，前方有可利用的开阔空间，控球队员应加速向前推进，不必紧密控球。

（2）运球突破动作。

运球突破对手的动作有许多，但从训练时间和运球特征的角度讲，无法全部讲述，这里只讲三种应掌握的技术：

①马修斯式。这是以英国著名前锋队员马修斯名字命名的假动作。以右脚内侧把球向左侧推拨做出突破左侧的假象，身体也要向左侧倾斜，当对手失去重心时，右脚迅速移至球的左后方，用右脚外侧迅速把球向右侧推拨，然后加速超越对手，如图 4-62 所示。

图 4-62 马修斯式

②剪式。将球拨至身体右前方,假装用右脚外侧传球,却从球的上方迈过,用左脚外侧向另一侧加速超越对手,如图 4-63 所示。

图 4-63 剪式

③两次触球式。假装以右脚内侧向右侧传球,上体应面对传球方向;以右脚侧拉球至左侧;用右脚内侧将球加速领先并超越对手,如图 4-64 所示。

图 4-64 两次触球式

2. 运球的练习方法

(1) 原地带球。

①两脚脚内侧左右拨球。

②脚底向左右拖拉球。

③单脚支持,另一脚底踩在球的上部,双脚交替连续做向后拖球的模仿练习。

(2) 行进间带球。

①慢跑中分别用单脚脚内侧、外侧和正脚背进行直线运球练习。

②慢跑中沿弧线做顺、逆时针两脚不同部位的带球练习。

③用各种不同的脚法做扣、拨、拉的动作,做曲线变速变方向带球练习。

④运球绕过插在地上的若干标志杆。

⑤两人一组,一人运球,另一人进行抢堵,做运球过人练习。

（六）头顶球技术

1. 头顶球的基本技术

头顶球是指运动员有目的地用额部将球击向预定目标的动作方法。头顶球技术按接顶球部位可分为前额正面顶球和前额侧面顶球。

（1）前额正面顶球。

特点：触球部位平坦，动作发力顺畅，容易控制出球方向，出球平稳有力。

动作要领：原地顶球时，身体正对来球，两腿自然开立，膝微屈，两眼注视来球。随球临近，上体稍后仰，展腹挺胸，两臂自然张开，下颌收紧，身体自下而上蹬地、收腹、摆体、顶送发力，当头摆至身体垂直部位时，用前额正面顶击球的后中部，如图 4-65 所示。

图 4-65　前额正面顶球

跳起顶球时，要选好起跳位置，掌握好起跳时机，起跳脚迅速蹬跳发力，手臂协调向上提摆，以加强起跳力量。起跳后，展腹挺胸，形成背弓，两眼始终注视来球。跳至最高点时，快速收腹摆体，下颌收紧，前额积极迎球顶送发力，顶球后屈膝缓冲落地。

（2）前额侧面顶球。

特点：动作快捷、变向突然、出球线路难以预测，对球门的威胁性极大。但动作难度较大，侧摆发力不足，出球方向较难控制，适用于应急时的破坏球和接传中的球顶射，如图 4-66 所示。

图 4-66　前额侧面顶球

动作要领：原地顶球时，身体稍侧对来球，两脚前后开立，出球侧支撑腿在前，身体侧后微屈，重心落在后腿上，两臂自然张开，眼睛注视来球。顶球时，后脚向出球方向猛力蹬伸，身体随之向出球方向转动侧摆，同时颈部侧甩发力，用前额侧部将球击出。

2. 头顶球的练习方法

（1）个人头顶球练习。

①原地做各种头顶球的模仿动作练习，体会动作要领。
②利用吊球或者同伴手托举的球进行练习，体会完整的动作技术。
③利用足球墙进行练习，自抛球由墙弹回进行各种顶球练习。
（2）多人头顶球练习。
①两人或两人以上在一起进行抛球—头顶球练习。
②两人一组连续对顶练习。
③顶球射门练习：顶球队员站在罚球线附近，掷球队员站在球门内或球门侧面将球抛至罚球点附近，顶球队员跑上顶球入门。
④两人一球，相距20米左右，甲传过顶球飞向乙，乙顶回给甲。数次后轮换传、顶球。
⑤顶球者站在罚球线附近，顶守门员抛来的球射门。

（七）抢截球技术

1. 抢截球的基本技术

（1）正面抢球。

为增大抢球面积，应用脚内侧阻抢。支撑脚立于球的一侧，双膝微屈以降低重心和维持身体平衡，应在对手运球脚触球后即将着地或刚着地时实施抢截，抢球动作的作用力要通过球的中心，触球时上体应前倾且腿部用力。若球夹在双方的两脚之间，可顺势把球提拉过对方的脚面，或是把球拨向一侧，再就是让对手用力推球，而防守队员随机转身并贴向对手。正面抢球是比赛中运用最为频繁的抢球技术，如图4-67所示。

图4-67 正面抢球

（2）侧面抢球。

侧面抢球是与运球对手并肩跑动或从后面追平对手时采用的抢球技术。在抢球前应尽可能地靠近球并设法使支撑脚立于球的前方，然后以支撑脚为轴转动身体，用抢球脚的脚内侧封阻球。还可以利用合理冲撞的办法实施侧面抢球行动，在对手失去平衡时趁机夺球，如图4-68所示。

图4-68 侧面抢球

(3) 铲球。

铲球多用于对手已突破防线，防守队员又无法回到正面抢球位置时。关键因素是适时倒地，随便倒地会延误下一行动，并使本方即刻失去一名有用的队员。因此，应首先以脚底、脚背或脚内侧把球铲掉，如图 4-69 所示。在铲球时应考虑能否铲到球，是否会造成犯规，还要看所处的场区和比赛局面下有无必要。

图 4-69　铲球

2．抢截球的练习方法

（1）两人一球练习。将球放在队员甲脚前，队员乙与其相距 2 米，并上步做正面脚内侧堵抢练习，当队员乙触球瞬间队员甲也用脚内侧触球。让抢球队员乙体会上步动作及触球部位，两人可轮换做抢球练习。

（2）两人一球练习。甲、乙两队员相对站立，队员甲运球跑向乙（慢速），队员乙选择好时机实施正面脚内侧堵抢技术。

（3）两人同方向慢跑，在跑的过程中两人可做适当的合理冲撞，体会冲撞的时机和冲撞的部位及冲撞时如何用力等。

（4）铲球练习。一人一球将球放在前面某一位置，练习者选择适当位置站立，原地蹬出做铲球动作练习。当基本掌握铲球动作后，练习者可将球沿地面缓慢抛出，自己追球将球铲掉，以体会如何对滚动的球实施铲球动作。待较熟练地掌握铲球动作后，再用以上方法进行铲控、铲传的练习。

（5）一人直线运球前进，另两人由后追赶至适当位置抓住时机进行铲球练习。要求运球者给予适当的配合，使铲球者能在对手运球过程中体会实施铲球动作。

（八）掷界外球技术

1．掷界外球的基本技术

掷界外球时要充分发挥蹬地、腰腹和手腕力量，整个动作过程要连续不断。

（1）原地掷界外球。

手指自然张开，持球的后半部，两脚前后或左右站立，膝微屈，将球举在手后，上体后仰，掷球时两脚蹬地，收腹屈体，两臂快速前摆将球掷出（图 4-70）。

（2）助跑掷界外球。

助跑时将球持于胸前，在最后一步迈到的同时，将球举至头后，蹬地、收腹、向前快速摆臂，并用扣腕力量将球掷出。

图 4-70　原地掷界外球

2．掷界外球的练习方法

（1）徒手模仿练习。

（2）两人一组，间隔15～20米，原地对掷练习。

（3）两人一组，间隔20～25米，助跑对掷练习。

（4）掷远或者掷准备比赛。

（九）假动作

假动作必须在接近对方适当距离时进行，假动作慢，真动作快、突然，真假的动作衔接要快速、适当，做到真真假假，使对方捉摸不定，防不胜防。

1．踢球假动作

传球前可假向左（右）方做踢球动作，诱使对方向该方向堵截，待其重心移动后，突然向右（左）方踢球突破。

2．接球假动作

接球前，如对方上前抢截，可假做向左（右）接球，诱使对方堵截左（右）侧，然后突然改为向右（左）接球。

3．运球假动作

对方迎面抢截球时，可采用身体虚晃动作，使对方捉摸不定，从而越过对手。如果对手侧面堵截，则可以先快速带球前进，诱使对方追赶，这时带球人可突然降低速度或做假动作停球，使对手也放慢速度，然后突然加速甩开对手，带球切进，运球射门。

（十）守门员技术

守门员技术是守门员围绕球门安全所采用的有效防御性动作和组织发动进攻时所采用的相应动作方法的总称。

守门员技术包括接球、扑球、拳击球、托球和发球等动作（图4-71）。现就接球和托、击球进行简单讲解。

图4-71　守门员技术动作

1．接球

接球是守门员技术的重点，是守门员必须熟练掌握的基本能力。接球从手形上可分为下手接球、上手接球两类。

（1）下手接球。手指张开，掌心向上，小拇指靠拢。其适用于接地滚球、低平球、低弧度的反弹球和高弧度的落降球。下手接球的基本姿势有跪式和立式。

身体正对来球。当球接近时，两臂伸出迎球，手型相对稳定，角度合理，当手指触球刹那，曲臂夹肘抱于胸前。

（2）上手接球。

掌心应向前稍内倾，手指向上，拇指靠拢。其适用于接胸部以上的各种高球。上手接球的基本姿势有站立接球和跳起接球。

原地接球时，身体正对来球。当球临近时，两臂举起迎球，控制好接球手型；触球刹那掌心要空，手腕手指用力接球，手臂顺势下引缓冲收球，手腕扣紧，前臂旋外夹肘，两手紧贴球体表面翻转滑动，将球牢牢环抱于胸前。

2．托、击球

托、击球是守门员停、扑球技术在应急情况下的应变运用。

（1）托球。

托球一般用于接近球门的防守。对那些力量大、角度刁、贴近球门横梁或立柱的球，可采用托球。

托球时，近球侧手臂伸出迎球；触球刹那，手腕后仰，用掌跟部顶推发力，将球向侧或向上托出。

（2）击球。

击球一般用于出击时的防守，在争抢高球无把握的形势下，可利用单、双拳将球击出。

击球时，在跳起上升阶段，击球手臂位于肩侧，屈肘握拳，体稍侧转；至高点时，身体快速回转，以肘带肩挥拳，用拳面将球击出。

二 足球运动的基本战术

足球战术是指在足球比赛中，为了战胜对方，根据主客观情况所采取的个人行动和集体配合的方法。比赛实践证明，合理而巧妙地运用战术是夺取比赛胜利的重要因素。足球比赛是由攻与守这对矛盾组成的，攻守不断地转换，组成了比赛的全过程。因此，足球战术可分为进攻战术和防守战术两大系统。各系统又都包括个人战术、局部战术和整体战术。战术原则是指导比赛的基本准则，比赛阵形是指比赛场上队员的位置排列、攻守力量搭配和职责分工的形式。

（一）进攻战术

进攻战术是指在比赛中为了战胜对方所采取的个人进攻行动和集体配合的方法。

进攻战术包括：个人进攻战术、局部进攻战术和整体进攻战术。

1．比赛阵形

（1）"433"阵形。

"433"阵形（变化后也有"4123"和"4213"）的中场三名队员有明确分工。根据情况，可一名侧重防守，两名侧重进攻；或者相反。

（2）"442"阵形。

"442"阵形的中场四名队员基本上是一字形横向排开或菱形排列。其分工：一名为进攻型前卫，一名为防守型前卫，另两名为边前卫。

（3）"532"阵形。

"532"阵形的后场由五名后卫组成，侧重防守，一般比较适合打防守反击战术。进攻时，边后卫可插上助攻，增强攻击力，但必须迅速回位。如回位不及时，前卫和后卫线之间要相互协调，互相补位。

2．个人进攻战术

个人进攻战术是配合的基础，是组织进攻、变换战术和创造射门机会的重要手段，也是迅速逼近对方球门最有效的方法。

（1）传球。

按传球距离可分为短传（15米以内）、中传（15～25米）、长传（25米以上）。

按传球高度可分为低球（膝部以下）、平直球（膝部以上，头部以下）、高球（头部以上）。

按传球的方向可分为直传球、斜传球、横传球和回传球。

按传球的目标可分为对人传球（或脚下传球）和向空当传球。

（2）跑位。

跑位是指比赛中队员在无球情况下，通过有意识的跑动，为自己或同伴创造进攻机会的行动。常用的跑位方法是突然起动、变速跑、突然变向跑等。

（3）运球突破。

运球突破是极有威胁性的个人战术，是突破密集防守、打乱对方防守部署、冲破紧逼盯人、创造射门机会的锐利武器。

（4）射门。

射门是一切进攻战术相配合的最终目的，也是进攻得分的唯一手段。射门时应注意以下几点：

①要珍惜射门机会。

②要沉着冷静。

③要力争抢点直接射门。

④要及时跟进补射。

3．局部进攻战术

局部进攻战术是指进攻中两名或几名队员之间的配合方法。其是集体配合的基础。基本配合形式有交叉掩护配合、传切配合和二过一配合。

（1）交叉掩护配合。

交叉掩护配合成功的要素有以下几项：

①运球队员必须以自己的身体挡住防守队员，在交递给同伴球后，要继续向前跑动。

②接球队员必须主动迎面跑向同伴，接得球后，要快速向同伴移动，反方向运球。

（2）传切配合。

传切配合是指控球队员将球传给切入的进攻队员的配合方法。传切配合的形式有：局部一传一切和长传切入。

（3）二过一配合。

二过一配合是指在局部区域两名进攻队员通过两次连续传球配合越过一名防守队员的配合方法。二过一配合的形式根据传球和跑位的路线可分为横传直插斜传二过一、横传斜插直传二过一、横传斜插斜传二过一和回传反切直传二过一等。

二过一配合的成功要素有以下几项：

①控球队员第一传，必须快速准确，而且带有隐蔽性，传出球后应立即插入前面的空当。

②接应队员第二传要直接传球，并注意传球的方向和力量，使切入空当的队员便于停控球，完成一下个技术动作。

4．整体进攻战术

整体进攻战术是指为了完成进攻战术任务而采用的全局性的进攻配合方法。其依据进攻发展的场区可分为边路进攻和中路进攻。一次完整的进攻是由发动、发展和结束三个阶段组成的。

（1）边路进攻。

边路进攻是指在对方半场两侧地区发展的进攻。边路进攻主要目的是充分利用场地的宽度，拉开对方的防线，制造中路空隙，创造中路破门得分的有利时机。

（2）中路进攻。

中路进攻是指在对方半场中间区域发展与结束的进攻。中路进攻能直接威胁对方球门，因此，守方必然层层布防。防守人员密集，进攻的难度大，这就要求进攻队员必须积极跑位接应和从两侧拉开，以打乱对方的防守布局；并利用中间空隙，创造从中路进攻突破对方防线，创造射门的机会。

（二）防守战术

1．个人防守战术

（1）选位：防守队员选择的位置，原则上是站在对手与本方球门中心所构成的一条直线上，与对手的距离要根据场区以及球所处的位置来决定。

（2）盯人：是指防守者本身所处的位置能够限制对手活动，及时封堵对手接球或传球路线。盯人有紧逼盯人和松动盯人两种。紧逼盯人是贴近对手不给其从容活动的机会；松动盯人是与对手保持一定距离，以便随时上前抢截对手的球或在对手得球后能立即逼近对手进行紧逼盯人。

2．局部的防守配合

保护与补位是局部地区集体防守的基础，保护是补位的前提，没有保护也不可能有有效的补位。防守队员补同伴在防守中出现的漏洞称之为补位。它是防守队员之间相互协助的集体防守战术。

3．整体防守战术

全局防守战术包括盯人防守、区域防守和混合防守三种。

混合防守战术就是盯人防守和区域防守相结合的防守方法。混合防守是目前世界各国普遍所采用的一种防守战术，它集中了盯人防守和区域防守两者的优点，从而在防守中能够根据场上情况进行逼抢、盯人、补位，以达到稳固防守的目的。延缓对方进攻，快速退守到位，保持防守层次，紧逼盯人。球门前 30 米范围是全队集体防守的关键。

三 足球运动竞赛规则简介

（一）场地与设施

1．比赛场地

（1）场地尺寸。

长度：90～120 米，国际比赛：100～110 米；宽度：45～90 米，国际比赛：64～75 米，如图 4-72 所示。

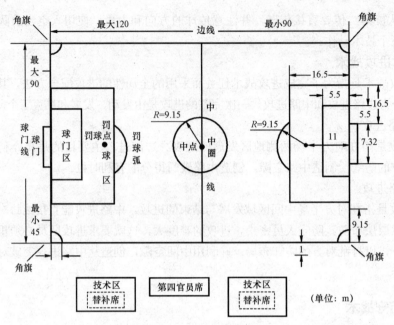

图 4-72 足球场地尺寸

(2) 场地标记。

比赛场地是用线来标明的,这些线作为场内各个区域的边界线应包括在区域之内。两条较长的边界线叫作边线,两条较长的线叫作球门线。所有线的宽度不超过 12 厘米,比赛场地被划分为两个半场。在场地中线的中点处做一个中心标记,以距中心标记 9.15 米为半径画一个圆圈。

(3) 球门区。

在距每个球门柱内侧 5.5 米处,画两条垂直于球门线的线。这些线伸向比赛场地内 5.5 米,与一条平行于球门线的线相连接。由这些线和球门线组成的区域范围是球门区。

(4) 罚球区。

在距每个球门柱内侧 16.5 米处,画两条垂直于球门线的线。这些线伸向比赛场地内 16.5 米,与一条平行于球门线的线相连接。由这些线和球门线组成的区域范围是罚球区。在罚球区内距球门柱之间等距离的中点 11 米处设置一个罚球点。在罚球区外,以距罚球点 9.15 米为半径画一段弧。

(5) 旗杆。

在场地每个角上各竖一根不低于 1.5 米的平顶旗杆,并系上小旗一面。

(6) 角球弧。

在比赛场地内,以距每个角旗杆 1 米为半径画一个 1/4 圆。

(7) 球门。

球门的两根柱子之间的距离是 7.32 米,从横梁的下沿至地面的距离是 2.44 米。

2. 球

圆周不长于 70 厘米、不短于 68 厘米。质量在比赛开始时不多于 450 克、不小于 410 克。压力在海平面上为 0.6～1.1 个大气压。

（二）队员人数

一场比赛应有两队参加，每队上场队员不得多于 11 名，其中必须有 1 名守门员。如果任何一队少于 7 人则比赛不能开始。在由国际足联、洲际联合会或国家协会主办的正式比赛中，每场比赛最多可以使用 3 名替补队员。被替补下场的队员不得两次参加该场比赛。替补队员只能在比赛停止时从中线处进场。

（三）比赛时间

比赛分为两个半场，每半场 45 分钟，中场休息 15 分钟。

（四）场地选择

通过掷币，猜中的队决定上半场比赛的进攻方向，另一队开球开始比赛。猜中的队在下半场开球开始比赛。下半场比赛两队交换比赛场地。

（五）球在比赛中及死球

球的整体在地面或空中越出边线或端线，或裁判员鸣哨停止比赛时，比赛即成死球。除此之外，比赛都在进行中。

发生下列情况，比赛仍在进行中：

（1）球触门柱、横梁或角旗杆弹回场内。

（2）球触及在场内的主裁判或助理裁判后又落于场内。

（3）队员有犯规行为而裁判员做出判罚前。

（六）计分方法

球的整体从两根门柱之间及横梁越过球门线外沿的垂直面，即胜一球。

球是否进门，是由球的位置来决定的，不以守门员接住球时所站的位置为依据。

攻方用手掷入（如掷界外球直接掷入球门）、带入、故意用手或臂推入球门，不算胜一球（守门员在本方罚球区内用手掷入对方球门则为胜一球）。

球进门前，如被进场的外界人员触及，无论球是否进门，皆应暂停比赛，在触球地点用坠球方式恢复比赛。罚"点球"时，遇此情况则应重罚。

（七）越位的相关规定

（1）越位位置。

所谓越位位置，就是队员越位球所处的位置。规则规定，队员较球更接近于对方端线者，该队员即处于越位位置。

下列情况例外：

①该队员在本方半场内。

②对方队员至少有两人较其更接近于对方的端线。

构成越位位置必须是：进攻队员在对方半场内，又位于球的前面，并且在他与对方端线之间的防守队员不足两人时。

（2）判罚越位。

处在越位位置的队员,在同队队员触及或踢及球的刹那,裁判员认为有下列情况时,应判罚为越位:

①干扰比赛或干扰对方。

②企图从越位位置获得利益。

(3)下列情况不应被判越位:

①仅仅是处在越位位置,没有干扰对方,没有企图得利。

②直接得球门球、角球、界外球或裁判员的坠球。

(4)队员被判罚越位,裁判员应判由对方队员在犯规地点踢间接任意球。

判断是否越位的关键有以下几点:

①位置:队员必须处于越位位置。

②时间:同队队员将球踢向处于越位位置的同队队员的一刹那。

③行为意图:处于越位位置的队员,在同队队员踢球的刹那是否干扰比赛或干扰对方,或企图从越位位置获得利益。

(八)犯规与不正当行为的相关规定

(1)判罚直接任意球和点球。

队员故意踢人、绊人、跳起撞人、猛烈撞人、背后撞人、打人、拉人、推人或手触球,应判罚直接任意球。如果防守队员在本方罚球区故意违反上述规定中的任何一项,应被判罚"点球"。

(2)判罚间接任意球。

队员出现危险动作、冲撞、阻挡、冲撞守门员违规时,应判罚间接任意球。

(3)下列情况裁判员出示黄牌警告:

①比赛开始后,未经裁判员允许,队员擅自进出场者。

②队员屡次违反规则者。

③队员用言语或行动对裁判员的判决表示不满者。

④队员有不正当行为者。如挥动两臂干扰守门员发球或掷界外球,死球时故意把球踢远,对方罚任意球时不退出9.15米者等。

(4)下列情况裁判员出示红牌罚令出场:

①有恶劣行为或严重犯规者。如故意用力踢人、打人致使对方受伤者;守门员拿球猛砸对方队员等。

②使用粗言秽语或辱骂性语言。如用侮辱性语言骂裁判员或运动员。

③经警告后,仍然坚持不正当行为者。

(九)任意球和罚"点球"的相关规定

1. 任意球

(1)直接任意球:踢球队员可以将球直接射入对方球门而胜一球。

(2)间接任意球:踢球队员不能直接射门得分,只有在踢出的球触及场内任何队员再进入球门,才算胜一球。

(3)罚任意球时:球必须放定,对方队员都必须离球9.15米。但本方队员不受限制,如果守门员在距球门线不足9.15米处被罚任意球时,则允许守方队员站在球门线上。

（4）队员在本方罚球区内踢任意球时，对方队员应站在罚球区外，并须至少距球9.15米。球越出罚球区，比赛方为开始；若球未越出罚球区却触及任何一方队员，应重踢。

（5）如果攻方认为守方并不影响其踢任意球，没有要求守方必须离开9.15米，裁判员可不必等待对方退出规定距离后才令攻方罚球。

2．罚"点球"

（1）队员在本方罚球区线附近犯规时，犯规动作的接触点在罚球区内，应判罚"点球"。犯规动作接触点若在罚球区外，则应在罚球区外罚直接任意球。

（2）罚"点球"时，除主罚队员和对方守门员外，其他队员均应在场内该罚球区和罚球弧外。球未被踢出前，守门员必须站在球门线上，两脚不得移动。否则，球未踢进，应重罚。主罚队员必须将球向前踢出。

（3）罚"点球"时，裁判员鸣哨后，如守门员犯规，应继续罚球。罚中有效，罚不中应重罚，并向犯规队员提出警告。

（4）罚"点球"时，裁判员鸣哨后主罚队员若有不正当行为，应继续罚球。如球罚中无效，应重罚；如未罚中，球出界成死球，并警告犯规队员。

（5）罚"点球"时，如果双方队员都有犯规，无论球罚中与否，均应重罚，并对犯规队员进行警告。

（十）掷界外球、球门球和角球的相关规定

1．掷界外球

（1）球越出边线时，由出界前最后触球队的对方，在球出界处掷界外球。掷界外球不得直接掷入球门得分。

（2）掷界外球队员必须面向球场，双脚均应有一部分站立在边线上或边线外，不得全部离地；用双手将球从头后经头顶掷入场内。

（3）掷球队员在掷球入场后，若未经其他队员触及前再次触球，则应在犯规地点由对方罚间接任意球。

2．球门球

（1）踢球门球不得直接射门得分。

（2）当球由攻方队员踢出端线，守方队员将球从离球出界较近球门区的半边的任何地点直接踢出罚球区，恢复比赛。

（3）踢球门球的队员将球踢出罚球区后，在球未经其他队员触及前再次触球，应在犯规地点由对方罚间接任意球。

（4）球门球若未踢出罚球区却被任何队员接触，则应重新踢球门球。

3．角球

（1）当球由守方队员踢出本方端线，攻方队员应将球放在离球出界较近的角球区内踢角球。

（2）踢角球时，不得移动角旗杆。球的整体必须放在角球区内。

（3）角球可以直接胜一球。

（4）守门员离球不得少于9.15米。

（5）踢角球队员踢出球后，若在球未经其他队员触及前再次触球，则应在犯规地点由对方罚间接任意球。

第五章 三小球类运动

第一节 灵活多变的羽毛球运动

 羽毛球运动的基本技术

羽毛球运动的基本技术主要由手法和步法两大部分组成。其中,手法包括握拍、发球和击球;步法包括上网步法、后退步法和左右移动步法等。

(一)握拍法

最基本的握拍法有正手握拍法和反手握拍法两种。下面以右手握拍为例进行介绍。

1. 正手握拍法

凡是从身体右侧来球至头顶运用正手握拍法击球,如图 5-1 所示。虎口对准拍柄上方侧内沿,小指、无名指和中指并握,食指稍分开,大拇指与中指靠近。

2. 反手握拍法

凡从身体左侧的来球,运动员应先转身(背对网)后击球,用反手握拍法,即在正手握拍的基础上,拇指和食指将拍柄稍外转,拇指顶贴在拍柄内侧的宽面上,如图 5-2 所示。

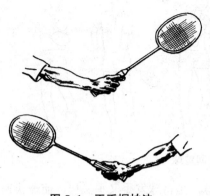
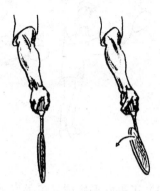

图 5-1　正手握拍法　　　　　　图 5-2　反手握拍法

（二）发球

羽毛球运动的发球技术，按其动作可分为正手发球和反手发球两种。按球在空中飞行的弧线可分为发高远球、平高球、平快球和网前短球四种（图 5-3）。

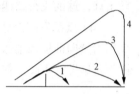

图 5-3　发球技术

1—网前球；2—平快球；
3—平高球；4—高远球

（1）正手发高远球。所谓高远球，主要是将球发得又高又远，使球飞行到对方底线上空时，几乎垂直下落。

如图 5-4 所示，发球时，重心由后脚前移至前脚，带动转腰，同时右手持拍沿着向下而上的弧线自然地沿着身体向前上方挥摆。球拍触球前刹那，小臂带动手腕向前上方闪动发力，手紧握拍柄，利用手腕、手指爆发力以及拍面的前半部击球。击球瞬间，拍面正对出球方向，击球点在发球员的右前下方。出球飞行弧度与地面仰角一般大于 45°。

图 5-4　正手发高远球

（2）正手发网前球（图 5-5）。正手发网前球是将球发至对方发球区内前发球线附近。球的飞行速度较慢，飞行弧度较低，使球"贴网"而过。其是双打比赛最常用的发球方法，在单打比赛中，用于对付接网前球较差的对手，有时也可以作为过渡性的发球，或发球抢攻战术的手段。在发球时，挥拍幅度较小，击球瞬间不需紧握拍柄，而是利用手腕和手指的力量从右向左横切推送，将球轻轻发出，使球贴网而过。

图 5-5　正手发网前球

（3）正手发平快球。正手发平快球又称发平球，是将球发得又平又快，使球快速落在对方场内端线附近。平快球突袭性强，往往能使对手措手不及而造成被动或失误。准备姿势同发高远球，站位稍靠后些。击球瞬间紧握球拍柄，利用小臂挥动力量带动手腕、手指力量快速向前击球，球的飞行路线与地面形成的仰角小于 30°。

（4）反手发网前球。如图 5-6 所示，准备击球时手腕内屈，击球瞬间利用小臂带动手腕、手指力量向前横切推送，将球击出。发球时，挥拍较慢，力量较轻，球的落点近网，当球"贴"网而过后即往下坠落在对方发球区内前发球线附近。

图 5-6　反手发网前球

（三）接发球

1. 接发球的站位姿势

单打站位一般距前发球线 1.5 米处。站在右发球区靠近中线的位置，在左发球区则站在中间的位置，这样站的主要目的是防备对方直接进攻反手部位。一般左脚在前，右脚在后，双脚微屈，收腹含胸，身体重心放在前脚上，后脚脚跟稍抬起。身体半侧向球网，球拍举在身前，双眼注视对方，如图 5-7 所示。

双打站位由于双打发球区比单打发球区短 0.76 米，发高远球易被对方扣杀，所以双打发球多以发网前球为主，接发球时要站在靠近前发球线的地方。双打接发球准备姿势和单打姿势基本相同。只是身体前倾较大，身体重心可前可后，球拍举得高一些，在球飞行到网上最高点时击球，争取主动，但是要注意对方在右场区发平快球突袭反手部位。

图 5-7　接发球

2. 接发各种来球

对方发高远球或平高球时，可用平高球、吊球或扣杀球还击；对方发网前球时，可用放网前球、平高球、高远球、平推还击；如对方发球质量不好，也可用扣杀球或扑球还击。

接发球一定要冷静沉着，以快制快。也可以高远球还击，以逸待劳。不能仓促还击网前球，因为击球质量稍差，就有可能遭受对方的进攻。

（四）击球法

1. 高远球

高远球可以逼迫对方退离中心位置，到底线去击球，削弱对方进攻威力，消耗对方的体力。高远球的滞空时间长，易于争取时间，可摆脱被动局面。击高远球的动作如图5-8所示。

图5-8 高远球

2. 吊球

把对方击来的球从后场轻巧地还击到对方的网前地区，叫作吊球。它是调动对方、打乱对方阵脚、配合战术的一种击球技术。在后场进攻中，常和高远球、杀球结合运用。如能做到这三种击球的前期动作一致，就能造成对方判断上的失误，以巧取胜。击吊球的动作如图5-9所示。

图5-9 吊球

3. 杀球

把高球在尽量高的击球点上用力扣压下去，这种球力量大、弧线直、下落快，是一种主要进攻技术。杀球的动作如图5-10所示。杀球技术有正手、反手和绕头顶杀球三种。

4. 放网前球

将对方的吊球或网前球用球拍轻轻一托，使球一过网顶就朝下坠落，如图5-11所示。

第五章 三小球类运动

图 5-10 杀球

图 5-11 放网前球

5. 搓球

搓球是放网前球技术的一种发展。其动作细腻，击球点较高，利用搓、切、挑的动作，摩擦球托底部，使球改变在空中的正常运行轨道，产生沿横轴翻转或纵轴旋转越过网顶，给对方回击造成困难，因而为自己创造进攻的机会，如图 5-12 所示。

图 5-12 搓球

6. 推球

推球与网前的假动作相配合，在引诱对手上网时，突然将球快速推到后场底角，如

图 5-13 所示。利用这种进攻技术，常能直接得分。

图 5-13 推球

7. 勾球

在网前回击对角线球称为勾球。其与搓球、推球结合起来运用，常能达到声东击西的效果。勾球的动作如图 5-14 所示。

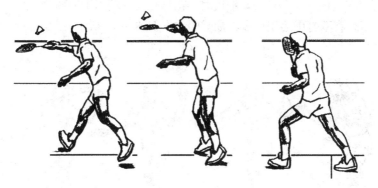

图 5-14 勾球

8. 扑球

当对方发网前球或回击网前球、球越过网顶时，球的弧度较高，运动员迅速上步在网前举拍扑杀，谓之扑球。扑球用力有轻有重，飞行的弧线较短，落地较快，常使对方挽救不及，它是双打中常用的一种进攻技术。扑球的动作如图 5-15 所示。

图 5-15 扑球

9. 挑高球

挑高球是将对方击来的吊球或网前球挑高，回击到对方的后场去，这是在比较被动的情况下采取的一种防守技术。挑高球的动作如图 5-16 所示。

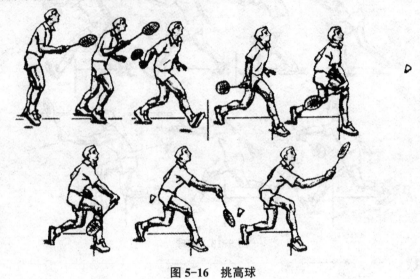

图 5-16　挑高球

10. 抽球

抽球是击球平飞过网的一种打法。抽击时，击球点在肩部以下的两侧，是下手击球速度较快的一项进攻技术，在双打中运用最多。抽球的动作如图 5-17 所示。

图 5-17　抽球

11. 接杀球

接杀球是转守为攻的打法，可分为挡网前球、抽后场球和挑高球。接杀球的动作如图 5-18 所示。

图 5-18 接杀球

（五）步法

快速、灵活、正确的步法是技术的基础。羽毛球的步法包括起动、移动、到位击球和回动四个环节。

1. 起动

对来球有反应判断，即从中心位置上的准备接球姿势转为向击球的位置上出发，称为起动。

2. 移动

移动主要是指从中心位置起动后到击球位置的移动方法。影响移动速度的因素有步数的多少、步频的快慢和步幅的大小。移动的方法通常采用垫步、交叉步、小碎步、并步、蹬转步、蹬跨步、腾跳步等。运用这些步法，构成从中心位置到场区不同方位击球的组合步法，即上网步法、两侧移动步法和后退步法。

（1）上网步法。

无论正手和反手，根据来球的远近，均可采用一步、两步、三步上网。

①一步上网：来球距离较近时，右脚跨出一大步即可，正反手相同（图 5-19）。

②两步上网：来球距离稍远时，以左脚先向来球方向迈一小步，然后右脚跨出一大步（图 5-20）。

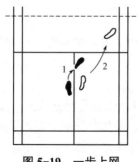

图 5-19 一步上网

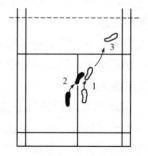

图 5-20 两步上网

③三步上网：来球距离稍远时，右脚向前一小步，左脚向右迈一步，右脚再跨一大步。

（2）两侧移动步法。

①向右移动：左脚蹬地，右脚向右跨一大步。来球较远时，可用左脚先向右垫一小步，右

脚再向右跨一大步。

②向左移动：右脚蹬地，左脚向左跨一大步。来球稍远时，左脚先向左移半步，右脚再向左跨一大步。

（3）后退步法。

①正手后退。有侧身并步后退和交叉步后退两种。

a．侧身并步后退：右脚向右撤一小步，转身侧对网，左脚并步靠近右脚，右脚再向后移至来球位置。

b．交叉步后退：右脚撤后一小步，左脚从体后交叉后退一步，右脚再后移至来球位置（图5-21）。

②反手后退。右脚先后撤一步（或垫一步），身体左转，左脚向左后退一步，右脚再跨出一步。如站位较靠后，可左脚向左后撤一步，上体左后转，右脚再向左后跨一大步。

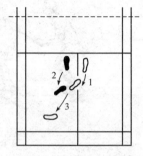

图 5-21　交叉步后退步法

3．到位击球

移动本身不是目的，是为击球服务的。所谓"步法到位"，就是指根据不同的击球方式，运动员应站到最适合这种击球的、最有利的位置上。

4．回动（回中心位置）

击球后，应尽力保持（或尽快恢复）身体平衡，并即刻向中心位置移动，以便在中心位置上做好迎击下一个来球的准备，称为回动。所谓"中心位置"一般是指场区的中心略靠后的位置（单打）。因为这个位置最有利于平衡兼顾，向场区各个方向去迎击球。

羽毛球运动的基本战术

（一）单打战术

1．发球抢攻战术

发球不受对方干扰，发球者可以根据规则，随心所欲地以任何方式将球发到对方接球区的任意一点。善于利用多变的发球术，能先发制人，取得主动。以发平快球和网前球配合，争取创造第三拍的主动进攻机会，组成发球抢攻战术。

2．攻后场战术

采用重复打高远球或平高球的技术，压对方后场两角，迫使对方处于被动状态，一旦其回球质量不高，便伺机杀、吊对方的空当。

3．逼反手战术

后场反手击球用来对后场反手较差的对手加以攻击。先拉开对方位置，使对方反手区露出空当，然后把球打到反手区，迫使对方使用反拍击球。例如，先吊对方正手网前，对方挑高球，吊方便以平高球攻击对方反手区。在重复攻击对方反手区迫使其远离中心位置时，突然吊对角网前。

4．打四点球突击战术

以快速的平高球、吊球准确地打到对方场区的4个角落，迫使对方前后左右奔跑，当对方来不及回中心位置或失去重心时，抓住空当和弱点进行突击。

5. 吊、杀上网战术

先在后场以轻杀配合吊球将球下压，落点要选择在场地两边，使对方被动回球。若对方还击网前球，便迅速上网搓球或钩对角快速平推球；若对方在网前挑高球，可在其后退途中把球直接杀到对方身上。

（二）双打战术

1. 攻人战术

攻人战术是双打比赛中常用的一种战术。在对方两名队员技术水平不平衡时，一般都采用这种战术，即使对付两名技术水平相差不大的对手时也可灵活运用。先通过将球下压或控制前场取得进攻机会，然后集中力量"二打一"，避其所长，攻其所短。

2. 攻中路战术

将球击到对方两名队员站位之间的空隙，从而造成对方经常出现争抢回击，或相互让球漏接等错误，尤其针对一些配合不够默契的对手，行之有效。当对方前后站位时，可将球击到对方中场两侧边线处。而在对方分边左右站位防守时，则可利用扣杀球、吊球等技术攻击对方的中路。

三 羽毛球运动竞赛规则简介

（一）羽毛球场地

羽毛球场为一长方形场地，长度为 13.40 米，双打场地宽为 6.10 米，单打场地宽为 5.18 米，如图 5-22 所示。球场上各条线宽均为 4 厘米，丈量时要从线的外沿算起。球场界限最好用白色、黄色或其他易识别的颜色画出。羽毛球场地横向被中线平分为左右两个半区；纵向被分为前场、中场、后场。球场外面两条边线是双打场地边线，里面的两条线是单打场地边线。双打边线与单打边线相距 0.46 米，靠近球网 1.98 米与网平行的两条线为前发球线，离端线 0.76 米与端线相平行的线为双打后发球线。

羽毛球网全长为 610 厘米，宽为 76 厘米。球网的最上端 7.5 厘米的白色对折缝合，用细钢丝绳从中穿过，并悬挂在两端的网柱上（球网中心距离地面高度为 1.524 米，在网柱上的两端距地面 1.55 米）。球网一般用深绿色或深褐色的优质绳子，以 2 厘米左右的小方孔编制而成。男女羽毛球的网高都一样。

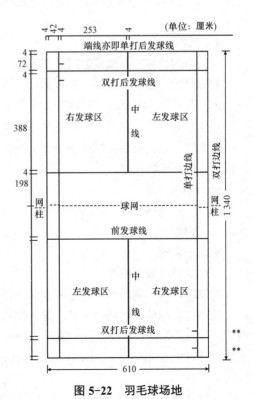

图 5-22 羽毛球场地

（二）主要规则

1．计分

除非另有商定，一场比赛以三局两胜定胜负；21分制，直接得分。

2．交换场区

以下情况运动员应交换场区：第一局结束；第三局开始前；决胜局一方获得11分后。

3．发球

发球时任何一方都不允许违规延误发球。

发球员和接发球员都必须站在斜对角发球区内发球和接发球，脚不能触及发球区的界线；两脚必须都有一部分与地面接触，不得移动，直至球发出。

发球员的球拍必须先击中球托，与此同时整个球要低于发球员的腰部。

击球瞬间，球拍杆应指向下方，从而使整个拍头明显低于发球员的整个握拍手部。

发球开始后，发球员的球拍必须连续向前挥动，直至将球发出。

发出的球必须向上飞行过网，如果不受拦截，应落入接发球员的发球区内。

一旦双方运动员站好位置，发球员的球拍头第一次向前挥动即发球开始。

发球员须在接发球员准备好后才能发球。如果接发球员已试图接发球，则被认为已做好准备。

一旦发球开始，球被发球员的球拍触及或落地即发球结束。

双打比赛，发球员或接发球员的同伴站位不限；但不得阻挡对方发球员或接发球员的视线。

4．单打

发球员的分数为0或双数时，双方运动员均应在各自的右发球区发球或接发球。

发球员的分数为单数时，双方运动员均应在各自的左发球区发球或接发球。

如"再赛"，发球员应以该局的总得分，按上述规定站位。

球发出后，由发球员和接发球员交替对击直至"违例"或"死球"。

接发球员违例或因球触及接发球员场区内的地面而成死球，发球员就得一分。随后，发球员再从另一发球区发球。

5．双打

参照单打发球顺序，每球得失分，取消第二发球。

6．违例

发球不合规。

球员发球时未击中球。

发球时，球过网后挂在网上或停在网顶。

比赛时，球落在球场界线外；球从网孔或网下穿过；球不过网；球碰屋顶、天花板或四周墙壁；球触及运动员的身体或衣服；球触及场外其他人或物体。

比赛时，球拍与球的最初接触点不在击球者网的这一方（击球者击球后，球拍可以随球过网）。

比赛进行中，运动员球拍、身体或衣服触及网或网的支撑物；运动员的球拍或身体从网下侵入对方场区，妨碍对方或使对方分散注意力；妨碍对方，如阻挡对方紧靠球网的合法击球。

比赛时，运动员故意分散对方注意力的任何举动，如喊叫、故作姿态等。

比赛时、球时，球夹在或停滞在拍上，紧接着又被拖带；同一运动员两次挥拍连续击中球两次；同方两名运动员连续各击中球一次；球触及运动员球拍后继续向其后场飞行。

7．重发球

由裁判员宣判"重发球"，用于中断比赛。

遇不能预见或意外的情况，应重发球。

除发球外，球过网后挂在网上或停在网顶，应重发球。

发球时，发球员和接发球员同时违例，应重发球。

发球员在接发球员未做好准备时发球，应重发球。

比赛进行中，球托与球的其他部分完全分离，应重发球。

司线员未看清楚，裁判员也不能做出决定时，应重发球。

"重发球"时，最后一次发球无效，原发球员重新发球（发球错误的除外）。

8．死球

下列情况为死球：

球撞网并挂在网上，或停在网顶。

球撞网或网柱后，开始在击球者这一方落向地面。

球触及地面。

"违例"或"重发球"已被宣报。

第二节　机灵敏捷的乒乓球运动

 一　乒乓球运动的基本技术

（一）握拍法

（1）直式握拍法。直式握拍法的特点是正反手都用球拍的同一面击球，一般情况下，不需两面转换，出手较快；正手攻球快速有力，攻斜、直线球时拍形变化不大，对手不易判断，便于从速度、球路和力量上取得主动；手腕动作灵活，发球可作较多变化。但反手攻球时，因受身体阻碍较难掌握，不易起重板；攻削交替时手法变化大，影响击球速度和准确性；防守时照顾面积较小。直式握拍法的手势如图 5-23 所示。

图 5-23 直式握拍法

（2）横式握拍法。横式握拍法的特点是照顾的面积比直式握拍法大，攻球和削球时握拍的手法变化不大；反手攻球不受身体阻碍，便于发力；削球时用力方便，便于发挥手臂的力量和掌握旋转变化。但在不定期击左右两面来球时，需要转动拍面，动作大，影响摆臂速度；攻直线球时，动作明显被对方识破；台内正手攻球较难掌握。横式握拍法的手势如图5-24所示。

图 5-24 横式握拍法

（二）准备姿势

准备姿势是指击球员准备击球或还击球时的身体各部位姿势（图5-25）。合理的姿势有利于脚、腿蹬地用力和腰、躯干各部位的协调配合与迅速起动，保持正确的击球姿势，提高击球的命中率，制造出最大的击球力。

图 5-25 准备姿势

准备姿势动作要点说明如下：

（1）下肢：两脚左右开立，约与肩同宽，身体稍向右侧，面向球台，两膝自然弯曲，提踵，重心置于两脚之间。

（2）躯干：含胸收腹，上体略前倾，下颚微收，两眼注视来球。

（3）上肢：持拍手和非持拍手均应自然弯曲置身体前侧方，保持相对的平衡状态。

（4）易犯错误及纠正方法：全脚掌着地，上体过直，重心偏高。纠正方法：提踵屈膝略内靠，上体前倾。

（三）站位

站位是根据各种不同类型打法的技术特点、身体的高度和能照顾全台的要求来决定站位方法。

（1）快攻类站位：左推右攻打法基本站位在近台30～40厘米，偏左站位；两面攻打法基本站位在近台40～50厘米，中间略偏左站位。

（2）弧圈类站位：以弧圈球为主打法基本站位在中台，离台50厘米左右，偏左站位；两面拉打法在中间略偏左站位。

（3）削球类站位：横拍攻削结合打法基本站位在中台附近；以削为主配合反攻打法基本站位在中远台附近，离台100厘米左右。

（四）基本步法

乒乓球运动常用的基本步法有单步、跨步、跳步、并步、交叉步等。

（1）单步。以一脚为轴心，另一脚向前或向后、左、右移动一步，身体重心随之落到移动脚上，挥拍击球。其特点是移动简单，范围小，身体重心平稳。当来球离身体较近时采用。

（2）跨步。从来球方向的异侧脚蹬地，同侧脚向来球方向跨出一大步，身体重心随即移到同侧脚，异侧脚迅速跟上。其特点是移动范围比单步大。当来球离身体较远时采用。移动速度快，多用于借力回击。

（3）跳步。以来球方向的异侧脚蹬地为主，两脚发力同时离地，异侧脚先落地，另一脚随即着地即挥拍击球。跳步过程中，身体重心起伏不宜过大，落地要稳。其特点是移动范围比单步和跨步大，移动速度快，一般在来球离身体较远较急时采用。

（4）并步。由来球方向的异侧脚向同侧脚并一步，然后同侧脚再向来球方向迈一步，挥拍击球。其特点是移动时脚步不腾空，身体重心平稳，移动范围不如跳步大。

（5）交叉步。由来球方向的同侧脚发力，异侧脚迅速从体前做平行交叉横跨一大步，同侧脚迅速跟上落地还原，挥拍击球。其特点是移动范围比其他步法大，适用于主动发力进攻，一般在来球距离身体较远时采用。

（五）发球

发球技术是乒乓球的重要技术，是乒乓球前三板技术之首，是唯一由运动员完全根据自己意志，以任何适合的力量、速度、旋转、线路、角度击到对方台面任何合法位置的技术。发球技术的总体要求如下：

（1）出手突然，而且能用相似的手法发出不同落点、不同旋转的球。

（2）落点准确，并将速度快、旋转强很好地结合起来。

（3）要配套，发球要与自己的打法特点和抢攻紧密结合起来。

1．发正手平击球

特点：速度一般，基本不旋转或略有上旋，是掌握其他复杂发球的基础技术，是初学者首先要学会的发球。其动作方法如图5-26所示。

图 5-26　发正手平击球

（1）击球前动作如下：

①选位：左脚稍前，身体略向右转，左手掌心托球置于身体右侧前方。

②引拍：左手将球向上抛起，同时右臂内旋，使拍面角度稍前倾，向身体右后方引拍。

③迎球：右臂从身体右后方向右前方挥动。

（2）击球时：当球从高点下降至稍高于球网时，击球中上部向左前方发力。球击出后第一落点在球台中间。

（3）击球后：手臂继续向左前方随势挥动，迅速还原。

（4）发力部位以前臂为主，动作过程中身体重心从右脚移至左脚。

2．发正手下旋球

特点：球速较慢、旋转变化大。由于发球手法近似，能通过旋转变化迷惑对方，使其不易判断球的旋转强度，造成回击时下网、出界或出高球，如图 5-27 所示。下旋加转发球动作方法如下所述：

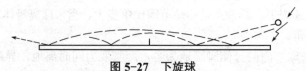

图 5-27　下旋球

（1）击球前动作如下：

①选位：左脚稍前，身体略向右偏倾，左手掌心托球置于身体右前方。

②引拍：左手将球向上抛起，同时右臂直握拍手腕作伸。横握拍手腕略向外伸展。

③迎球：右臂从身体右后上方向左前下方挥动。

（2）击球时：当球从高点下降至稍高于或平于网高时，前臂加速向左前下方发力，同时直握拍手腕作屈同时内收，击球中下部向底部摩擦。球击出后第一落点接近于球网。

（3）击球后：手臂继续向左前下方随势挥拍，迅速还原。

（4）发力部位以前臂和手腕为主，动作过程中身体重心从右脚移至左脚。

3．反手发球技术

（1）击球前动作描述如下：

①选位：右脚稍前或平站，身体略向左转，左手掌心托球置于身体左侧前方。

②引拍：左手将球向上抛起，同时右臂外旋，使拍面角度稍前倾，向身体右后方引拍。

③迎球：右臂从身体后方向前方挥动。

（2）击球时：当球从高点下降至稍高于球网时，击球中上部向右前方发力。球击出后第一落点在球台中央。

（3）击球后：手臂和手腕继续向右前方随势挥动，迅速还原。

（4）发力主要部位以前臂为主，动作过程中身体重心从左脚移至右脚。

4．反手发下旋加转球

特点：同正手发下旋加转球与不转球，多用于横拍。

（1）击球前动作描述如下：

①选位：右脚稍前或平站，身体略向左偏斜，左手掌心托球置于身体左前方。

②引拍：左手将球向上抛起，同时右臂内旋，直握拍手腕作屈，横握拍手腕作外展，使拍面角度后仰，向身体左后上方引拍。

③右臂从身体左后上方向右后前下方挥动。

（2）击球时：当球从高点下降至稍高于或平于网高时，前臂加速向左前下方发力，同时直握拍手腕作伸，横握拍手腕作内收，击球中下部向底部摩擦。球击出后第一落点接近球网右前下方。

（3）击球后：手臂继续向右前下方随势挥动，迅速还原。

（4）发力部位以前臂和手腕为主，动作过程中身体重心从左脚移至右脚。

（六）接发球

在比赛中，接发球具有被动转主动、技术难度大、判断反应快、心理素质要稳定的特点。第一板回接球是由被动转入主动进攻的第一步。回接球的质量，直接影响自己技术、战术的发挥和是否能将对手控制在被动状态。同时，也直接影响到自己的心理状态。接发球好，可直接得分，或为抢攻创造有利条件。

采用哪一种方法接发球，应根据对方发球的旋转、落点及双方打法特点等因素而定。首先是站位的选择：站在球台左半台，与球台端线的距离远近视来球的落点而定，便于前后移动接长、短球，距离球台 30～40 厘米。其次是对来球的判断，好的判断是接好发球的前提。如何才能准确无误地判断出对方发球的旋转性质、旋转程度或缓、急、落点变化，主要应依据对方球拍在接触球的瞬间的挥动方向，掌握击球的部位与用力方向，以此来判断球的旋转性能。下面介绍几种基本的接发球技术（以右手为例）。

1．回接对方左侧下旋球

球触拍后，从自己的右侧下方弹出。接这种球一般采用推挤、搓、削为宜。搓球回接时，拍面稍后仰，并略向左偏斜以抵消来球的左侧旋；若采用攻球方法回接，宜用拉抽（拉攻），拍触球时向上、向前摩擦球。

2．回接对方左侧上旋球

球触拍后，向自己右侧上方弹出。接这种球一般采用推、攻回接为宜。回接时，拍面触球的中上部，适当下压，拍面所朝方向向左偏斜以抵消来球的左侧旋；要调节好拍面方向和用力方向。采用攻、拉球方法回接时，同样的道理，应向对方挥拍方向相反的方向回接，以抵消来球的侧旋性能；同时，也应调节拍形适当下压，防止球飞出界外。

3．回接对方右侧下旋球

球触拍后，向自己的左侧下方弹出。回接时，拍面略向右偏斜。可采用搓、拉、点、削等方法。

4．回接对方右侧上旋球

球触拍后，向自己的左侧上方弹出。拍面也应根据来球旋转程度适当向右偏斜，用推、拨、攻、拉、削等手段回接。触球时，调节拍面，使拍形前倾击球中上部。

5. 回接对方低（高）抛发的急下旋球

采用推、挡、拉方法回接。若用推接，拍面应略后仰，触球瞬间前臂旋外压球；用下旋推挡直接切球中下部，用前臂和手腕力量向前上方力摩擦球。若用搓球、向后移动步法，击来球下降期，引拍比接一般下旋球稍高些，加长球在拍面上的摩擦时间。用攻球回球，应注意适当向上用力提拉，又要调节拍形前倾角度。

（七）挡球与推挡球

挡球是初学者首先应学习的一项基本技术。推挡球是我国近台快攻传统打法的独特技术，是教师最重要的教学技能。

（1）挡球：近台中偏左站位左脚稍前，屈膝提踵含胸收腹，重心在前脚掌上，持拍手置于腹前，上臂靠近身体右侧，球拍半横状。前臂和手腕顺来球路线向前伸出，主动迎球，上升期击球中部，拍面与台面几乎垂直，拍触球后立即停止，迅速还原成准备姿势。

（2）推挡球：近台中偏左站位右脚稍前，击球时提起前臂，上臂后收，肘部贴近身体，在上升时期或高点期击球中上部。击球时适当用伸髋转腰动作加大手腕发力，并用中指顶住拍背向前用力。

挡球与推挡球的重点、难点是正确的拍面、身体的协调配合和准确的线路落点。

（八）攻球

攻球技术是乒乓球的一项重要技术，也是得分的重要手段。其包括正手攻球、反手攻球和侧身攻球三大类。下面主要介绍几种常用的攻球技术。

（1）正手快攻。正手快攻具有站位近、动作小、速度快、攻击性强的特点。动作时，左脚稍前，身体距离球台40～50厘米，成基本姿势站立。以前臂为主引拍至身体右侧方。球拍成半横状。击球时，在上臂带动下前臂和手腕由右侧方向左前上方挥动，拇指压拍，食指放松，拍面稍前倾，在来球弹起上升期，击球的中上部。击球后，手臂随势向前挥摆，迅速还原成击球前的准备姿势。

（2）正手台内攻。正手台内攻具有站位近、动作小、速度快、突然性强等特点。动作时，站位近台，右方大角度来球时右脚上步，中间或偏左方向来球时左脚上步。上步同时上臂和肘部前移，前臂伸进台内迎球。当来球跳至高点期，下旋强时，拍面稍后仰，前臂和手腕向前上方发力，击球的中下部；下旋弱时，拍面接近垂直，前臂和手腕以向前发力为主击球的中部；上旋球时，拍面稍前倾，前臂和手腕向前发力击球的中上部。

（3）正手中远台攻。正手中远台攻具有站位远、动作大、力量重的特点。动作时，左脚稍前，身体距离球台1米左右。持拍手臂较大幅度向右后方引拍，拍面接近垂直。击球时，右脚蹬地、向左转体的同时，上臂带动前臂由右后方加速向左前上方发力挥动，手腕边挥边转使拍面逐渐前倾，在来球弹起至下降前期，击球中部或中上部。

（4）正手扣杀。正手扣杀具有力量重、速度快、攻击性强的特点。动作时，前臂内旋使拍面稍前倾，随着身体向右转动的同时，持拍手臂引拍于身体右后方。随着右脚蹬地，身体左转的同时，持拍手上臂带动前臂加速向左前上方发力挥动，拍面稍前倾，在来球弹起至高点期，击球的中上部。一般击球点以在胸前50厘米为宜。

（5）反手快攻。左脚稍后，身体距离球台40～50厘米。持拍手臂自然弯曲并外旋使拍面前倾,上臂与肘关节自然靠近身体,引拍至腹前偏左的位置。击球时,在上臂带动下前臂和手腕向右前上方挥动,同时配合外旋转腕动作,使拍面稍前倾,在来球弹起上升期,击球中上部。

(6)反手中远台攻。右脚稍前,身体距离球台 0.7～1 米。身体左转的同时,持拍手的上臂和肘关节靠近身体,前臂向左下方移动,引拍至身体左侧下方,拍面稍前倾。击球时,身体右转的同时,手臂由左后向前挥动,前臂在上臂带动下,向前上方用力,并配合向外转腕,使拍面稍倾,在来球弹起下降期,击球中下部。

(九)搓球

搓球是近台还击下旋球的一种基本技术。其特点是站位近、动作小,回球多在台内进行;也是初学削球必须掌握的入门技术(以右手为例)。

慢搓:近台站位右脚稍前,持拍手臂自然弯曲。击球时,用前臂和手腕向前下方用力,拍面后仰,在下降期击球中下部。

快搓:站位及击球方法与慢搓相同,击球时拍面稍横立,避免出界或回球过高。

(十)削球

削球是我国乒乓球传统打法之一,也是乒乓球防守技术之一。削球技术正在向转、稳、低、攻方向发展(以右手为例)。

正手远削:站位中台,左脚稍前,上体稍向右转,重心落于右脚,持拍手臂自然弯曲于腹前。顺来球方向向右上方引拍与肩同高,拍面后仰。当球从台上弹起时,持拍手上臂带动前臂由右上向左前下方加速切削,手腕向下转动用力,在右侧距离身体 40 厘米处击准下降期球的中下部,并顺势前送。

反手远削:中台站位,右脚稍前,上体左转,重心落于左脚,持拍手自然弯曲放松置于胸前。顺来球路线向左上方引拍约与肩同高,拍柄向下。当球弹起时,持拍手从左上方向右前下方挥动,拍面后仰,用前臂和手腕加速用力切削,球拍在胸前偏左 30 厘米处击准下降期球的中下部,并顺势挥至右侧下。

(十一)弧圈球

1. 正手前冲弧圈球

(1)特点与运用。

飞行弧线低、速度快、前冲力强,落点后弹起不高,但急前冲并向下滑落,能起到与扣杀同样的作用。常用于对付发球、推挡球、搓球及中等力量的攻球。远台相持时,也可以利用它进行反攻。在实际运用中,步法移动的速度快、范围广。

(2)动作要点。

①引拍的幅度大,尽可能增大挥拍的动作、半径。

②加快挥拍速度,在球拍达到最大速度时触球。

③单纯用上肢发力,前冲力不强,因此腿、髋、腰的配合不可缺少。

④摩擦力大于撞击力。

⑤球拍与球的吻合面要合适,防止打滑。

2. 正手加转弧圈球

（1）特点与运用。

球的飞行弧线高、上旋很强、速度较慢，但着台后向下滑落较快，对方回击容易出高球，甚至出界，可以直接得分或为扣杀争取机会。它是对付削球、搓球和接出台发球的重要技术。

另外，由于球出手弧线的弯曲度较大，落到对方台面后迅速下滑，还可起到变化击球节奏的作用。

（2）动作要点。

①引拍时，球拍必须低于来球，但不要下沉太多。

②拉球时，持拍手臂由下向上发力，前臂快速收缩，触球瞬间，尽量加长摩擦球体的时间。

③身体重心随右脚蹬地，转腰，挥臂提高。

3. 反手拉弧圈球

（1）特点与运用。

反手拉弧圈球是横拍握法的优势之一。拉球的速度比正手稍快，但力量和旋转略逊于正手。其可用于发球抢冲、接发球、搓中转拉及一般的对攻和中台对拉。若运用得当，可以直接得分，而且能为正手的扣杀创造机会。

（2）动作要点。

①击球点不宜距离身体太近。

②充分利用肘关节的杠杆作用：先支肘，再收肘，借以增加前臂的挥摆幅度和力量。

③近台快拉的击球时间为上升后期或高点期；中远台发力拉的击球时间为下降期，但不可过分低于台面。

乒乓球运动的基本战术

（一）发球、接发球抢攻战术

1. 发球抢攻战术

发球抢攻是我国乒乓球运动员的重要战术之一。近年来，世界各种类型打法的运动员都越来越重视这一战术，并有了较大的发展。

发球抢攻的战术意识，第一是尽量争取发球直接得分；第二是迫使对方回球质量不高，从而赢得有力进攻机会；第三是迫使对方接发球不具备杀伤力，从而自己进行抢攻。

2. 接发球战术

特点：由某一单项攻（冲）球技术所形成，进攻性强，可变接发球的被动地位为主动地位，也可直接得分，是乒乓球运动各种打法特别是进攻型打法的主要战术。常用的接发球战术主要有以下几种：

（1）用快拨、快推或拉球回击，争取形成对攻的相持局面。

（2）用快搓摆短回接，使对方难以发力抢攻或抢位。

（3）对各种侧旋、上旋或不强烈的下旋短球，可用"快点"技术回接。"快点"突然性强，回球速度快并且路线变化多，对付欧洲的弧圈型打法选手，往往效果明显。

（4）接发球抢攻或抢位。

以上四种接发球战术，在比赛中可与场上具体情况结合起来运用。采用多种回接方法，给对方制造出各种困难，使其无法适应，从而破坏其发球抢攻或抢位的站位意图。

（二）对攻战术

对攻，是进攻型打法选手互相对垒时常采用的一项重要战术。快攻类打法，主要是依靠正手攻球、反手攻球、反手推挡或快拨技术，充分发挥快速多变的特点，以达到调动对方、有效攻球的目的；弧圈类打法，主要是依靠正、反手两面弧圈球技术，充分发挥旋转的威力，以达到牵制对方、增加攻击效力的目的。

常用的战术有攻对方两角；侧身攻；攻追身；轻与重的结合；攻防结合。

（三）拉攻战术

特点：连续正手快拉以创造进攻机会，机会出现后，采用突击和扣杀的手段来得分。拉攻战术是快攻打法对付削球类打法的主要战术之一。

方法描述如下：

（1）正手拉球后过渡为扣杀。

（2）反手拉球后过渡为扣杀（一般为两面进攻型运动员遇到反手位大角度的削球时所采用）。

（四）搓攻战术

搓攻战术是进攻型打法的辅助战术之一，主要利用搓球旋转的变化和落点的变化为抢攻创造机会。这一战术在基层比赛中被普遍采用。搓攻战术也是削球型打法争取主动的主要战术之一。常用的搓攻战术如下：

（1）慢搓与快搓结合。

（2）转与不转结合。

（3）搓球变线。

（4）搓球控制落点。

（5）搓中突击。

（五）削中反攻战术

削中反攻战术主要靠稳健的削球限制对方的进攻能力，为自己的反攻创造有利条件。其不仅增强了削球技术的生命力，还促进了攻防之间的积极转化。常用的削中反攻战术如下：

（1）削转与不转球，伺机反攻。

（2）削长短球，伺机反攻。

（3）逼两大角，伺机反攻。

（4）交叉削两大角，突击对方弱点。

（5）削、挡、攻结合，伺机强攻。

（六）弧圈球战术

由于弧圈球战术将速度和旋转有效地结合起来，稳健性好，适应性强，许多著名选手已用它去替代攻球或扣杀。常用的弧圈球战术如下：

（1）发球抢攻。

（2）接发球果断上手。

（3）相持中的战术运用。

三 乒乓球运动竞赛规则简介

1．场地和器材

（1）场地：比赛场地不得小于14米长，7米宽，4米高（国内比赛一般比赛可缩小为长12米，宽6米，高3.5米，基层比赛还可酌情缩小）。比赛场地须用0.75米高的深色挡板围起来，同临近的场地及观众隔开。地板不得呈淡色或有明显的反光。台面的照明度应均匀，不得小于400勒克斯，光源不得低于4米。

（2）球台：球台的上层表面叫作比赛台面，应为与水平面平行的长方形，长2.74米，宽1.525米，高76厘米。

（3）球网装置：球网应悬挂在一根绳子上，绳子两端系在高15.25厘米的直立网柱上，网柱外缘离开边线外缘的距离为15.25厘米，整个球网的顶端距离比赛台面15.25厘米。

（4）球：球应为圆球体，直径为40毫米，球质量为2.7克。球应用赛璐珞或类似的材料制成，呈白色、黄色或橙色，且无光泽。

（5）球拍。

①球拍的大小、形状和质量不限，但底板应平整、坚硬。

②用来击球的拍面应用一层颗粒向外的普通颗粒胶覆盖，连同黏合剂厚度不超过2毫米；或用颗粒向内或向外的海绵胶覆盖，连同黏合剂，厚度不超过4毫米。

③底板、底板中的任何夹层、覆盖物及黏合层均应为厚度均匀的一个整体。

④球拍两面不论是否有覆盖物，必须无光泽，且一面为鲜红色，另一面为黑色。拍身边缘上的包边应无光泽，不得呈白色。

2．主要规则

（1）比赛术语。

①回合：球处于比赛状态的一段时间。

②球处于比赛状态：从发球时球被有意向上抛起前静止在不执拍手掌上的最后一瞬间开始，直到球触及比赛台面，到该回合得分或重发球为止。

（2）还击。

合法还击：对方发球或还击后，本方运动员必须击球，使球直接越过或绕过球网装置，或触及球网装置，或触及球网装置后，再触及对方台区。

（3）比赛次序。

①在单打中，首先由发球员合法发球，再由接发球员合法还击，然后两者交替合法还击。

②在双打中，首先由发球员发球，再由接发球员合法还击，然后由发球员的同伴合法还

击，再由接发球员的同伴合法还击，此后，运动员按此次序轮流合法还击。

（4）发球。

①合法发球。

a. 发球时，球应放在不执拍手的手掌上，手掌张开并伸平。球应该是静止的，在发球方的端线之后，比赛台面的水平面之上。

b. 发球员需要用手将球几乎垂直地向上抛起，不得使球旋转，并使球在离开不执拍手的手掌之后上升不少于 16 厘米，球下降到被击出前不能碰到物体。

c. 当球从抛起的最高点下降时，发球员方可击球，使球首先触及本方台区，然后越过或绕过球网装置，再触及接发球员的台区。在双打中，球应先后触及发球员和接发球员的右半区。

d. 从抛球前静止的最后一瞬间到击球时，球和球拍应在比赛台面的水平面之上。

e. 击球时，球应在发球方的端线之后，但不能超过发球员身体（手臂、头或腿除外）离端线最远的部位。

f. 运动员发球时，应让裁判员或副裁判员看清他是否按照发球的合法规定进行发球。

g. 发球员发出的球，在越过球网固定装置时，触及球网固定装置，而后才能成为合法发球。

②重发球。

a. 裁判员未报分，同时接发球员也未准备好，发球员已将球发出。

b. 由于发生了运动员无法控制的干扰，使运动员未能合法发球、合法还击或遵守规则。

c. 裁判员或副裁判员暂停比赛。

（5）意外情况。

暂停比赛的意外情况如下：

①由于要纠正发球、接发球次序或方位错位。

②由于要实行轮换发球。

③由于警告或处罚运动员。

④由于比赛环境受到干扰，以致该回合结果有可能受到影响。

（6）得分。

出现下列情况得一分：

①对方运动员未能合法发球。

②对方运动员未能合法还击。

③运动员在合法发球或合法还击后，对方运动员在击球前，球触及了除球网装置以外的任何东西。

④对方击球后，该球没有触及本方台区而越过本方端线。

⑤对方阻挡。

⑥对方用不符合要求的拍面击球。

⑦对方运动员或他穿戴的任何东西触及球网装置。

⑧对方运动员不执拍手触及比赛台面。

⑨双打时，对方运动员击球次序错误。

（7）局。

一局：在一局比赛中，先得 11 分的一方为胜方；10 分平后，先多赢得 2 分的一方为胜方。

（8）顺序。

发球、接发球的顺序如下：

①每获2分后，接发球方即成发球方，依此类推，直至该局比赛结束。双方比分都达到10分，或者实行轮换发球法时，发球或接发球次序依然不变，但每人只轮换发一次球。

②一局中，首先发球的一方，在该场下一局变为接发球方。在双打决胜局中，当一方先得5分时，接发球方应交换接发球次序。

③一局中，在某一方位比赛的一方，在该场下一局应换到另一方位。在决胜局中，一方先得5分时，双方应交换方位。

（9）发球轮换。

①轮换发球法：如果一局比赛进行到10分钟仍未结束（双方都已获得至少9分时除外），或者在此之前任何时间应双方运动员要求，实行轮换发球法。换发球方一经实行，该场比赛剩余的局都必须实行轮换发球法。

②位置错误：裁判员一旦发现发球、接发球次序错误，应立即暂停比赛，并按该场比赛开始时确立的次序，按场上比分由应该发球或接发球的运动员发球或接发球。在双打中，则按发现错误时那一局中首先有发球权的一方所确立的次序进行纠正，继续比赛。裁判员一旦发现运动员应交换方位而未交换时，应立即暂停比赛，并按该场开始时确立的次序，按场上比分运动员应站的正确方位进行纠正，继续比赛。在任何情况下，发现错误之前的所有得分均有效。

第三节 时尚高雅的网球运动

一 网球运动的基本技术

（一）握拍

目前，网球基本的握拍法可分为东方式握拍法、西方式握拍法、大陆式握拍法三种。

（1）东方式握拍法（图5-28）。东方式握拍法可分为正手握拍法和反手握拍法。

①正手握拍法。握拍手的虎口对正拍柄右上侧棱，手掌根与拍柄右上斜面紧贴，拇指垫握住拍柄的左垂直面，食指稍离中指，食指下关节压住拍柄右垂直面，五指紧握拍柄。拍面与地面垂直，手握拍柄好像与人握手一样，也称"握手式"握拍法。

②反手握拍法。正手握拍法的基础上把手向左转动1/4（即转动90°）或拍柄向右转动1/4（即转动90°），虎口对正拍柄左侧棱面。即用手掌根压住拍柄的左上斜面，拇指直贴在拍柄的左垂直面上，食指下关节压住右上斜面。

（2）西方式握拍法。如图5-29所示，握拍时，球拍面与地面平行，拇指与食指几乎成直角，拇指直伸压住拍上平面，食指下关节握住右上斜面，与拍底平面对齐，手掌从上面握住拍柄。这是底线上旋攻击型打法的首选握拍方法。这种握拍法的优点在于能击出强有力的上旋球，且稳定性强。但是其技术难度相对较大，初学者在开始学习时较难掌握。

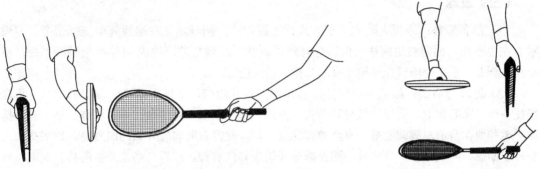

图 5-28　东方式握拍法　　　　　　图 5-29　西方式握拍法

（3）大陆式握拍法。如图 5-30 所示，由于其形状像握着锤子的样子，所以又称为握锤式握拍法。由拇指与食指形成的"V"字形虎口放在拍柄的上平面与左上斜面的交界线上，手掌根部贴住上平面，与拍柄底部平齐，大拇指与食指不分开，食指与其余三个手指稍分开，食指下关节紧贴在右上斜面上。这种握拍法的优点在于无论是正、反手击球时都不需要转换握拍，简单灵活。但是底线击球时不容易发力，因此是底线的攻击性打法所不适宜采用的握拍方法。

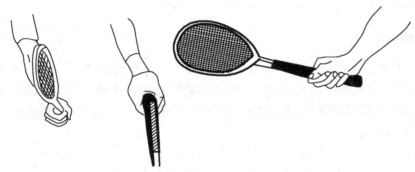

图 5-30　大陆式握拍法

（二）移动步法

1. 两侧蹬跨步法

通常在对方来球速度较快、落点比较偏内时运用较多。向右侧蹬跨步时，身体重心先移至左脚上，随即左腿迅速用力蹬伸，在右腿向右侧跨出的同时，髋关节旋外，落地后成侧弓箭步状。击球后，右腿随即旋内蹬伸回动。向左侧蹬跨步则相反而行。

2. 并步右侧移动步法

从起动开始，身体侧向右侧，身体重心移向右脚，左脚向右脚并步靠拢，并以前脚掌着地向右侧蹬伸，右脚在左脚并步未落地时，髋关节旋外后向右侧跨出一大步，落地时脚尖朝向右侧方向。击球后，右腿随即再旋内蹬伸回动。这种步法，通常在对方来球距离边线较近时运用。

3. 左侧前交叉移动步法

起动时，左脚先向左侧迈一小步，随即以左脚为轴，身体左转，右脚向左侧跨一大步，成背对球网姿势击球。击球后，右腿迅速蹬伸，右转体，还原成面对球网姿势，并利用左脚并步调整身体重心和回动。这种步法与并步一样，通常在对方来球距边线较近时运用。

（三）发球

（1）准备姿势：采用大陆式或东方式反手握拍法。侧身站立在端线外中场标记旁，左肩对着左边网柱，面向右边网柱，两脚分开约同肩宽，左脚与端线约成45°，与端线平行，重心在左脚上。左手持球轻托球拍在腰部，拍头指向前方。

（2）抛球与后摆：抛球与后摆拉拍动作是同步开始的，持球手拇指、食指和中指三指轻轻托住球，掌心向上。当球拍从身后向头上方做大弧度摆动，身体做转体、屈膝、展肩时，持球手柔和地在身前左脚前上举，直至伸直高及头顶。此时右肘向后外展约同肩高，拍头指向天空，左侧腰、胯成弓形，身体重心随着抛球开始先移向右脚，然后平稳地开始前移。此刻，肩与球网成直角。

（3）击球动作：当左手抛出球时，球拍继续向上摆起，这时候持拍手的肘关节放松，可以使向前转动的身体和右肩自动地让手臂和身体充分伸展。当身体向前上方伸展击球时，肩、手臂已经回转，双肩与球网平行。挥拍击球时，持拍手腕带动小臂有一个旋内的"鞭打"动作。

（4）随挥动作：球发出后，身体向体内倾斜，保持连续的向前上方伸展的随挥动作。球拍挥至身体的左侧（美式旋转发球球拍随挥至身体的右侧），重心移向前方，做到完美自然地跟进并保持身体平衡。

（四）接发球

网球比赛首先是从发球和接发球开始的。在比赛中，如果接发球不好，不仅会给对方较多的进攻机会，而且更严重的是常会引起自己心理上的紧张和畏惧，并造成失误；反之，如果接发球技术好，不仅有时可以直接得分，而且还可以破坏对方的抢攻，为自己的进攻创造有利的条件。

（1）正确的握拍法。

应根据运动员习惯的握拍法来决定。大陆式握拍，正、反拍无须换握拍；东方式或西方式、混合式握拍的正、反拍击球需换握拍，当球一离开对方的球拍，就应该决定是否要转变握拍。向后拉拍时改换握拍要做到迅速及时，才能还击好来球。

（2）准备姿势及站位。

接发球的准备姿势只要能以最快的速度还击球就行。当对方发球前，可以两膝弯曲，两腿叉开；当对方抛球准备击球时，可以重心升起两脚快速交替跳动，并判断来球准备回击。接第一发球时站位稍靠后些，接第二发球时站位稍靠前些。

（3）击球动作。

接发球的关键在于：快速灵敏的判断、反应和充分的准备。当击球点在身体前面时，在判明来球的方向后，即向后转动双肩，马上向前迎击来球。迎上去顶击球时，要握紧球拍，手腕保持固定，使拍面正对着来球。

（五）击球

1．正手击球

从准备姿势开始，（右手持拍为例）以右脚为轴，向右转肩转髋，同时左脚前跨一步使两脚与肩同宽。身体左侧对球网，重心移到右脚上，转体同时带动球拍直接后引，将拍面引到与身体平行。球拍高度齐膝，拍头略高于手腕，左臂微前伸保持身体平衡。挥拍击球时身体重心移至左脚，并以左脚为轴向左转髋转肩，带动右手臂向前迎击球的中部，击球点在左脚侧前方。球离弦后，球拍随惯性挥至左肩上方，并迅速还原到准备姿势（图5-31）。

图 5-31　正手击球

2．反手击球

从准备姿势开始，以左脚为轴，向左转肩转髋，同时右脚跨出一步，使两脚与肩同宽，身体右侧对球网，重心移至左脚上。转肩同时左手转动拍颈使右手成东方式反手握拍，并带动球拍后引与身体平行，击球肘贴近身体，左手轻持拍颈，拍头略低于来球。击球时身体重心移至右脚，左手放开拍颈，以右脚为轴向右转髋转肩，带动右手臂由下向前上挥拍击球中部偏下，击球点在右脚侧前方。击球后球拍随惯性继续挥至右肩上方，并迅速恢复成准备姿势，随时回击下一次来球（图5-32）。

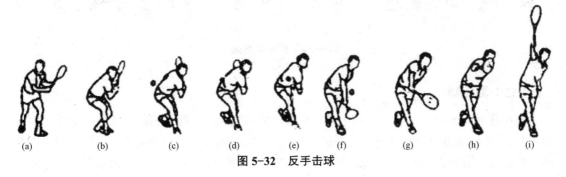

图 5-32　反手击球

3．双手反手击球

当判断准来球是飞向反手方向时，在移动到位的最后一步应保持右脚在前，身体右侧朝向来球方向。双手握球拍向左后挥摆，右臂伸展较大，左臂弯曲。在迎球过程中，挥臂与转体动作配合，使球拍由低向高挥动，击球点在右脚侧前方，拍面垂直，触球的中部。击球后双手随势挥至右侧头部高度，身体重心移向右脚。动作完成后，迅速恢复成准备姿势。

（六）截击球

截击球是指凌空击对方来球的技术动作，即当球在落地之前将来球击回对方场区，可以在网前截击，也可以在场内任何地方截击空中球。截击球以网前截击为主。截击球的特点是缩短击球距离，扩大击球的角度，加快回球速度，在网球比赛中成为一种主要打法和进攻手段。

1．正手截击球

如图5-33所示，后摆引拍时，左脚立即向右前方跨出，同时转肩，带动球拍向后引，拍头要高于握拍手，绷紧手腕，握紧球拍。截击球的动作有点像挡击或撞击，在拍面短促向前撞击的同时微微向下做切削球的动作，击球时保持拍头上翘，拍面稍向后仰。击球后有一个小幅度向前的随挥动作，随挥过程仍紧握球拍。

图 5-33　正手截击球

2. 反手截击球

对大多数人来说，反手截击比正手截击更容易，因为它更符合人体解剖学肌肉用力结构特点。其技术要点是：如图 5-34 所示，后摆引拍时，右脚立即向左前方跨出，左手扶拍手向后拉拍，同时转肩，做短距离后摆引拍动作，拍头高于握拍手，眼睛注视来球。挥拍击球时，左手松开稍后伸，右手握紧球拍前挥并在身体前方切削来球。向前挥拍时，两只手的动作好像在拉长一根橡皮筋，以保持身体平衡。

图 5-34　反手截击球

（七）高压球

高压球（图 5-35）动作与发球的动作相似，握拍也和发球握拍相同；准备击球时，非持拍手上举指向来球的方向；击球和发球时的击球一样，击球点在右眼前上方，近网高压球的击球点可偏前，便于下扣动作的完成，远网后场的击球点可稍后些；击球动作向前下方挥击以防下网，击球后跟进动作应尽量像发球动作那样完整，起跳高压时要保持身体的平衡。

图 5-35　高压球

（八）挑高球

挑高球（图 5-36）是指一方上网截击，占据有利位置，另一方打出弧度很高的球，将球挑过上网方的头顶，并落在界内。挑高球不仅是被迫使用的一项防御技术，而且它可以破坏对方的进攻节奏,改变对方回球的速度,能削弱对方的网前优势,使自己从被动转变为主动。

图 5-36　挑高球

1．进攻性挑高球

挑高球动作要尽可能和底线正、反拍上旋抽击球动作一样。完成拉拍动作时,要使手腕保持后屈。在挥拍击球时,拍面垂直,拍头低于手腕的位置,采用手腕与前臂的滚翻动作,由后下向前上挥拍,做弧线鞭击球动作,使球拍在击球瞬间进行擦击,以产生强力上旋,击球点在身体侧前方,重心落在后脚。击球后,球拍必须朝着自己设想的出球方向充分跟进,随挥动作要放松并在身体左侧结束。

2．防守性挑高球

击球时拍面朝上,触球是在球的中下部,由后下方向前上方平缓挥拍击球。似"舀送"动作的击球法,是为了更好地控制球的高度和深度,尽量使球在球拍上停留时间长一些,动作要柔和。随挥动作与底线正、反拍击下旋球一样,跟进动作应充分,结束动作高于上旋高球结束动作,面对球网,重心稍后。

(九) 放小球

放小球(图 5-37)和挑高球一样,是为了战略的需要。掌握放小球这样细腻的球感,需要长时间的练习和经验。

小球击球的准备动作与正、反拍击球动作相同,球拍后引,侧身对网,拍头高于设想的击球点;击球时拍面稍开,动作柔和,触球点在球的下部,使球产生下旋,并以适当的前推或上托动作把球击出,使球以适当的弧线落在对方球场近网处。击球后身体重心向击球方向跟进,自然地完成随挥动作。

图 5-37　放小球

(十) 反弹球

反弹球(图 5-38)的正、反拍握拍采用东方式反拍握法或大陆式握拍法。当判断来球需要打反弹球时,迅速降低重心,身体前倾,保持平衡,后摆动作视球速和准备时间的快慢而定，一般是转体时已经完成了后摆动作；击球时眼睛必须看球，手腕与手臂紧固，拍面略开，随身体重心前移，拍子由上向下作反弹击球，使球略带上旋；随挥动作不宜太长，能达到引导出球方向的作用就够了。

图 5-38 反弹球

网球运动的基本战术

（一）单打战术

1．发球上网

发球时发出质量较高的球，使对方的回球不至于力量太凶猛或落点刁钻。自己应果断上网，移动到发球线与网之间，这样有利于击球的速度和角度，造成对方失误。

2．底线打法

底线打法首先要将球打深，球落在端线前面，而不是发球线附近。同时利用落点调动对方，或者抓住对方的弱点作为突破。在有机会的情况下也可上网截击。

3．综合打法

根据对手的情况，采用不同的打法。如对方频频上网，可采用挑高球迫使对手退回去；如对方底线技术很好，可适当放一些小球诱使对手上前，再用力将球打深来调动对手。综合打法就是将底线和上网两种打法结合起来，根据场上情况，随机应变。

（二）双打战术

1．协作配合战术

双打要求两个队员配合得像一个人；能做到瞬间的默契配合，是双打战术成功与取胜的关键。双打中两个人相互之间的距离不能拉开 3.5 米以上，可以想象为两个人被一根松弛的绳子相连接，这根绳子使两人一起向前、向后、向左和向右移动。

2．协同防守

当自己的同伴回到端线去救高球时，自己不应当继续留在网前，因为这样会使两人之间出现漏洞，让对方打出落点很好的"破网"球来。所以，当同伴退回去时，自己也要跟着退，使自己一方处于最佳的防守位置。退回端线后虽然被动了，但一旦出现浅球时，两人还可立即一块儿向前，回到网前。

3．抢网战术

（1）在发球前做出抢网决定。

抢网是网前人横向移动，拦截对方接球员打过来的斜线球。很重要的是，两人要在事先商定，如果对方打斜线球时，网前人则要去抢网。而且一旦做出决定，便必须坚决执行。

（2）防住空出的场地。

当网前人扑出去拦截接发球时，空出的半个球场便无人防守，所以发球员发球之后，应向同伴留下的那半场跑去，并继续向网前移动。抢网的人在拦截之后，应当继续进入发球员的场区。两人交叉移动，可以防住对方可能回击的直线球，以及抢网人第一次截击没能得分后的回击。

（3）起动要早。

抢网时，需要在对方接球员击球的一瞬间起动，而不要在接球员击球之前移动，把自己的行动意识暴露给对方。

（4）退在后场对付抢网的队员。

当对方网前队员抢网时，接球员和同伴要掌握好站位。如果退在后场，就有时间移动到位，或者挑高球。

（5）打直线球。

如果接发球老是打斜线球，对方就会判断出来并积极抢网。所以，一旦对方抢网开始，就要打斜线球使对方网前人不敢随意抢网，也可以试用攻击性挑高球过头顶的方法。

（6）抢网时向下击球。

要抢网成功，必须在球比网高时击球，就是说要向前移动，靠近球。越靠近网，球就越高，也就越易于截击。

4．发球的配合

双打球经常比单打球更具有强烈的攻击性。由于发球员的同伴首先占据了网前制高点的位置，随时准备截击接发球员的第一还击球，因此给对方的压力很大，迫使接发球员不得不向发球员还击大角度的球；而且还得有一定的球速，否则便有可能被抢截，所以难度很大。如果用随发球上网形成双上网，那么威胁性就更大了，一旦对方打直线球就会造成一举得分。然而，对手必须百分之百地控制好还击的反手直线球，否则，那将会为对方创造出一个成功的"破网"球。

在双打的每盘比赛中，通常发球技术最好的球员应该是第一发球员。而在每次发球时，发好第一次球更为重要，因为这可使网前的同伴能够较有效地进行偷袭。

三、网球运动竞赛规则简介

（一）场地和器材

国际网联规定：网球赛场长 23.77 米，宽 10.97 米。端线以后至少应有 6.4 米的空地，边线以外至少要有 3.66 米的空地。球网用尼龙线编织而成，网孔大小以不让球通过为标准，球网顶端距离地面 0.914 米，如图 5-39 所示。球为白色或黄色，外表毛质均匀。球的直径为 6.35～6.67 厘米，质量为 56.7～58.5 克。

（二）网球单打规则

比赛开始前，双方用掷钱币或旋转球拍的方法进行请先，得胜者有选择发球权或有权选择场地。选择发球或接发球者，应让对方选择场区；选择场地者，应让对方选择发球或接发球。

第五章 三小球类运动

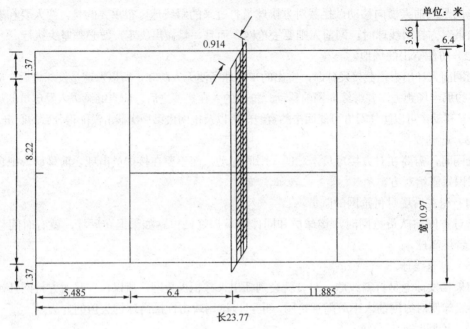

图 5-39 网球场地

1．发球动作

发球员在发球前，应先站在底线后中点和边线的假定延长线之间的区域里，然后用手将球向空中任何方向抛起，在球接触地面以前用球拍击球。只要球拍与球接触，就算完成了球的发送。

发球时，发球员不得向上抛起两个或两个以上的球，否则判重发。如果是故意的，应判失分。

2．发球时间

发球员须待接球员准备后，才能发球。接球员做还击姿势就算已做准备。如接球员在发球员做出击球动作后又表示尚未准备好，这时即使发球员所发的球没有落到发球区内，也不判发球失误。

3．发球位置

每局比赛开始发球时，发球员应先从右区端线后发球。得或失一分后，应换到左区发球。如果发球位置出现错误而未被察觉，比分仍然有效。一旦察觉，应立即纠正。

4．发球次序

第一局比赛终了，接球员成为发球员，发球员成为接球员。以后每局终了，均依次互相交换直到比赛结束。

如发球顺序发生错误时，发觉后应立即纠正，由此轮发球的球员发球，发觉错误前双方所得的分数都有效。如果发觉前已有一次发球失误，则不予计算。如一局终了才发觉次序错误，则以后的发球顺序就以该局为始，按规定轮换。

5．交换场地

双方应在每盘的第一、三、五等单数局结束后，以及每盘结束双方局数之和为单数时，交换场地（如果一盘结束时，双方局数之和为双数则不交换场地，须等下一盘第一局结束后再进行交换）。

如果发生未按正常顺序交换场地的错误，一经发现应立即纠正，按原来顺序进行比赛。

6. 发球失误

发球时如果出现发球脚误、未击中球、发出的球在落地前触及固定物等现象时，均判失误。

（1）脚误。发球员在发球动作中，两脚只准站在端线后中点和边线的假定延长线之间，不能触及其他区域，不得通过行走或跑动改变原站的位置（发球员发球时如两脚轻微移动而未变更原位，不算行走或跑动）。否则，就会被判为脚误。

（2）击球未中。发球员在发球时由于用力过猛、动作不协调等原因而未击中抛出的球称为击球未中。

如果发球员在向上抛球准备发球时，又决定不击球而将球接住，这不算失误，判重发。

（3）固定物。单打比赛在双打场地上进行时，使用了单打支柱。发出的球如果触及单打支柱后落入了规定的发球区内，应判失误。因为单打支柱、双打支柱以及其间的球网、网边白布均系固定物。

7. 发球无效

当合法的发球触及球网、中心带、网边白布后，仍落到对方发球区内时，或当合法的发球触及球网、中心带、网边白布后，在落地前又触及接球员的身体或其正在作准备时，无论发出的球成功还是失败，均判发球无效。重发球时，前次发球不予计算，但原先的第一次发球失误不予取消。

8. 失分

在网球规则中，如果出现以下情况均判失分：在球第二次着地前未能还击过网；还击的球触及对方场区界线以外的地面、固定物或其他物件；还击空中球失败；在比赛进行中，运动员故意用球拍拖带或接住球，或故意用球拍触球超过一次；"活球"期；运动员的身体、球拍（不论是否握在手中）或穿戴的其他物件触及球网、网柱、单打支柱、绳或银丝绳、中心带、网边白布或对方场区以内的地面；来球尚未过网即在空中还击，算过网击球；除握在手中的球拍外，运动员的身体或穿戴的物件触球；抛出手中的拍子击球；比赛进行中，运动员故意改变其球拍形状。

（1）"活球"期。自球发出时起（除失误或重发外），至该分胜负判定时止，为"活球"期。

（2）触网。在双打比赛中，甲、乙一队，丙、丁一队，甲发球给丁，丙在球着地前触网，而后球落在发球区外。这时应判丙与丁失分，因为球落在发球区外之前丙先触网了。

在比赛中造成失分的情况还很多：发球时，球拍从发球员手中飞出，在球触地面前触网，应判发球员失分（因为在"活球"期间球拍触网）；发球时，球拍从发球员手中飞出，在球接触发球区以外地面后触网，应判发球失误（因为当球拍触网时，已成"死球"）；运动员在"活球"期间跳过球网到对方场地，应判该运动员失分；站在发球区外的运动员，在对方发来的球落地前被击中，应判他失分；运动员站在场区外还击界外的空中球或用手接住球（除非他还空中球为有效还击，比赛继续进行）判他失分。

9. 第二发球

网球比赛规则规定，发球员有两次发球权。第一次发球失误后，应在原发球位置进行第二次发球。如第一次发球失误后，发现发球位置错误，则应按规定改在另区发球，但只能再发一次球。

10. 压线球

压线球是指落在比赛线上的球，算界内球。

（三）网球双打规则

单打规则均适用于双打，但双打规则也有自己的特殊规定。

1. 发球次序

应在每盘开始之前决定发球次序。即每盘第一局开始时，由发球方决定由何人首先发球；对方则同样在第二局开始时决定由何人首先发球；第三局时由第一局发球方未发球的球员发球；第四局由第二局发球方未发球的球员发球。以下各局均按此次序轮换发球。

2. 接球次序

与发球次序一样，在每盘开始之前要决定接球次序。即先接球的一方应在第一局开始时，决定何人先接发球，并在这盘单数局继续先接发球；对方同样应在第二局开始时决定何人先接发球，并在这盘双数局继续先接发球。他们的同伴应在每局中轮流接发球。

3. 发球次序错误与接球次序错误

发球次序错误应在发觉时立即纠正，但已得的分数或已成的失误都有效。如发觉时全局已经终了，此后发球次序就以该局为准轮流发球。

接球次序错误发觉后仍按已错误的次序进行，等到下一接球局再行纠正。

（四）计分方法

1. 胜 1 局

（1）每胜 1 球得 1 分，先胜 4 分者胜 1 局。

（2）双方各得 3 分时为"平分"，平分后，净胜两分为胜 1 局。

2. 胜 1 盘

（1）一方先胜 6 局为胜 1 盘。

（2）双方各胜 5 局时，一方净胜两局为胜 1 盘。

3. 决胜局计分制

在每盘的局数为 6 平时，有以下两种计分制。

（1）长盘制：一方净胜两局为胜 1 盘。

（2）短盘制：决胜盘除外，除非赛前另有规定，一般应按以下办法执行。

①先得 7 分者为胜该局及该盘（若分数为 6 平时，一方需净胜两分）。

②首先发球球员发第 1 分球，对方发第 2、3 分球，然后轮流发两分球，直到比赛结束。

③第 1 分球在右区发，第 2 分球在左区发，第 3 分球在右区发。

④每 6 分球和决胜局结束都要交换场地。

4. 短盘制的计分

（1）第 1 个球（0∶0），发球员 A 发 1 分球，1 分球之后换发球。

（2）第 2、3 个球（报 1∶0 或 0∶1，不报 15∶0 或 0∶15），由发球员 B 发球，B 连发两分球后换发球，先从左区发球。

（3）第 4、5 个球（报 3∶0 或 1∶2，2∶1，不报 40∶0 或 15∶30，30∶15），由 A 发球，A 连发两球后换发球，先从左区发球。

（4）第 6、7 个球（报 3∶3 或 2∶4，4∶2 或 1∶5，5∶1 或 6∶0，0∶6），由 B 发 1 分球之后交换场地，若比赛未结束，B 继续发第 7 个球。

（5）比分打到 5∶5，6∶6，7∶7，8∶8……时，需连胜两分才能决定谁为胜方，但在记分表上则统一写为 7∶6。

（6）决胜局打完之后，双方队员交换场地。

第六章 深受大众热爱的游泳运动

第一节 游泳概述

游泳运动是凭借自身肢体动作与水的相互作用,在水上漂浮前进或在水中潜泳而进行的一种有意识的技能活动。它一直与人类生存、生产和生活相联系。游泳集水浴、空气浴、日光浴于一体,因为游泳在水中进行,消耗的热量比在陆地上大得多,这就必须尽快补充所散发的热量,从而促进人体内新陈代谢过程的加强,使体温调节机能得到改善,促进身心健康,逐步形成健美体形,并对人们的工作、生活产生深远的影响。在现代社会,游泳运动是最受大众喜爱的体育项目之一。

游泳的起源与发展

现代游泳运动起源于英国,早在17世纪60年代,英国不少地区的游泳活动就开展得相当活跃。随着游泳运动的日益普及,1828年,英国在利物浦乔治码头修造了世界上第一个室内游泳池,这种游泳池到19世纪30年代,在英国各地相继出现。

第1届现代奥林匹克运动会就把游泳列为竞赛项目之一。1908年，在英国伦敦举办第4届奥运会时，成立了国际业余游泳联合会（简称国际泳联），审定了游泳各项目的世界纪录，并制定了国际游泳比赛规则，规定比赛距离单位统一用"米"。比赛项目自由泳设100米、400米、1 500米和4×200米接力，仰泳设100米，增设200米蛙泳项目。

1912年，在瑞典斯德哥尔摩举行的第5届奥运会上，首次把女子游泳列入比赛项目，设女子100米自由泳和4×100米自由泳接力。

1952年第15届奥运会上，国际泳联决定将蛙泳和蝶泳分为两个项目进行比赛。从此，竞技游泳发展成四种泳式。以后，运动员为寻求快速度，蛙泳技术逐渐演变为潜水蛙泳，成绩提高很快。

我国近代游泳运动是19世纪中叶，由欧美传入并逐渐流行起来的，开始在我国香港及沿海各省市，如广东、福建、上海等地流行，而后传及各地。1920年国内游泳比赛开始增设女子项目。1924年成立了"中国游泳研究会"。1980年8月1日，国际泳联恢复了中国在国际泳联的合法席位，引起世界的瞩目。

游泳运动的分项和比赛项目的设置

1．游泳运动的分项

游泳运动包括游泳、花样游泳、跳水和水球4个项目，这4个项目统归在国际游泳联合会的管理之下。所以，中国游泳协会也分管这几个运动项目。

（1）游泳。

游泳包括多种花样的姿势，如模仿动物动作的蛙泳、海豚泳或蝶泳；按人体浮游水上的姿势有仰泳、侧泳和爬泳。竞技游泳包括蝶泳、仰泳、蛙泳和自由泳4种姿势。

（2）花样游泳。

花样游泳又被称为"水上芭蕾"，是集游泳、体操、舞蹈等项目于一体的竞技体育项目。花样游泳对运动员的身材、泳装、头饰、音乐及动作编排都有较高的要求。花样游泳利用运动员的肢体在水面上的运动配以音乐，展现了美与技巧。花样游泳可分为单人、双人、集体3个比赛项目，它虽然没有激烈的竞赛场面，但带给观众的美好享受是其他体育运动无法替代的。

（3）跳水。

跳水是从不同高度的跳板或跳台上做各种跳跃、翻腾、转体等入水动作的运动项目。比赛时，根据每个人的助跑、起跳、空中技巧、入水动作的正确性和熟练程度评定成绩。这项运动对发展灵敏素质和培养勇敢、果断的意志品质有很大的作用。

（4）水球。

水球是在水中进行的一项球类运动，比赛时每队有7人出场，在设有球门的泳池内进行。这项运动要求运动员掌握各项专门游泳技术，各种控球技术、战术，并具有良好的身体素质和意志品质。

2．游泳比赛项目设置

根据国家体育总局颁布的游泳竞赛规则，竞技游泳的竞赛项目见表6-1。

表 6-1　竞技游泳的竞赛项目

项目	距离/米（50米池）	距离/米（25米池，即短池）
自由泳	50、100、200、400、800、1 500	50、100、200、400、800、1 500
仰泳	50、100、200	50、100、200
蛙泳	50、100、200	50、100、200
蝶泳	50、100、200	50、100、200
个人混合泳	200、400	100、200、400
自由泳接力	4×100、4×200	4×50、4×100、4×200
混合泳接力	4×100	4×50、4×100

备注：男女比赛项目相同。

游泳竞赛规则简介

1. 游泳池

游泳竞赛对游泳池有严格的要求。游泳长池为 50 米（+0.03 米）×21 米或 25 米，短池为 25 米（+0.02 米）×21 米或 25 米，水深 2 米以上。第一条泳道和最后一条泳道与两侧池壁的距离不少于 20 厘米，安装出发台的池端，从池端至 5 米的范围内的池水应至少有 1.2 米深。比赛水温为 26 摄氏度，室外游泳池不低于 25 摄氏度。比赛时池水必须保持正常水位，水面要平稳。如采用循环换水，池水不得有明显的流动或旋涡，池水要清澈，运动员可看清池底和池壁标志线。游泳池内有 9 条分道线构成 8 条泳道，每条泳道宽 2.5 米。

2. 裁判员

游泳比赛所需裁判员很多，需 60～70 人，分为以下岗位：总裁判长、副总裁判长、执行总裁判、计时长、转身检查长、终点长、编排记录长、检录长、发令员和宣告员等。

3. 比赛通则简介

（1）参加办法：参加单位必须按竞赛规程规定确定每项的参加人数及每人参加的项数，并在规定的时间内报名。报名后不得更替或更改项目。

（2）出发：自由泳、蝶泳、蛙泳在出发台上出发，仰泳项目在水中出发。在比赛开始前，发令员的短哨音示意运动员脱外衣，长哨音示意上出发台。口令是"各就位"，出发信号是枪声或电笛。

（3）计时：人工计时、自动装置计时与半自动计时均被承认为正式的计时方法。人工计时每条泳道应有 2～3 名计时员，正式成绩的决定方法：三块表计时，两块相同的是正式成绩；三块不相同时，以中间的成绩作为正式成绩。如果只有 2 名计时员，应以较差的成绩作为正式成绩。

（4）比赛和犯规：运动员必须在本泳道内比赛完毕。所游姿势必须符合规则规定。比赛中运动员转身时必须使身体的某一部分触及池壁，转身时必须从池壁完成，否则判为犯规。在比赛中除自由泳可以在池底站立，其他泳式（包括自由泳）均不得跨越和行走。在比赛中运动员不得使用或穿戴任何有助于或有利于其速度、浮力的器具（如手蹼、脚蹼等，但可戴护目镜）。在比赛中不允许陪游、带游，也不允许速度诱导或采取任何能起速度诱导作用的办法。

第二节 游泳基本技术

学习各种游泳姿势前先要熟悉水性，进行游泳基本技术的训练，其目的是让初学者通过身体的感官来感知水的浮力、压力和阻力等，逐步适应水的特性和环境，消除对水的恐惧，并掌握水中行走、呼吸、漂浮、滑行等一些基本的游泳动作，为今后学习和掌握各种游泳技术打下良好的基础。

一 水中行走

一般在齐腰深的水中进行，做各个方向的行走、跳跃练习。开始时动作不宜过大，速度不宜过快，要保持身体协调，维持身体平衡，最好按练习方法依次进行。

水中行走可以使初学者了解水环境中的浮力、阻力等特性，以便在水中站立或行走时维持身体平衡，消除怕水的心理。

二 水中呼吸

水中呼吸是游泳教学的难点，也是熟悉水性阶段的关键内容，应贯穿于整个练习的始终。该练习可使初学者基本掌握游泳的呼吸方法、呼吸过程、呼吸节奏，以适应头部入水的刺激，消除怕水的心理。

游泳主要用口吸气，呼气用鼻或口鼻一齐呼。水中呼吸练习主要是单人扶边或在同伴帮助下进行，用口吸气后闭气，慢慢下蹲将头全部浸入水中，停留片刻后抬头，同时用嘴和鼻子呼气后再吸气，这样不易呛水，如图6-1所示。

在水中练习呼吸，可以通过水中憋气、水中呼气和韵律呼吸等方式进行。

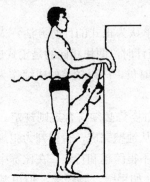
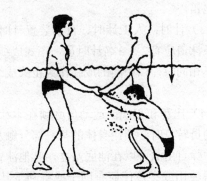

图 6-1　呼吸练习

三 水中漂浮

练习水中漂浮时,要尽量深吸一口气,在水中闭气的时间应尽量长,并且身体要放松。

(一)扶固定物团身漂浮练习

在水中两手扶住池边、水线或抓住同伴的手,先深吸一口气,然后把头没入水中憋气,同时团身,使身体尽量放松,自然地漂浮于水中。呼气后,站立用嘴吸气。在此基础上,两人或多人手拉手可同时做团身漂浮练习。

(二)扶固定物展体漂浮练习

在水中两手扶住池边、水线或抓住同伴的手,先吸气后把头没入水中憋气,同时团身,全身放松,使身体自然漂浮于水上,然后展开身体;呼气后,站立用嘴吸气。在此基础上,两人或多人手拉手可同时做团身再展开漂浮练习。

(三)抱膝漂浮练习

站立水中,深吸气后,下蹲憋气,低头抱膝,大腿尽量靠近胸部,成低头抱膝团身姿势,身体要尽量放松,自然地漂浮于水中;呼气后,两臂前伸向下按水并抬头,同时两腿伸直,向下踩,成站立姿势,如图6-2(a)所示。

(四)展体漂浮练习

站立水中,深吸气后,下蹲憋气,低头抱膝,放松漂浮于水中后,展开身体;或两臂放松向前伸直,深吸气后身体前倒并低头,两脚轻轻蹬离水底,成俯卧姿势漂浮于水面,臂、腿自然分开,全身放松,身体充分展开。呼气后,两臂前伸向下按水并抬头,同时两腿伸直,向下踩,成站立姿势,如图6-2(b)所示。

图6-2 水中漂浮练习

四 水中滑行

在水中滑行时,臂和腿自然伸直,身体放松成流线形,要尽量延长闭气时间和滑行距离。

(一)同伴扶手滑行练习

手臂放松扶住同伴的手,没入水中憋气,身体展开漂浮在水面上,全身放松,同伴拉练习者的手倒退走,使其体会滑行动作。在此练习基础上,可放开练习者的手,使自己滑行漂浮,但要注意保护。

(二)蹬池壁滑行练习

背向池壁,双臂伸直并拢贴近双耳,或一手扶池边缘,一臂前伸,一脚站立,另一脚抵池壁。深吸气后低头,上体前倾成俯卧状,支撑腿迅速屈膝上提将脚贴在池壁上,臀部尽量提高并靠近池壁,双脚用力蹬壁,全身充分伸展、放松,成流线形向前滑行。在此基础上可做蹬池底滑行练习,体会在滑行中如何保持身体平衡,如图 6-3 所示。

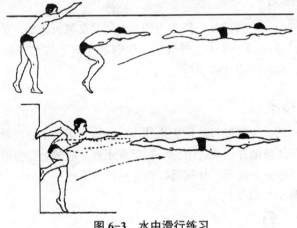

图 6-3 水中滑行练习

第三节 蛙 泳

一 蛙泳技术

1. 身体姿势

蛙泳技术比较复杂,同时也在不断发展,特别是近年来出现的"波浪式"蛙泳,身体位置更不稳定。在一个动作周期（一次蹬腿一次划水）结束后，有一个短暂的相对稳定的滑行瞬间，此时臂、腿并拢伸直，身体较水平地俯卧于水面，头略微抬起，身体纵轴与水平面成5°～10°角，身体保持一定的紧张度，以保持较好的流线形。当划水和抬头吸气时，头抬出水面，肩部上升，加上开始收腿，这时身体与水平面的夹角增大，约为15°，如图6-4所示。初学蛙泳的人容易吸气时抬头过高而使身体下沉，这样会增大阻力。

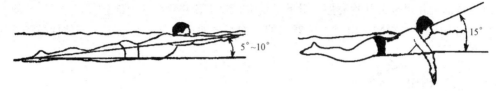

图 6-4　蛙泳

2．腿的技术

蛙泳的腿部动作很重要，可产生较大的推进力，腿的动作可分为四部分，即收腿、翻脚、蹬腿和滑行。

（1）收腿。收腿动作不但不产生推进力，而且会给身体带来阻力，因此要考虑如何减小阻力。开始收腿时同时屈膝屈髋，两膝边慢慢分开，边向前收腿，小腿和脚应跟在大腿和臂部的后面，以较慢的速度和较小的力量使脚后跟向臂部靠拢，以减小阻力。收腿结束后，大腿与躯干之间成130°～140°角，大腿与小腿之间成40°～50°角。

（2）翻脚。翻脚对蛙泳蹬腿的效果起着重要的作用，但翻脚并不是一个独立的动作阶段，而是在收腿没有完全结束时就开始了。通过向外翻脚，使脚尖朝外，对水面面积增大，并使脚和小腿内侧对准蹬水的方向。同时翻脚结束时，两脚之间的距离要大于两膝之间的距离，如图6-5所示。

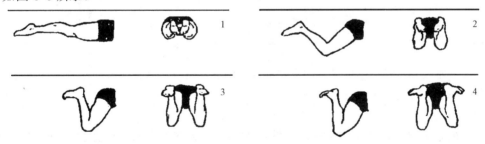

图 6-5　翻脚

（3）蹬腿。蹬腿也称"蹬夹水"或"鞭状蹬水"。先伸展髋关节，从大腿发力向后蹬水，小腿和脚掌做向下和向后的鞭水。腿在向后蹬的同时向中间夹紧，蹬腿结束时两腿应并拢伸直，踝关节伸直，如图6-6所示。

由于蹬夹水能够产生较大的推进力，应用较大的力量和较快的速度完成。

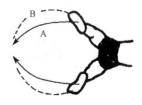

图 6-6　蹬腿

（4）滑行。蹬腿结束后，由于蹬腿的惯性作用，两腿有一个短暂的滑行阶段。这时两腿应尽量伸直并拢，腿部肌肉和踝关节自然放松，为下一个动作周期做好准备。

蛙泳腿常见的错误技术主要有：大腿收得幅度太大（易使身体上下起伏）或太小（易使脚

和小腿露出水面而蹬空）；蹬腿过宽或过窄；收腿结束时分膝过大；蹬腿未翻脚及滑行时两腿未并拢等。

3．手臂技术

蛙泳的划水技术可以产生较大的推进力，蛙泳的划水从水下看，像一个"倒心形"，如图6-7所示。

蛙泳臂部动作可分为开始姿势、滑下、划水、收手和移臂等五个部分。

（1）开始姿势。蹬腿结束时，两臂前伸，与水平面平行，掌心向下，身体保持流线形，如图6-8所示。

图6-7 手臂技术

图6-8 开始姿势

（2）滑下。两肩和手臂前伸，手腕向前、向外、向下方勾手，抓水结束时，两臂分开到约成45°角，如图6-9所示。

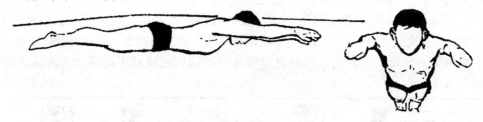

图6-9 滑下

（3）划水。划水是产生推进力的主要部分。划水开始时，两手继续外分手臂向外旋转，同时屈肘、屈腕，保持高肘划水。划水的前一部分手臂同时向外、向下和向后运动，如图6-10所示。

划水的整个过程应加速并始终保持高肘姿势完成，肘关节弯曲的角度随划水的进行不断减小，到划水即将结束时，肘关节屈至约90°角，手位于肩的前下方。

图6-10 划水

蛙泳划水常见的错误技术主要有直臂划水、沉肘、划水过宽或过长等。

（4）收手。划水结束后，手臂向外旋转，手同时向内、向上和向前快速运动，开始收手过程。收手时,两掌心相对。收手结束时,肘的位置低于手肘关节弯曲成较小的锐角,如图 6-11 所示。

图 6-11　收手

(5)移臂。尽管目前有些运动员为了减小移臂的阻力采用从水面上移臂的方法,但这样做容易使腿下沉,所以并不流行。

移臂是在收手的基础上完成的。通过向前伸肩和伸肘,两臂前移至开始姿势。移臂时,掌心可以向下,也可以向内,在即将结束时再转为向下,如图 6-12 所示。

图 6-12　移臂

移臂时不产生推进力,但要注意减小阻力。

4.呼吸及完整配合技术

蛙泳一般在一次动作周期中吸一次气。臂、腿、呼吸的配合多采用 1∶1∶1 配合。蛙泳呼吸利用抬头吸气,有早吸气和晚吸气两种配合形式。早吸气是在手臂刚开始划水时抬头吸气,吸气相对较长,收手和移臂时低头呼气。这种配合易于掌握,可以利用划水时的下压产生升力,有助于使上身浮起,抬头吸气;晚吸气是指划水结束收手时吸气,吸气时间较短,移臂时低头呼气。这种技术有一定的难度,但由于抬头时间短,身体重心和浮心推动平衡的时间短,因而阻力小,被高水平运动员所采用,如图 6-13 所示。

图 6-13　呼吸及完整配合技术

蛙泳臂腿配合技术较为复杂。正确的配合技术是:手臂划水时,腿自然放松伸直;收手时腿自然屈膝;开始移臂时收腿,并快速蹬腿。

二、蛙泳的练习方法

1. 腿部动作练习

动作要领：收腿要慢，翻腿要充分，使脚掌、小腿和大腿内侧形成最好的对水面，并向外、向内做弧形蹬夹水动作。

练习方法：

（1）陆上模仿练习。

①坐撑在地上或池边，做收腿、翻腿、蹬夹水、并腿分解练习。

②按上述动作做完整连贯动作练习。

③俯卧在凳子或出发台上做上述动作练习。

（2）水中练习。

①抓池边做蛙泳蹬腿练习。

②蹬边滑行做蛙泳连续蹬腿练习。

③扶打水板做上述练习。

2. 臂部动作练习

动作要领：划水时收手要快，移臂要慢，保持动作节奏，明确划水路线，整个臂部动作应同时对称进行。

练习方法：

（1）陆上模仿练习。

①两脚原地左右开立，上体前倾，做蛙泳臂划水练习。

②按上述动作配合呼吸进行蛙泳臂划水练习。

（2）水中练习。

①两脚前后开立，上体前倾，做蛙泳臂划水练习，可配合呼吸动作进行练习。

②由同伴抱住双腿，俯卧水中做上述练习。

③双腿夹打水板进行上述练习。

3. 完整动作配合技术练习

动作要领：臂的划水动作先于腿，即先臂后腿，收手抬头吸气，伸臂低头吐气，收腿要慢，蹬夹要快，保证动作节奏。

练习方法：

（1）陆上模仿练习。

①两臂伸直上举，一脚站立，另一脚抬起，做腿、臂、呼吸完整配合模仿技术练习。

②两脚前后开立，前脚站立，后脚抬起，做蛙泳完整动作配合技术练习。

（2）水中练习。

①蹬边滑行俯卧做蛙泳腿、臂连续配合技术练习。

②按上述动作，逐渐增加呼吸次数，最后，过渡到1∶1∶1完整动作配合技术。

③增加练习距离，熟练和巩固蛙泳技术。

第四节 爬　泳

爬泳又称为自由泳。在自由泳比赛中，规则规定可以采用任何一种姿势，因为爬泳的速度最快，所以在自由泳比赛中，一般都采用爬泳这种姿势。爬泳是身体俯卧水中，依靠两臂轮换划水，两腿上下交替打水向前游进。这种姿势的两臂轮换划水很像爬行，所以称为爬泳。

 爬泳技术

（1）身体姿势：游爬泳时，身体平直地俯卧在水中，身体的纵轴与水平面保持3°～5°角，微微抬起，其中平趋姿势能缩小前进时的截面，有助于减小阻力，颈部自然后屈与水平面成20°～30°角，两眼注视前下方（图6-14）。两臂轮换前伸向后划水，两腿上下交替打水。身体保持平直，既不要收腹提臀，也不要挺胸塌腰，但在游进中身体可以绕身体纵轴有节奏的转动，这种转动一般为35°～45°角（图6-15）。

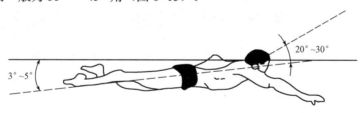

图6-14　平直俯卧

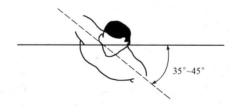

图6-15　有节奏的转动

（2）腿部动作：爬泳的打腿，主要使身体保持平衡，有利于划水，在整个爬泳的配合技术中起着重要的作用。爬泳的打腿是两腿不停地上下交替摆动。向下时，腿自然伸直，用髋关节发力，大腿带动小腿，打水的幅度，一般两腿间差距为30°～45°角。向下打水时，动作要快而有力，向上提腿时应放松一些。在向下打水时，由于惯性作用，此时小腿仍继续向上移动，而使膝关节有些弯曲，弯曲一般为140°～160°角（图6-16）。在打水时，脚尖自然伸直，在向下打水时，两脚应自然向里转一些（图6-17）。

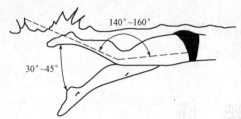

图6-16　弯曲膝关节

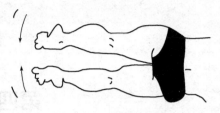

图6-17　两脚向里转

打水的次数，一般是一个完整的划臂动作配合六次打水，但也有人采用四次打水和两次打水，这要根据个人的特点来决定。

（3）臂部动作：爬泳的手臂动作是产生推进力的主要动力。整个手臂动作可分为入水、抱水、划水、出水和空中移臂五个不可分割的部分。但是它们之间并没有明显的界限，而是一个完整的动作。

①入水：在完成空中移臂后，手应向前，自然放松地入水，入水点一般在身体纵轴和肩关节的前方延长线之间。入水时手指自然伸直并拢，通过臂内旋使肘关节抬高，弯成130°～150°角，使肘关节处于最高点，掌心斜向外下方。这种姿势阻力较小。

②抱水：臂入水后，手掌从向斜外下方转向斜内后方，并开始屈腕、屈肘，保持高抬肘姿势。抱水时，上臂和水平面约为30°角，前臂与水平面约为60°角，手掌接近垂直对水，肘关节屈成150°角左右，整个手臂像抱个圆球似的。

③划水：划水是整个臂部动作产生推进力的主要环节。在抱水的基础上，划水时臂与水面成35°～45°角。开始划水时，屈肘为100°～120°角。此时前臂移动快于上臂，当划至肩下垂直面时，屈肘90°～120°角。前臂迅速向后推水至腿侧，结束划水。在划水过程中，手掌微凹。

④出水：划水结束后，臂借助推水后的速度惯性，利用肩三角肌、肩带肌的收缩及身体沿纵轴的转动，将肘部向上方提起，并迅速将臂部提出水面，这时臂部和手腕应柔和放松。

⑤空中移臂：它是臂部在一个划水周期中的休息放松阶段。移臂时，肘稍屈，保持比肩和手部都要高的位置，不要直臂侧向挥摆，也不要以手来带动臂完成屈肘移臂，这样动作紧张，而且不正确，还达不到放松的目的。

爬泳两臂是否协调配合，是前进速度均匀性的重要条件。

（4）呼吸与臂部动作的配合：爬泳的呼吸是利用头向左侧或右侧的转动，用嘴进行呼吸的。如以向右呼吸为例：右手入水以后，嘴和鼻开始慢慢地呼气，划至肩下向右侧转头，呼气量开始增加，当右臂推水即将结束时，呼气量进一步加大。右臂出水时，马上张嘴吸气。移臂到一半时，吸气就结束，并开始转头复原。此时，再次闭气，继续转头和移臂，脸部转向前下方。头部姿势稳定时，右臂又入水并开始下一次划水。如此反复循环进行呼吸。

（5）呼吸和完整动作的配合：爬泳腿、臂、呼吸的配合动作，一般采用两手各划水一次，呼吸一次和两腿打水六次的配合方法。为了充分发挥手臂的作用，提高游进速度，也有采用两臂各划一次水，呼吸一次和打腿四次的配合方法。

二 爬泳的练习方法

（1）腿部动作练习。

①陆上练习：

a. 坐姿打水：坐在岸边或桌椅边上，两手后撑，两腿伸直，脚尖相对，脚跟分开成八字形。以髋关节为轴，大腿带动小腿，做上下交替打水动作。先可以做慢打水，然后可以做快打水的练习。

b. 坐池边，两脚放入水中打水，要求同上。

c. 俯卧在池边或长凳上，两臂前伸或弯曲抱住物体固定，两腿自然并拢伸直，做上下打水动作。

②水中练习：

a. 扶池槽打水：俯卧水面抓住池槽可采用快速打水或慢速打水的方法。要求打水时，脚不出水面，如图6-18所示。

图6-18 扶池槽打水

也可用仰卧的方法，两手抓住池槽，身体仰卧水面，用仰泳腿部动作的练习，体会爬泳打水的方法，但必须注意膝盖不能露出水面。

b. 手扶浮板或救生圈打水。方法要领同前。

c. 脚蹬池壁滑行打水。打水方法按腿部动作要领做。

d. 练习者由同伴拉着，做原位或后退行走的打水练习。

（2）臂部动作练习。

①陆上练习：

a. 身体站立，上体前屈，两臂伸直平举，做单臂抱水、划水、出水、空中移臂、入水的模仿动作。

b. 双臂的配合：原地站立，上体前屈，两臂伸直前平举，做左（右）臂抱水、划水、左（右）臂出水、空中移臂入水的模仿动作。

②水上练习：

a. 站立水中，上体前倾，做手臂的划水练习。动作按臂部动作要领做，如图6-19所示。

b. 上体前倾入水，做水中走动的动作练习。

c. 水中两腿夹板，做臂的划水练习。

d. 自己蹬池臂滑行后，做手臂划水的练习。

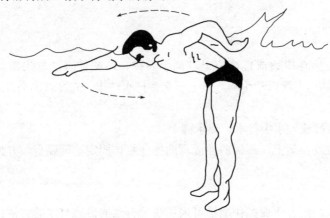

图 6-19　水中练习臂部动作

（3）呼吸动作。

①陆上练习：

a. 臂腿配合：体前屈站立，两臂前伸，做脚尖不离地、两膝轮流前屈的踏步，并与二次划水配合。口令配合即 1～3 踏步，同时左臂划水一次；4～6 踏步，同时右臂划水一次。

b. 单臂与呼吸配合：体前屈站立，做抱水动作，同时慢呼气，并向后划水、转头、用力呼气和吸气，然后做出水、入水动作，头转正时闭气。

c. 双臂和呼吸配合：体前屈站立，口令配合即 1～3 踏步，右臂划水一次，并配合呼吸、闭气、吐气、还原；4～6 踏步，左臂划水一次，同时吸气、闭气、吐气、还原。

②水中练习：

a. 体前屈：脸部入水，在水中做呼气动作；转头时，用力吐气；吸气时，下颌靠近肩部；闭气还原。

b. 站立水中，上体前屈成水平姿势，头部浸入水里。开始时，可以练习一臂划水与呼吸的配合；再练习两臂同时划水与呼吸的配合；也可以模仿向前游泳的姿势，两脚向前走动进行练习。

c. 练习者双脚由同伴扶住，身体俯卧在水中，做呼吸与两臂配合的动作，如图 6-20 所示。

图 6-20　水中练习呼吸动作

（4）爬泳的完整技术配合。
①滑行打腿，一臂前伸，一臂划水。划水动作不要太快，但划水路线要长，以推水为主。
②滑行打腿，两臂分解配合。
③滑行打腿，两臂轮流划水，做前交叉配合。
④臂与呼吸配合，滑行打腿，单臂划水，向同侧转头呼吸。掌握后再做两侧呼吸。
⑤完整配合游。距离可以逐渐加长，在长游中改进和提高技术水平。

第五节　仰　泳

一　仰泳技术

仰泳是身体成仰卧姿势的游泳。其动作结构和爬泳基本相似。其包括反蛙泳和爬式仰泳。

（一）身体姿势

身体平直仰卧水中，自然伸展，头肩略高于臀，腰和腿保持水平部位，后脑浸入水中，颈部肌肉放松，脸部露出水面，眼看后上方。

（二）腿部动作

腿部动作是保证身体水平姿势和维持身体平衡的主要因素，正确的踢水动作能产生较大的推进力。两腿的动作是：以髋关节为轴，大腿发力，带动小腿和脚，形成鞭打有力向后踢水的动作。

（三）臂部动作

臂部动作是产生推进力的主要因素。臂的一个动作周期可分为入水、抱水、划水、出水、空中移臂五个阶段。

1．入水

借助移臂的惯性，臂部自然伸直，小指领先入水，入水点在身体纵轴延长线与肩的延长线之间，或肩的延长线上。其顺序是：上臂先入水，然后前臂和手几乎同时入水。入水动作自然、放松，不要用手拍击水面，避免带入气泡。

2．抱水

手臂入水后，臂下滑到一定深度时，直臂向内深水处积极抓水，并转腕和肩带内旋，同时开始屈臂，使整个臂处于最有利的划水部位。完成抱水动作时，臂与身体纵轴构成约为40°角，肘关节开始弯曲，手掌距水面约为30厘米。

3. 划水

划水动作是推进身体前进的主要动力，其包括拉水和推水两个部分。整个动作是由屈臂抱水开始，以肩为中心，划至大腿侧下方为止。整个划水手掌走的路线从侧面看是先向下，再向上，再向下，成"S"形。

4. 出水

借助手臂内旋下压推压水的反作用力和三角肌的收缩力，手臂自然出水。出水动作是臂先压水后提肩，由肩带动上臂、前臂和手依次出水。

5. 空中移臂

提臂出水后，手臂应迅速沿着肩的垂直面向肩前移动，手臂要自然、放松、伸直，移臂的后段肩关节要充分伸展，手垂直向头后移臂，速度要快。

（四）两臂配合

应采用当一臂划水结束，另一臂已入水并开始划水的方法；一臂处于移臂一半，另一臂处于划水的中部，两臂几乎处在完全相反的位置。

（五）腿、臂与呼吸配合技术

现代仰泳技术采用6∶2∶1的配合技术。即6次打腿，2次划臂，1次呼吸。呼吸要有严格的节奏，不能用鼻子呼吸，要用口呼吸。

现代仰泳的技术特点是：身体在水中保持流线形位置；手臂垂直向头后移臂；手掌入水点远，滑水深，高肘划水；两臂交替划水，肩左右转动较大，肩横轴与水平面约成45°角；6次踢腿，踢水有力。

二 仰泳的练习方法

（1）在陆地仰卧池边或出发台上，做两腿打水模仿动作。

（2）在水中深吸气后，头和上体慢慢后仰，在同伴的帮助下，或两手反握池槽，或两手后撑池底，做漂浮踢水练习。

（3）蹬池滑行后，做仰卧漂浮练习。

（4）在水中仰踢水的基础上，配合两臂做划水动作，再配合有节奏的呼吸。

第七章 内外兼修的武术运动

第一节 武术运动简介

武术是以踢、打、摔、拿、击、刺等攻防格斗动作为素材,按照攻守进退、动静疾徐、刚柔虚实等矛盾运动的相互变化规律编成的徒手和器械的各种技击运动和健身方法;中华武术源远流长,是由勤劳和智慧的中华民族孕育而成的,具有悠久的传统和广泛的群众基础。武术的内容丰富,有拳术,有器械;有太极,有散打,是一项深受人们喜爱的民族传统体育运动,也越来越受到国际社会的关注。武术源于中国,属于世界;属于体育,高于体育;既重竞技,更重健身;既重武功,更重武德。这就是武术的魅力。

 武术的分类

1. 按运动形式分类

(1)功法运动。功法运动是以单个武术动作作为主体进行练习,以达到增强专项体能或健体目的的运动。其包括内功(内养功)、外功(外壮功)、轻功(弹跳)、硬功(击打和抗击打）等，既是套路运动和搏斗运动的基础，又是极好的锻炼方法。

（2）套路运动。套路运动是指以踢、打、摔、拿、击、刺等技击动作为主要内容，以攻守进退、动静疾徐、刚柔虚实等矛盾运动的变化规律编成的整套练习形式。按其练习形式可分为单练、对练、集体演练3种类型。

（3）搏斗运动。搏斗运动是两人在一定条件下，按照一定的规则，运用相应的攻防技法，斗智、斗勇、较技、较力的对抗性练习形式，如散打、推手、短兵等。

2．按依附地域分类

传统的武术流派往往是依托不同的山川名胜而自然形成的，并传承至今，如少林派（嵩山）、武当派、峨眉派、青城派、华山派、崆峒派、天山派等。

3．按二分法来分类

按技术、技击风格的不同，兴盛地域的差异等，民间多以二分法，通过比较对武术进行分类，如南拳与北腿、长拳与短打、内家拳与外家拳等。

二 武术的特点

1．寓技击于体育之中

武术作为体育运动，技术上仍不失攻防技击的特点，是将技击寓于搏斗运动与套路运动之中的运动。搏斗运动集中体现了武术攻防格斗的特点，在实用技术上基本是一致的；但是从体育观念出发，它受到竞赛规则的制约，以不伤害对方为原则。套路运动是中国武术特有的表现形式，不少动作在技术规格、运动幅度等方面与技击的原形动作有所变化，但动作方法仍然保留了技击的特性。即使因连接贯穿及演练技巧上的需要，穿插了一些不一定具有攻防技击意义的动作，但就整套技术而言，主要动作仍然以踢、打、摔、拿、击、刺诸法为主，这是套路的核心。

2．内外合一，形神兼备

既讲形体规范，又求精神传意、内外合一的整体观是中国武术的一大特色。所谓内，指心、神、意等心志活动和气息的运行；所谓外，即手、眼、身、步等形体活动。内与外、形与神是相互联系统一的整体。武术套路在技术上往往要求把内在精气神与外部形体动作紧密相合，做到"心动形随""形断意连""势断气连"，以"手眼身法步，精神气力功"八法的变化来锻炼身心。

3．具有广泛的适应性

武术的练习形式、内容丰富多样，不同的动作结构、技术要求、运动风格和运动量，分别适应不同年龄、性别、体质的人们的需求，人们可以根据自己的条件和兴趣爱好选择练习。同时，武术对场地、器材的要求较低，练习者可以根据场地的大小，变化练习的内容和方式，即使没有器械，也可以徒手练拳、练功，具有广泛的适应性。

第二节　武术基本功

一　手型和手法

（一）手型

1．拳
四指卷紧，拇指压于食指、中指第二指节上（图7-1①）。

2．掌
四指伸直并拢，拇指弯曲紧扣于虎口处（图7-1②）。

3．勾
五指撮拢成勾，倒腕（图7-1③）。

（二）手法

1．冲拳
拳从腰间旋臂向前快速击出，力达拳面（图7-2）。

2．架拳
前臂屈肘内旋，经体前上架于额前上方（图7-3）。

3．推掌
掌由腰间旋臂向前立掌推击，力达掌外沿（图7-4）。

4．亮掌
臂微屈，抖腕翻掌，举于体侧或头上（图7-5）。

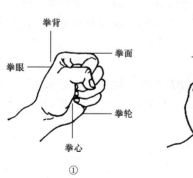
①

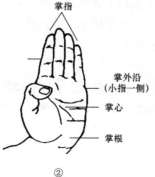
②

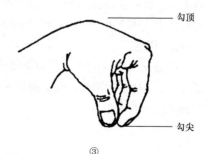
③

图7-1　手型

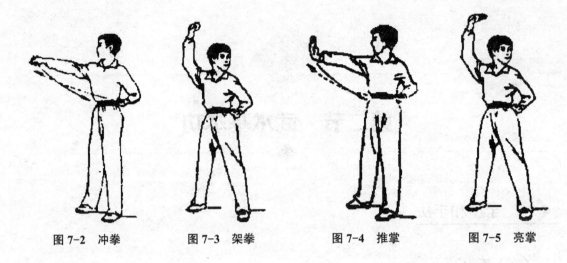

图 7-2 冲拳　　　图 7-3 架拳　　　图 7-4 推掌　　　图 7-5 亮掌

步型和步法

（一）步型

1. 弓步

左脚向前一大步（为本人脚长的 4～5 倍），脚尖微内扣，左腿屈膝半蹲（大腿接近水平），膝与脚尖垂直。右腿挺膝伸直，脚尖内扣（斜向前方），两脚全脚着地。上体正对前方，眼向前平视，两手抱拳于腰间［图 7-6（a）］。弓右腿为右弓步，弓左腿为左弓步。

2. 马步

两脚平行开立（约为本人脚长的 3 倍），脚尖正对前方，屈膝半蹲，膝部不超过脚尖。大腿接近水平，全脚着地，全身重心落于两腿之间，两手抱拳于腰间［图 7-6（b）］。

3. 虚步

两脚前后开立，右脚外展约 45°，屈膝半蹲。右脚脚跟离地，脚面绷平，脚尖稍内扣，虚点地面。膝微屈，重心落于后腿上。两手叉腰。眼向前平视。左脚在前为左虚步［图 7-6（c）］，右脚在前为右虚步。

4. 仆步

两脚左右开立，右腿屈膝全蹲，大腿和小腿靠紧，臀部接近小腿。右脚全脚着地，脚尖和膝关节外展，左腿挺直平仆，脚尖里扣，全脚着地。两手抱拳于腰间。眼向左方平视。仆左腿为左仆步［图 7-6（d）］，仆右腿为右仆步。

5. 歇步

两腿交叉靠拢全蹲，左脚全脚着地，脚尖外展，右脚前脚掌着地。膝部贴近左腿外侧，臀部坐于右腿接近脚跟处。两手抱拳于腰间。眼向左前方平视。左脚在前为左歇步［图 7-6（e）］，右脚在前为右歇步。

图 7-6 步型

(a) 弓步；(b) 马步；(c) 虚步；(d) 仆步；(e) 歇步

（二）步法

1. 插步
一脚经另一脚前横迈一步，两腿交叉（图 7-7）。

2. 击步
后脚击碰前脚腾空落地（图 7-8）。

3. 垫步
后脚提起向前脚处落步，前脚以脚掌蹬地前跳落步（图 7-9）。

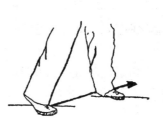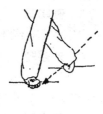

图 7-7 插步

图 7-8 击步

图 7-9 垫步

 腿法

1. 蹬腿
一腿由屈到伸，脚尖勾起，用脚跟猛力蹬出，高不过胸、低不过腰（图 7-10）。

2. 弹腿
一腿由屈到伸向前弹出，高不过腰，膝部挺直，脚面绷平（图 7-11）。

3. 侧踹腿
由屈到伸猛挺膝，脚尖里扣，向侧踹出，脚底着力（图 7-12）。

第七章 内外兼修的武术运动

图 7-10　蹬腿　　　　　图 7-11　弹腿　　　　　图 7-12　侧踹腿

4．正踢腿

支撑腿伸直，全脚着地，另一腿膝部挺直，脚尖勾起前踢，接近前额（图 7-13）。

5．侧踢腿

脚尖勾起，经体侧踢向脑后，其他同正踢腿（图 7-14）。

6．外摆腿

右脚上步，左脚尖勾紧，向右侧上方踢起，经面前向左侧上方摆动，直腿落在右脚内侧（图 7-15）。

7．里合腿

同外摆腿，唯由外向内合（图 7-16）。

8．拍脚

支撑腿伸直，另一腿脚面绷平向上踢摆，同侧手在额前迎拍脚面，击拍要准确、响亮（图 7-17）。

图 7-13　正踢腿

图 7-14　侧踢腿　　　　　图 7-15　外摆腿

图 7-16　里合腿　　　　　图 7-17　拍脚

9. 伏地后扫腿

上身前俯，两手推地，支撑腿全蹲作轴，扫转腿伸直，脚尖内扣，脚掌擦地，迅速后扫一周（图7-18）。

图 7-18　伏地后扫腿

 四　平衡

1. 提膝平衡

支撑腿直立正直站稳，另一腿在体前屈膝高提近胸，小腿斜垂里扣，脚面绷平内收，如图7-19（a）所示。

2. 腿平衡

一腿半蹲，另一腿脚尖勾起并紧扣于支撑腿的膝后，如图7-19（b）所示。

3. 燕式平衡

挺胸展腹，后举腿伸直高于水平，脚面绷平，如图7-19（c）所示。

4. 望月平衡

上体侧倾拧腰向支撑腿同侧方上翻，挺胸塌腰，另一腿在身后向支撑腿的同侧方上举，小腿屈收，脚面绷平，如图7-19（d）所示。

图 7-19　平衡

（a）提膝平衡；（b）腿平衡；（c）燕式平衡；（d）望月平衡

五　跳跃翻腾

1. 腾空飞腿

摆动腿高提，起跳腿上摆伸直，脚面绷平，脚高过肩，击手和拍脚连续快速，准确而响

亮，如图 7-20（a）所示。

2. 旋风腿

摆动腿直摆或屈膝，起跳腿伸直，向内腾空转体 270°，异侧手击拍脚掌，脚高过肩，击拍响亮，转体 360°落地，如图 7-20（b）所示。

3. 腾空摆莲

摆动腿要高，起跳腿伸直，向外腾空转体 180°，脚面绷平，脚高过肩；两手依次击拍脚面，如图 7-20（c）所示。

4. 侧空翻

一脚蹬地，另一腿向上摆起，体前屈，在空中做侧翻动作。腾空要高，翻转要快，两腿要直，如图 7-20（d）所示。

5. 旋子

一腿摆起，另一腿起跳腾空；两腿伸直后上举在空中平旋，脚面绷平，挺胸、塌腰、抬头，旋转一周后落地，如图 7-20（e）所示。

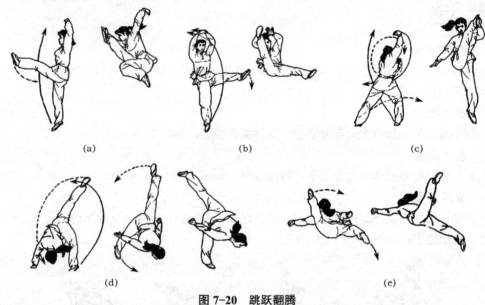

图 7-20　跳跃翻腾
（a）腾空飞腿；（b）旋风腿；（c）腾空摆莲；（d）侧空翻；（e）旋子

 扑跌

1. 扶地后倒

腿支撑，屈膝降低身体重心，上身后倒，以背部、臀部和前臂及两掌同时着地（图 7-21）。

2. 抢背

脚起跳腾空前跃，上身卷屈，肩、背、腰、臀依次着地翻滚，轻快圆活，起身迅速（图 7-22）。

3. 鲤鱼打挺

屈体使两腿上摆后迅速下打，挺腹振摆而起。两腿下打宽不过肩，起立轻快（图 7-23）。

图 7-21　扶地后倒

图 7-22　抢背

图 7-23　鲤鱼打挺

第三节　二十四式简化太极拳

一　动作名称

第一组　1．起势；2．左右野马分鬃；3．白鹤亮翅。
第二组　4．左右搂膝拗步；5．手挥琵琶；6．左右倒卷肱。
第三组　7．左揽雀尾；8．右揽雀尾。
第四组　9．单鞭；10．云手；11．单鞭。
第五组　12．高探马；13．右蹬脚；14．双峰贯耳；15．转身左蹬脚。
第六组　16．左下势独立；17．右下势独立。
第七组　18．左右穿梭；19．海底针；20．闪通臂。
第八组　21．转身搬拦捶；22．如封似闭；23．十字手；24．收势。

二　动作说明

准备姿势：如图 7-24 所示，身体自然直立，两脚并拢；头正颈直，下颌微收，眼平视，口轻闭，舌抵上颚；两臂自然垂于体侧，手

图 7-24　准备姿势

指微屈；全身放松，呼吸自然，精神集中。

简易太极拳24个动作可以分成八组，每一组包含的动作如下：

第一组

1．起势

（1）两脚开立。如图7-25（a）所示，左脚缓缓提起（不超过右踝的高度）向左横跨半步，与肩同宽，脚尖、脚跟依次落地，成开立步。

（2）两臂前举。如图7-25（b）、（c）所示，两臂缓缓向前平举，至高、宽同肩。手心向下，指尖向前。

（3）屈膝按掌。如图7-25（d）所示，上体保持正直，两腿缓缓屈膝半蹲；同时两掌轻轻下按，落于腹前；掌膝相对。

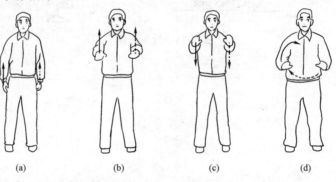

图7-25 起势

2．左右野马分鬃

（1）左野马分鬃。

①收脚抱球。如图7-26（a）、（b）所示，上体微右转，身体重心移至右腿上；同时右手向右、向上、向左画弧，右臂平屈于右胸前，掌心向下，手指微屈，左手向下、向右画弧，逐渐翻转至右腹前，掌心向上，两掌心上下相对成抱球状；左脚随即收到右脚内侧，脚尖点地（即脚前掌着地，下同），成左丁步；目视右手。

②转体迈步。如图7-26（c）、（d）所示，上体缓缓左转，左脚向左前侧迈出一步，左腿自然伸直，脚跟着地；同时左、右手分别向左上、右下分开；视线随左手移动。

③弓步分掌。如图7-26（e）所示，随转体左脚全掌逐渐踏实，左腿屈膝前弓，身体重心逐渐前移至左腿，右腿自然伸直，右脚跟后蹬稍外碾，成左弓步；同时两手继续分开，左手高与眼平，掌心斜向上，右手落于右胯旁，掌心向下，指尖朝前；两肘微屈，保持弧形；目视左手。

（2）右野马分鬃。

①后坐翘脚。如图7-26（f）所示，上体慢慢后坐，右腿屈膝，身体重心后移至右腿；左腿自然伸直，膝微屈，脚尖翘起；目视左手。

②收脚抱球。如图7-26（g）、（h）所示，身体左转，左脚尖随之外摆（40°～60°），左脚全掌踏实，屈膝弓腿，身体重心移至左腿，右脚跟进收至左脚内侧，脚尖点地；同时左手翻转画弧至左臂胸前平屈，右手向左上前摆至左手下，两掌心相对在胸前左侧成抱球状；

目视左手。

③转体迈步。如图7-26（i）所示，动作说明与"（1）左野马分鬃"中"转体迈步"相同，只是左右式相反，且转体幅度稍小。

④弓步分掌。如图7-26（j）所示，动作说明与"（1）左野马分鬃"中"弓步分掌"相同，只是左右式相反。

（3）左野马分鬃。

①后坐翘脚。如图7-26（k）所示，动作说明与"（2）右野马分鬃"中"后坐翘脚"相同，只是左右式相反。

②收脚抱球。如图7-26（l）、（m）所示，动作说明与"（2）右野马分鬃"中"收脚抱球"相同，只是左右式相反。

③转体迈步。如图7-26（n）所示，动作说明与"（1）左野马分鬃"中"转体迈步"相同。

④弓步分掌。如图7-26（o）所示，动作说明与"（1）左野马分鬃"中"弓步分掌"相同。

图7-26 左右野马分鬃

3．白鹤亮翅

（1）跟步抱球。如图7-27（a）所示，上体微左转，右脚脚跟先离地，向前跟进半步，前脚掌着地，落于左脚后（约20厘米），身体重心仍在左腿；同时左手翻掌向下，左臂平屈于左胸前，右手翻掌向上，向左上画弧至左腹前，与左手成抱球状；目视左手。

（2）后坐转体。如图7-27（b）所示，上动不停（表示动作与动作之间的连贯性），上体稍右转，右脚全脚掌踏实，右腿屈蹲，重心移至右腿；同时两手向右上、左下分开；视线随右手移动。

（3）虚步分掌。如图7-27（c）所示，上动不停，上体稍向左转，面向前方（前进方向），左脚稍向前移，脚尖点地，膝微屈，成左虚步；同时右手继续向右上画弧至右额前，掌心斜向左后方，指尖稍高于头，左手下按至左胯前，掌心向下，指尖朝前；目视前方。

图 7-27　白鹤亮翅

第二组

4．左右搂膝拗步

（1）左搂膝拗步。

①转体摆臂。如图 7-28（a）、(b) 和（c）所示，上体微左转再右转；左脚收至右脚内侧，脚尖点地；同时右手体前下落，由下经右胯侧向右肩外侧画弧，至与耳同高，掌心斜向上，肘微屈，左手由左下向上，经面前再向右下画弧至右肩前，肘部略低于腕部，掌心斜向下；目视右手。

②弓步搂推。如图 7-28（d）、（e）所示，上动不停，上体左转，左脚向左前方迈出，成左弓步，身体重心移至左腿；同时右手内旋回收，经右耳侧向前推出于右肩前方，高与鼻平，掌心向前，指尖朝上，左手向下经左膝前搂过（即向左画弧搂膝），按于左胯侧稍前，掌心向下，指尖朝前；目视右手。

（2）右搂膝拗步。

①后坐翘脚。如图 7-28（f）所示，右腿屈膝，上体后坐，身体重心移至右腿，左腿自然伸直，脚尖翘起，略向外撇（约 40°）；同时右臂微收，掌心旋向左前方，左手开始画弧外展；目视右手。

②摆臂跟脚。如图 7-28（g）、（h）所示，上体左转，左脚掌逐渐踏实，左腿屈膝前弓，身体重心移至左腿，右脚跟至左脚内侧，脚尖点地；同时两手继续翻掌画弧，左手向左上摆举至左肩外侧，与耳同高，掌心斜向上，右手随转体向上经面前，向左下摆至左肩前，肘部略低于腕部，掌心斜向下；目视左手。

③弓步搂推。如图 7-28（i）、（j）所示，动作说明与"（1）左搂膝拗步"中"弓步搂推"相同，只是左右式相反。

（3）左搂膝拗步。

①转体摆臂。如图 7-28（k）所示，与"（2）右搂膝拗步"中"后坐翘脚"相同，只是左右式相反。

②摆臂跟脚。如图 7-28（l）、（m）所示，与"（2）右搂膝拗步"中"摆臂跟脚"相同，只是左右式相反。

③弓步搂推。如图 7-28（n）、（o）所示，动作说明与"（1）左搂膝拗步"中"弓步搂推"相同。

图 7-28 左右搂膝拗步

5. 手挥琵琶

（1）跟步展臂。如图 7-29（a）所示，右脚跟进半步，以前脚掌着地，落于左脚内后约 20 厘米处；同时右臂稍向前伸展，腕关节放松；目视右手。

（2）后坐引手。如图 7-29（b）所示，上体后坐，右脚全脚掌踏实，身体重心移至右腿；上体稍向右转，左脚跟离地；随转体左手由左下向前上弧形挑举，高与鼻平，肘微屈，掌心斜向下，右手屈臂后引，收于左肘里侧，掌心斜向下；目视左手。

（3）虚步合臂。如图 7-29（c）所示，上体微向左回转，但仍保持稍向右侧身状；左脚稍向前移，脚跟着地，膝微屈，成左虚步；同时，两臂外旋，屈肘合抱，左手与鼻相对，掌心向右，右手与左肘相对，掌心向左，犹如怀抱琵琶；目视左手。

图 7-29 手挥琵琶

6. 左右倒卷肱

（1）左倒卷肱。

①转体撤掌。如图 7-30（a）、（b）所示，上体右转；两手翻转向上，右手向下撤

引，经腰侧向右后上方画弧，至与耳同高，掌心斜向上，肘微屈；目随转体先右视，再转看左手。

②提膝屈肘。如图7-30（c）所示，上体微向左回转，左腿屈膝提起，脚尖自然下垂；同时右臂屈肘卷回，右手收向右耳侧，掌心斜向前下方；目视前方。

③退步推掌。如图7-30（d）所示，上动不停，上体继续微向左回转至朝前；左脚向后略偏左侧退一步，脚前掌先着地，然后全脚掌踏实，屈膝微蹲，身体重心移至左腿，右脚跟离地，并以前脚掌为轴随转体将脚扭正（脚尖朝前），膝微屈，成右虚步；同时右手经耳侧向前推出，高与鼻平，左臂屈肘收至左胯旁，掌心向上；目视右手。

（2）右倒卷肱。

①转体撤掌。如图7-30（e）所示，上体稍左转；左手向左肩外侧引举，腕与肩同高，掌心斜向上，肘微屈，右手随之翻掌向上；目随转体先左视，再转看右手。

②提膝屈肘。如图7-30（f）所示，动作说明与"（1）左倒卷肱"中"提膝屈肘"相同，只是左右式相反。

③退步推掌。如图7-30（g）所示，动作说明与"（1）左倒卷肱"中"退步推掌"相同，只是左右式相反。

（3）左倒卷肱。动作说明与"（1）左倒卷肱"相同。

（4）右倒卷肱。动作说明与"（2）右倒卷肱"相同。

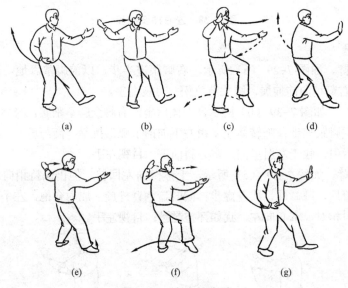

图7-30　左右倒卷肱

第三组

7. 左揽雀尾

（1）转体抱球。如图7-31（a）、（b）和（c）所示，上体右转，左脚收至右脚内侧，脚尖点地，成左丁步，重心落于右腿；同时右手由胯侧向右后上方画弧屈臂于右胸前，掌心向下，左手由体前画弧下落至右腹前，掌心向上，两手相对成抱球状；目视右手。

（2）弓步掤臂。如图7-31（d）、（e）所示，上体左转，左脚向左前方上步，屈膝，右腿自然蹬直，身体重心前移至左腿，成左弓步；同时左臂向左前方平屈掤出（即左臂平屈成弧形，用前臂外侧和手背向左侧推出），高与肩平，掌心向内，右手向右下方画弧落按于右胯旁，掌心向下，指尖朝前；目视左前臂。

（3）转体伸臂。如图7-31（f）所示，上体稍向左转；左前臂内旋，左手前伸翻掌向下，右前臂外旋，右手翻掌向上，经腹前向前上伸至左前臂下方；目视左手。

（4）转体后捋。如图7-31（g）所示，上动不停，上体右转；右腿屈蹲，上体后坐，左腿自然伸直，身体重心移至右腿；同时两手经腹前向右后上捋，直至右手掌心斜向上，高与耳平，左臂平屈于胸前，掌心向内；目视右手。

（5）弓步前挤。如图7-31（h）、（i）所示，上体微左转，左腿屈膝前弓，右腿自然蹬直，重心前移成左弓步；同时右臂屈肘回收，右手经面前附于左腕内侧，掌心向内，左掌心向外，双手同时向前慢慢挤出，与肩同高，两臂成半圆形；目视左腕。

（6）后坐收掌。如图7-31（j）、（k）、（l）所示，左前臂内旋，左掌下翻，右手经左腕上方向前伸出，掌心向下，两手左右分开，与肩同宽；然后上体后坐，屈右膝，左腿自然伸直，脚尖翘起，身体重心移至右腿；同时两臂屈肘，两手画弧回收至腹前，掌心均向前下方；目视前方。

（7）弓步按掌。如图7-31（m）所示，上动不停，左脚掌踏实，左腿屈膝前弓，右腿自然蹬直，身体重心前移成左弓步；同时两手向前、向上推按，与肩同宽，腕高与肩平，掌心向前，指尖朝上，两肘微屈；目视前方。

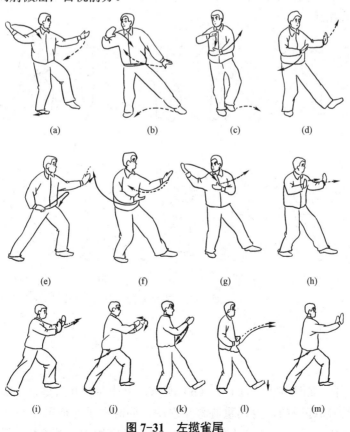

图7-31 左揽雀尾

第七章 内外兼修的武术运动

8. 右揽雀尾

（1）转体抱球。如图 7-32（a）、（b）所示，上体右转并后坐，屈右膝，左腿自然伸直，脚尖内扣，身体重心后移至右腿；同时右手经面前平摆右移，掌心向外，两臂成侧平举；视线随右手移动。

如图 7-32（c）、（d）所示，上体微左转，屈左膝，右脚收至左脚内侧，脚尖点地，成右丁步，重心回移到左腿；同时左臂平屈胸前，掌心向下，右手由体侧右下向上翻掌画弧至左腹前，掌心向上，两手相对成抱球状；目视左手。

（2）弓步掤臂。如图 7-32（e）、（f）所示，动作说明与"7. 左揽雀尾"中"（2）弓步掤臂"相同，只是左右式相反。

（3）转体伸臂。如图 7-32（g）所示，动作说明与"7. 左揽雀尾"中"（3）转体伸臂"相同，只是左右式相反。

（4）转体后捋。如图 7-32（h）所示，动作说明与"7. 左揽雀尾"中"（4）转体后捋"相同，只是左右式相反。

（5）弓步前挤。如图 7-32（i）、（j）所示，动作说明与"7. 左揽雀尾"中"（5）弓步前挤"相同，只是左右式相反。

（6）后坐收掌。如图 7-32（k）、（l）和（m）所示，动作说明与"7. 左揽雀尾"中"（6）后坐收掌"相同，只是左右式相反。

（7）弓步按掌。如图 7-32（n）所示，动作说明与"7. 左揽雀尾"中"（7）弓步按掌"相同，只是左右式相反。

图 7-32　右揽雀尾

第四组

9. 单鞭

（1）转体扣脚。如图 7-33（a）、（b）所示，上体左转并后坐，左腿屈膝微蹲，右膝自然伸展，右脚尖翘起内扣，身体重心移至左腿；同时左手经面前至身体左侧平举，肘微垂，掌心向左，指尖朝上，右手向下经腹前向左画弧至左肋前，臂微屈，掌心向后上方；视线随左手移动。

（2）丁步勾手。如图7-33（c）、（d）所示，上体右转，屈右膝，左脚收至右腿内侧，脚尖点地，身体重心移至右腿；同时右手逐渐翻掌，并向右上方画弧，经面前至身体右侧时变勾手，勾尖朝下，腕高与肩平，肘微垂，左手向下经腹前向右上画弧至右肩前，掌心转向内；视线随右手移动，最后目视右勾手。

（3）弓步推掌。如图7-33（e）、（f）所示，上体左转，左脚向左前方迈出，成左弓步，身体重心移至左腿；同时左掌经面前翻掌向前推出，掌心向前，腕与肩平，左掌、左膝、左脚尖上下相对；视线随左手移转，最后目视左手。

要点：上体保持正直，松腰；上下肢动作应协调一致；在做图7-33（a）、（b）和（c）所示动作时吸气，做图7-33（d）、（e）和（f）所示动作时呼气。

图7-33 单鞭

10．云手

（1）云手一。

①转体扣脚。如图7-34（a）、（b）和（c）所示，身体渐向右转，右腿屈膝半蹲，左脚尖翘起、内扣、着地，身体重心回移至右腿；同时左手下落经腹前向右上画弧至右肩前，掌心斜向后，右手松勾变掌，掌心向右前方；目视右手。

②收步云手。如图7-34（d）、（e）所示，上体左转，身体重心随之左移；右脚提起，收至左脚内侧（相距10～20厘米），前脚掌先着地，全脚掌逐渐踏实，两脚平行，两膝微屈；同时左手画弧经面前向左运转，至身体左侧时，内旋外撑，掌心向外，腕与肩平；右手下落经腹前向左上方画弧，至左肩前，掌心斜向里；目视左手。

（2）云手二。

①开步云手。如图7-34（f）、（g）和（h）所示，上体右转，左脚向左横跨一步，脚尖向前，前脚掌先着地，全脚掌逐渐踏实，身体重心移至右腿；同时右手经面前向右画弧，至身体右侧时，内旋外撑，掌心向外，腕与肩平；左手向下经腹前向右上方画弧，至右肩前；目视右手。

②收步云手。动作说明与"（1）云手一"中"收步云手"相同。

11．单鞭

（1）转体勾手。如图7-35（a）、（b）、（c）所示，上体右转，左脚跟离地，身体重心移至右腿；同时右手经面前向右划弧至身体右侧，内旋、五指屈拢变成勾手，勾尖朝下，左手向下经腹前向右上划弧至右肩前，掌心斜向内；视线随右手移动，最后目视右勾手。

（2）弓步推掌。如图7-35（d）、（e）所示，动作说明与"9．单鞭"中"（3）弓步推掌"相同。

第七章 内外兼修的武术运动

图 7-34 云手

图 7-35 单鞭

第五组

12. 高探马

（1）跟步翻掌。如图 7-36（a）所示，上体微向右转，右脚跟进半步，前脚掌先着地，全脚掌逐渐踏实，屈膝后坐，身体重心移至右腿，左脚跟提起；同时右勾手变掌外旋，两掌心翻转向上，两肘微屈；目视左手。

（2）虚步推掌。如图 7-36（b）所示，上体微向左转，左脚稍向前移，脚尖点地，膝微屈，成左虚步；同时右臂屈肘，右手经耳侧向前推出，腕与肩平，掌心向前，左手收至左腰前，掌心向上；目视右手。

图 7-36 高探马

13. 右蹬脚

（1）弓步分掌。如图 7-37（a）、（b）和（c）所示，左脚提起向左前侧方迈出，脚尖稍外撇，成左弓步，身体重心前移至左腿；同时左手前伸至右腕背面，两腕背对交叉，腕与肩平，左掌心斜向后上，右掌心斜向前下；随即两手分开，经两侧向腹前划弧，肘微屈；目视前方。

（2）收脚抱手。如图 7-37（d）所示，上动不停，右脚跟进，收至左脚内侧，脚尖点地；同时两手下落经腹前由外向内上画，相交合抱于胸前，右手在外，掌心均向内；目视右前方。

（3）蹬脚分掌。如图7-37（e）、（f）所示，右腿屈膝上提，右脚向右前方慢慢蹬出，脚尖朝上，力贯脚跟；同时两手翻掌左右画弧分开，经面前至侧平举，肘微屈，腕与肩平，掌心均斜向外；右臂与右腿上下相对；目视右手。

需注意的是：身体重心要稳定；分掌与蹬脚动作要同时进行、协调一致；图7-37（a）~（b）的动作过程为吸气，图7-37（c）~（d）的动作过程为呼气，图7-37（d）~（e）的动作过程为吸气，图7-37（e）~（f）的动作过程为呼气。

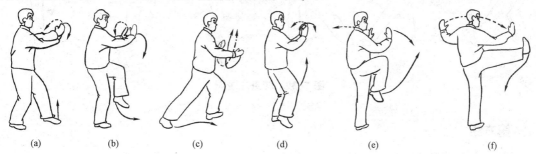

图 7-37 右蹬脚

14．双峰贯耳

（1）屈膝并掌。如图7-38（a）、（b）所示，右小腿回收，屈膝平举，脚尖自然下垂；同时左手摆至体前，两手并行由体前向下画弧，落于右膝上方，掌心均翻转向上；目视前方。

（2）迈步落手。如图7-38（c）所示，右脚向前方落下，脚跟着地；同时两手继续下落至两胯旁，掌心均斜向上；目视前方。

（3）弓步贯拳。如图7-38（d）所示，右脚掌逐渐踏实，右腿屈膝前弓成右弓步，身体重心移至右腿；同时两手继续向后画弧，并内旋握拳，从两侧向前、向上画弧形摆至面部前方，高与耳齐，宽约与头同，拳眼斜向下，两臂微屈；目视右拳。

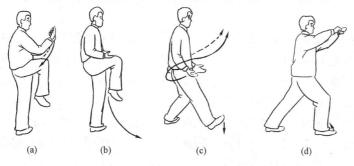

图 7-38 双峰贯耳

15．转身左蹬脚

（1）转体分掌。如图7-39（a）、（b）所示，上体向左后转，左腿屈膝后坐，右脚尖内扣（约90°），身体重心移至左腿；同时两拳变掌，向左右两侧分开平举，掌心斜向外，肘微屈；目视左手。

（2）收脚抱手。如图7-39（c）、（d）所示，上动不停，右腿屈膝后坐，左脚收至右脚内侧，脚尖点地，身体重心回移至右腿；同时两手下落经腹前向上画弧，交叉合抱于胸前，左手在外，两掌心皆向内；目视前方。

第七章 内外兼修的武术运动

(3) 蹬脚分掌。如图 7-39（e）、（f）所示，动作说明与"13. 右蹬脚"中"（3）蹬脚分掌"相同，只是左右式相反。

图 7-39　转身左蹬脚

第六组

16. 左下势独立

（1）收腿勾手。如图 7-40（a）、（b）所示，左腿回收平屈，小腿稍内扣，脚尖自然下垂；随之上体右转；同时右掌变勾手，勾尖朝下，左手向上、向右经面前画弧下落，立于右肩前，掌心斜向后；目视右勾手。

（2）仆步穿掌。如图 7-40（c）、（d）所示，右腿慢慢屈膝下蹲，左脚向左侧偏后伸出，脚尖内扣，成右弓步，上体左转，右腿继续向下全蹲成左仆步；同时左手外旋下落，向左下沿左腿内侧向前穿出，掌心向外；目视左手。

（3）弓步立掌。如图 7-40（e）所示，左脚以脚跟为轴，脚尖外摆，左腿屈膝前弓，右脚尖内扣，右腿自然蹬直，身体重心前移；上体微向左转并随步型转换向前起身；同时左臂继续前伸，立掌挑起，掌心斜向右，右勾手内旋下落于身后，勾尖转向后上方，右臂伸直成斜下举；目视左手。

（4）提膝挑掌。如图 7-40（f）、（g）所示，身体重心继续前移，右腿慢慢屈膝提起，与腹同高，脚尖自然下垂，左腿微屈支撑，成左独立式；同时右勾手变掌，下落经右腿外侧向体前弧形挑起，屈臂立于右腿上方，肘膝相对，掌心斜向左，指尖朝上，腕与肩平，左手下按落于左胯旁，掌心向下，指尖朝前；目视右手。

需注意的是：仆步时，左脚尖与右脚跟在一条直线上；图 7-40（a）～（b）的动作过程为吸气，图 7-40（c）～（d）的动作过程为呼气，图 7-40（d）～（e）的动作过程为吸气，图 7-40（f）～（g）的动作过程为呼气。

17. 右下势独立

（1）落脚勾手。如图 7-41（a）、（b）所示，右脚落于左脚右前方，脚尖点地，然后以左脚前掌为轴脚跟内转，身体随之左转；同时左手向左后侧提起，成勾手平举，勾尖朝下，腕与肩平，臂微屈；右手随转体经面前向左划弧至左肩前，掌心斜向后；目视左勾手。

（2）仆步穿掌。如图 7-41（c）、（d）所示，动作说明与"16. 左下势独立"中"（2）仆步穿掌"相同，只是左右式相反。

（3）弓步立掌。如图 7-41（e）所示，动作说明与"16. 左下势独立"中"（3）弓步立掌"相同，只是左右式相反。

（4）提膝挑掌。如图 7-41（f）、（g）所示，动作说明与"16．左下势独立"中"（4）提膝挑掌"相同，只是左右式相反。

图 7-40　左下势独立

图 7-41　右下势独立

第七组

18．左右穿梭

（1）左穿梭。

①落脚转体。如图 7-42（a）、（b）所示，上体左转，左脚向左前落地（先以脚跟着地，再全脚掌踏实），脚尖外摆，两腿屈膝，成半坐盘式，身体重心略前移；同时左手内旋屈臂于左胸前，掌心向下，右手外旋摆至腹前，掌心向上；目视左手。

②收脚抱球。如图 7-42（c）所示，上体继续左转，右脚收到左脚内侧，脚尖点地，身体重心移至左腿；同时两手左上右下成抱球状；目视左手。

第七章 内外兼修的武术运动

③弓步架推。如图 7-42（d）、（e）和（f）所示，上体右转，右脚向右前方迈出，成右弓步，身体重心前移；同时右手内旋，向前、向上画弧，举架于右额前，掌心斜向上；左手先向左下画弧至左肋前，再向前上推出，与鼻同高，掌心向前；目视左手。

（2）右穿梭。

①收脚抱球。如图 7-42（g）、（h）所示，右脚尖稍向外撇，左脚收至右脚内侧，脚尖点地，身体重心移至右腿；同时右臂屈肘落于右胸前，掌心向下，左手外旋，向下、向右画弧下落于右腹前，掌心向上，两手右上左下在右胸前成抱球状；目视右手。

②弓步架推。如图 7-42（i）、（j）和（k）所示，动作说明与"左穿梭"中"弓步架推"相同，只是左右式相反。

图 7-42　左右穿梭

19．海底针

（1）跟步提手。如图 7-43（a）所示，上体稍向右转，右脚向前跟进半步，右腿屈膝微蹲，左脚稍提起，身体重心移至右腿；同时右手下落经体侧向后、向上屈臂提至右耳侧，掌心斜向左下，指尖斜向前下，左手经体前下落至腹前，掌心向下，指尖斜向右前方；目视右前方。

（2）虚步插掌。如图 7-43（b）所示，上动不停，上体稍左转；左脚稍向前移，脚尖点地成左虚步；同时右手向斜前下方插出，掌心向左，指尖斜向前下，左手向下、向后画弧，经左膝落至左大腿侧，掌心向下，指尖朝前；目视前下方。

20．闪通臂

（1）提脚提手。如图 7-44（a）所示，左腿屈膝，左脚微提起；同时右手经体前上提至肩，掌心向左，指尖朝前；左手向前、向上画弧至右腕内侧下方，掌心向右，指尖斜向上；目视前方。

（2）迈步分手。如图 7-44（b）所示，上体稍右转，左脚向左前方迈出，脚跟着地；同时右手上提内旋，掌心翻向外；目视右前方。

（3）弓步推掌。如图 7-44（c）所示，上体继续右转，左脚掌踏实，左腿屈弓成左弓步，重心前移；同时左手向前推出，掌心向前，高与鼻平，肘微屈；右手屈臂上举，圆撑于右额前上方，掌心斜向上；目视左手。

图 7-43　海底针　　　　　　　　图 7-44　闪通臂

第八组

21．转身搬拦捶

（1）转体扣脚。如图 7-45（a）所示，上体右转，右腿屈膝后坐，左脚尖翘起内扣，身体重心移至右腿；同时两手向右画弧，右手成右侧举，左手至头左侧，掌心均向外；目视右手。

（2）坐身握拳。如图 7-45（b）所示，上体继续右转，左腿屈膝后坐，右脚跟离地，以脚前掌为轴微向内转，身体重心回移至左腿；同时右手继续向下、向左画弧，经腹前屈臂握拳，摆至左肋旁，拳心向下；左手继续上举至左额前上方，掌心斜向前上；目视右前方。

（3）摆步搬拳。如图 7-45（c）、（d）所示，上动不停，身体右转至面向前方；右脚提收到左踝内侧（不触地），再向前垫步迈出，脚尖外撇，脚跟先着地，随即全脚掌踏实；同时，右拳经胸前向前翻转搬出（即右手经胸前以肘关节为轴，向上、向前搬打），高与肩平，拳心向上，拳背为力点，肘微屈；左手经右前臂外侧下落，按于左胯旁，掌心向下，指尖朝前；目视右拳。

（4）转体收拳。如图 7-45（e）所示，上体微向右转，右腿屈膝，重心前移，左脚跟提起；同时，左手经体侧向前上画弧，右拳内旋回收至体侧，拳心转向下，右臂平屈于胸前右侧；目视前方。

（5）上步拦掌。如图 7-45（f）、（g）所示，上动不停，左脚向前上步，脚跟着地；同时，左手向前上画弧拦出，高与肩平，掌心斜向右，指尖斜向上；右拳向右摆，内旋屈收于右腰旁，拳心转向上；目视左手。

（6）弓步打拳。如图 7-45（h）所示，身体稍左转，左脚掌踏实，左腿屈弓成左弓步，重心前移；同时右拳向前打出，高与胸平，拳眼向上，肘微屈；左手微收，附于右前臂内侧，掌心向右，指尖斜向上；目视右拳。

需要注意的是：上、下肢动作应协调一致；"搬"要先按后搬，在体前画立圆，并与右脚外撇提落相配合；"拦"以腰带臂平行绕动向前平拦，并与上步动作相配合；"捶"，拳要螺旋形向前冲出，应与弓步动作相配合，同时完成；图 7-45（a）～（b）的动作过程为吸气，图 7-45（b）～（d）的动作过程为呼气，图 7-45（d）～（g）的动作过程为吸气，图 7-45（g）～（h）的动作过程为呼气。

图 7-45 转身搬拦捶

22. 如封似闭

（1）穿手翻掌。如图 7-46（a）、（b）所示，右拳变掌，两掌心翻转向上，左掌经右手前臂下向前伸出；两手交叉，随即分别向两侧分开，与肩同宽；目视前方。

（2）后坐收掌。如图 7-46（c）、（d）所示，上动不停，右腿屈膝，上体慢慢后坐，左脚尖翘起，身体重心移向右腿；同时两臂屈肘回收，两手翻转向下，沿弧线经胸前内旋向下按于腹前，掌心斜向下；目视前方。

（3）弓步推掌。如图 7-46（e）、（f）所示，上动不停，左脚掌踏实，左腿屈膝成左弓步，重心前移；同时两手向上、向前推出，臂微屈，腕与肩平，掌心均向前；目视前方。

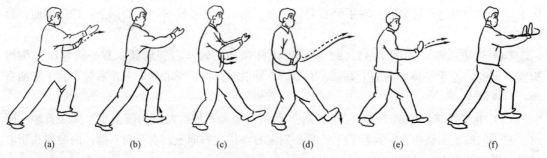

图 7-46 如封似闭

23. 十字手

（1）转体分掌。如图 7-47（a）、（b）所示，上体稍右转，右腿屈膝后坐，脚尖稍外撇，左腿自然带直，脚尖内扣，成右侧弓步，身体重心移向右腿；同时，右手随转体经面前向右平摆画弧，与左手成两臂侧平举，肘微屈，掌心均向前；目视右手。

（2）收脚合抱。如图 7-47（c）、（d）所示，上动不停，上体稍左转，左腿屈膝，右脚尖内扣，脚跟离地，身体重心移至左脚；随即右脚轻轻提起向左回收，前脚掌先着地，进而全脚掌踏实，脚距与肩同宽，脚尖朝前，两腿慢慢伸直成开立步，身体重心移到两腿中间；同时，两手下落经腹前再向上画弧，交叉合抱于胸前，腕与肩平，两臂撑圆，两掌心均向内，右手在外，成十字手；目视前方。

图 7-47 十字手

24．收势

（1）翻掌分手。如图 7-48（a）所示，两手向外翻掌，掌心向下，左右分开，与肩同宽；目视前方。

（2）垂臂落手。如图 7-48（b）、（c）所示，两臂慢慢下落至两胯外侧，自然下垂，松肩垂肘；目视前方。

（3）并步还原。如图 7-48（d）所示，左脚提起与右脚并拢，两脚尖向前，恢复成预备姿势；目视前方。

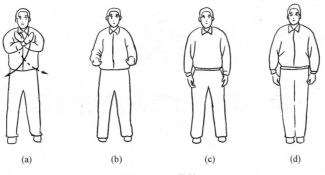

图 7-48 收势

第八章 磨炼意志的跆拳道运动

第一节 跆拳道运动简介

 跆拳道概述

跆拳道由中国武术演化而来,是在朝鲜、韩国民间普遍流行的一项技击术,是一项运用手脚技术进行格斗的民族传统体育项目,由品势(特尔)、搏击和功力检测三部分内容组成。

跆拳道是创新与发展起来的一门独特武术,具有较高的防身自卫及强健体魄的实用价值。跆拳道通过品势、搏击和功力检测等运动形式,使练习者增强体质,掌握技术,并培养坚韧不拔的意志品质。其特点是以腿为主,以手为辅,主要在于腿法的运用。腿法技术在整体运用中约占3/4,因为腿的长度和力量是人体中最长和最大的,其次才是手。腿的技法有很多种形式,可高可低、可近可远、可左可右、可直可屈、可转可旋,威胁极大,是实用制敌的有效方法。

 跆拳道腰带的意义

白带:白带代表空白,练习者没有任何跆拳道知识和基础,一切从零开始。

黄带：黄色是大地的颜色，就像植物在泥土中生根发芽一样，在此阶段需要打好基础，并学习大地厚德载物的精神。

黄绿带：是介于黄带与绿带之间的水平，表示练习者的技术在不断上升。

绿带：绿色是植物的颜色，代表练习者的跆拳道技术开始枝繁叶茂，跆拳道技术在不断完善。

绿蓝带：由绿带向蓝带的过渡带，表示练习者的水平处于绿带与蓝带之间。

蓝带：蓝色是天空的颜色，随着不断的训练，练习者的跆拳道技术逐渐成熟，就像大树一样向着天空生长，跆拳道技术已经完全入门。

蓝红带：练习者的水平比蓝带略高，比红带略低，介于二者之间。

红带：红色是危险、警戒的颜色，练习者已经具备相当的攻击能力，对对手已可构成威胁，要注意自我修养和控制。

红黑带：经过长时间系统的训练，练习者已修完 1 级以前的全部课程，开始由红带向黑带过渡。

黑带：黑带代表练习者经过长期艰苦的磨炼，其技术动作与思想修为均已相当成熟，也象征跆拳道不受黑暗与恐惧的影响。

黑带是跆拳道高手的象征，是实力的体现，更是一种荣誉和责任。黑带段位分一段至九段。一段至三段是黑带新手的段位，四段至六段是高水平的段位，七段至九段只能授予具有很高学识造诣和对跆拳道的发展做出重大贡献的杰出人物。

第二节　跆拳道基本技术

一　训练前的准备活动

跆拳道练习前，必须做伸展肌肉、关节和韧带的准备活动，否则很容易造成肌肉、韧带的扭伤或其他损伤。

准备活动一般以做到感觉身上微微出汗为宜。肌肉、关节和机械一样，只有达到一定温度和润滑度（关节间），才能既发挥效率，又保证自身不受损伤。

（一）颈部运动

两脚开立，与肩同宽，两手叉腰，头向左转、向右转、向前低头、向后仰头，然后做从左向后、向右、向前的颈部绕环。

（二）扩胸运动

两脚直立，脚跟并拢两手握拳，直臂向前平举，两臂与肩同宽；两臂向两侧平分，扩胸；

两臂向胸前平移,含胸;两臂直臂下落,置于体侧。然后重复上述动作。

(三)转体运动

两脚开立,与肩同宽,两手握拳;向前平举;体左转,两臂侧摆,左臂伸直,右臂屈肘,眼视后方;身体右转,两臂直臂前移;两臂直臂下摆,置于体侧。然后做向右的转体动作。

(四)体侧运动

两脚开立,与肩同宽,两臂向两侧平举;左臂上举,右臂屈肘,右手叉身体向右侧弯;上体直立,两臂向两侧平举;两臂向下交叉于腹前。然后做向左的体侧动作。

(五)腹背运动

两脚开立,身体前俯,两手撑地;身体直立,两手叉腰;身体后仰;身体直立。然后重复上述动作。

(六)蹬伸运动

两脚并立,脚跟并拢,两手握拳,直臂前平举;两腿屈膝下蹲,脚跟提起,两臂下摆;两腿蹬伸,身体直立,两臂直臂上举;两臂下摆置于体侧。然后重复上述动作。

跆拳道基本腿法

(一)前踢

前踢为跆拳道腿法中基本中的基本,是"关节武器化"一言的最基础表达。

从实战姿势的基本姿势开始。右脚蹬地,髋关节向左旋转,右腿以髋关节为轴屈膝上提。当大腿抬至水平或稍高时,关节向前送,向前顶,小腿以膝关节为轴快速向前上方踢出,力达腿尖,整条腿踹直。踢击后迅速放松,右腿沿原路线弹回,将右脚放置在左脚前面仍成实战姿势。

1. 动作要领

(1)膝关节夹紧,小腿放松,要有弹性;往前送,高踢时往上送。

(2)小腿回收与前踢的速度应一样快。主要攻击部位有面部、下颏、腹部、裆部。前踢也可用于防守。

(3)当起脚踢人时(任何踢技),最好是把膝盖弯屈,小腿适当夹好,此种踢法在速度上比"伸直膝盖"踢得快,也较为省力。

(4)使用踢技时,并不是从头到尾都"用力",一个高手应该注意"不用力"的地方,而不是注意"用力"的地方。在"借地之力"、转腰、抬膝、扣小腿这几个步骤中,皆是用轻、快、柔的力量。等到要将小腿部弹射而出时,就要用最快的速度,奔腾而出。

(5)不仅要使用经由脚底至腰部的力量,还要使用"借地之力"。首先请先"伸直膝盖"向下"蹬"一下,会有一股力量同时向上而来,这种先向下"蹬"一下,就是借用"反作用力(反弹力)"。将"蹬"一下的反弹力送至腰,就连带将膝盖升起来,将脚弹射而出,完成基本的前踢之法。

2．分解教学

（1）从实战姿势开始，如图8-1（a）所示。

（2）右脚蹬地，重心移至左脚，左脚支撑，右脚随蹬地屈膝上提膝关节，上体略后仰，如图8-1（b）所示。

（3）左脚以脚掌为轴外旋约90°，同时右腿迅速伸膝向前上踢击，右腿上直，力达脚尖或前脚掌，如图8-1（c）所示。

（4）踢击目标后小腿快速放松回收，右脚落回成右势或实战姿势。

(a)　　　　　(b)　　　　　(c)

图8-1　分解教学

（二）横踢

1．描述

横踢是跆拳道比赛中使用率、得分率很高的踢法，类似散打中的边腿，但跆拳道的横踢幅度小、隐蔽性好、速度快。

2．练习方法

保持基本姿势，右脚蹬地，大小腿折叠向上、向前提膝，以左脚掌为轴拧转180°，右膝关节向前抬至水平状态，如图8-2（a）所示，小腿快速向前踢出，如图8-2（b）所示，收回，恢复成实战姿势或右势。

（三）下劈

1．描述

以脚掌、脚跟攻击对方的脸、肩部，分为正劈、内劈、外劈三种，一般称为劈腿或下压腿。比赛中通常女运动员得分较高。

2．练习方法

保持基本姿势，右脚蹬地，重心稍后移，右脚尽量上举至头顶上方，如图8-3所示；放松落下，上身保持直立，以脚掌击打目标。轻轻落下，恢复成实战姿势。

图 8-2　横踢　　　　　　　　　　　　　　　图 8-3　下劈

（四）侧踢

1．描述

侧踢类似于散打中的侧踹，但在比赛中不宜过分使用，因侧踢后难以连续出腿，而且跆拳道规则中对力度达不到使对手重心摇晃的，是不记分的。

2．练习方法

保持基本姿势，右脚蹬地起腿，屈膝上提，左脚以脚掌为轴外旋180°，脚跟正对前方，如图8-4（a）所示，右腿快速向右前方直线踢出，如图8-4（b）所示，力点在脚跟，收腿、放松，重心向前落下，恢复成实战姿势。

图 8-4　侧踢

三　跆拳道品势练习

品势是由"品"和"势"结合而成。品指的是"模样"；势指的是"气势"。从上述名称不难看出，品势不只是外形技术动作，更表示其动作的气势；品势不仅要动作外形漂亮，更要结合内在气势，这才是正确的。

品势种类可按其内容分为公认品势和创作品势。公认品势是品级审查时指定为考试内容指定品势,是在跆拳道修炼过程中必须练习的品势。如大家练习的太极一至八章,高丽、金刚、太白等就是公认品势。创作品势是把跆拳道技术按照自己的想法改编的品势。

跆拳道品势路线示意图,如图 8-5 所示。以下简要介绍太极一章和太极二章。

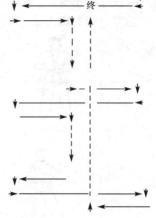

图 8-5　跆拳道品势路线示意图

(一)太极一章(图 8-6)

准备势:右脚向侧方向横跨一步,两脚与肩同宽,两腿自然站立;两手握拳置于身前,拳心向内;两眼目视前方。

(1)左转身下截:身体向左转 90°,前行步站立,同时,左手握拳向左下截,右拳收于腰间,收于腰间的拳拳心向上。

(2)右顺步冲拳:右脚向前一步成前行步站立,同时右拳向前内旋平冲,左拳收于腰间。

(3)后转身下截:右脚向后撤步,身体以左脚为轴,向右转体 180°,成前行步站立;同时,右臂屈肘向下截拳。

(4)左顺步冲拳:左脚向前进一步,仍是前行步站立;同时,左拳向前内旋平冲,右拳收于腰间。

(5)左弓步下截:身体向左转 90°,左脚向侧方向移步成左弓步;同时,左臂向下截击,左手握拳,拳心向内,右拳收于腰间。

(6)左弓步冲拳:两脚原地不动,右拳向前内旋平冲,左拳回收于腰间。

(7)右转身外格:右脚向右移步,左脚以脚掌为轴原地内旋,脚尖转向右前方,身体随之右转;同时,左拳前伸外格,拳心向上,右拳收于腰间。

(8)前进步冲拳:左脚向前进一步成前进步站立,右拳向前内旋平冲,左拳回收于腰间。

(9)后转身内格:以右脚掌为轴,身体向左后转 180°,随即左脚向前进步;同时,右臂向内格挡。

(10)右弓步冲拳:右脚向前进一步成右弓步;同时,左拳向前内旋平冲,右拳收于腰间。

(11)右弓步下截:以左脚为轴,身体向右转 90°,右脚向前移动;右手握拳向右下截击,左拳收于腰间。

(12)右弓步冲拳:两脚原地不动,左拳向前内旋平冲,右拳收于腰间,成右弓步冲拳。

(13)左转身上架:右脚不动,身体左转,左脚向前移步;同时,左臂屈肘上架,置于额前,拳心向外,成前行步站立。

(14)右前踢冲拳:右脚蹬地,屈膝上提,以膝关节为轴伸膝前踢;左脚掌支撑,两臂屈肘置于体侧。右脚放松前落成前行步站立;同时,右拳向前内旋平冲,左拳收于腰间。

(15)后转身上架:以左脚为轴,身体向右转 180°,右脚向前移步成前行步;同时,右臂屈肘上架,横置于额前,拳心朝前。

(16)右前踢冲拳:右脚支撑,左腿屈膝上提,以膝关节为轴伸膝向前上踢击;同时,两臂屈肘置于体侧,左脚前落成前行步站立,左拳向前内旋平冲,右拳收于腰间。

(17)左弓步下截:以右脚为轴,身体向右转约 90°,左脚向前上一步,成左弓步;同时,左臂向左下方截击,右拳收于腰间。

（18）右弓步冲拳：左脚不动，右脚向前上一步，成右弓步；同时，右拳向前内旋平冲并发声"停"，左拳收于腰间。

收势：以右脚为轴，身体向左后转180°，左脚后撤与右脚平行成准备势。

图 8-6 太极一章

(二)太极二章(图8-7)

准备势：同太极一章。

(1) 左转身下截：身体左转成前行步站立，面向前进方向；同时，左臂向左下方截击，右拳收于腰间。

(2) 右顺步冲拳：右脚向前一步成右弓步；同时，右拳向前内旋平冲，左拳回收于腰间。

(3) 后转身下截：以左脚掌为轴，身体向右后转180°；同时，右脚向前上一步成前行步；右臂向右下截击，左拳收于腰间。

(4) 左顺步冲拳：左脚向前上步成左弓步；同时，左拳向前内旋平冲，右拳收于腰间。

(5) 左转身内格：以右脚掌为轴，身体向左转90°；同时，左脚向前移步；随即，右臂屈肘内旋内格，拳与胸高，拳心向自己；左拳收于腰间。

(6) 上右步内格：右脚向前一步；同时，左臂屈肘向内横格，拳与胸高，右拳回收于腰间。

(7) 左转身下截：以右脚掌为轴，身体向左转90°；同时，左脚向前移步，左臂左下截击，右拳置于腰间。

(8) 右前踢冲拳：左脚支撑，右脚屈膝上提，以膝关节为轴由屈到伸向前上方踢击，两臂屈肘自然置于体侧，右脚放松前落，成右弓步；同时，右拳向前内旋平冲，左拳收于腰间。

(9) 右转身下截：以左脚掌为轴，身体向右后转180°，右脚向前移步，成前行步站立；同时，右拳下截，左拳收于腰间。

(10) 左前蹬冲拳：右脚支撑，左腿屈膝上提，以膝关节为轴由屈到伸向前上方踢击；两臂屈肘自然置于体侧，左脚放松前落，成左弓步，同时左拳向前内旋平冲，右拳收于腰间。

(11) 左转身上架：以右脚掌为轴，身体向左转90°；同时，左脚向前移步，成前行步站立；随即，左臂屈肘上架，横置于额前，右拳收于腰间。

(12) 进右步上架：右脚向前进一步，同时，右臂自下而上屈肘上架，横置于额前，左拳回收于腰间。

(13) 左后转身内格：以右脚掌为轴，身体向左后转270°；同时，左脚向前移步；随即，右臂屈肘向内格挡。

(14) 右后转身内格：以左脚掌为轴，身体向右后转180°，右脚向前移步；左臂屈肘向内格挡，右拳收回腰间。

(15) 左转身下截：以右脚掌为轴，身体左转，同时，左脚向前移步，左臂向左下截击，右拳收于腰间。

(16) 右前踢冲拳：左脚支撑，右腿屈膝上提，以膝关节为轴由屈到伸向前上方踢击；两臂屈肘自然置于体侧。右脚放松前落成前行步站立；同时，右拳向前内旋平冲，左拳收于腰间。

(17) 左前踢冲拳：右脚支撑，左腿屈膝上提，以膝关节为轴由屈到伸向前上方踢击；两臂屈肘自然置于体侧。左脚放松前落成前行步站立；同时，左拳向前内旋平冲，右拳收于腰间。

(18) 右前踢冲拳：右腿屈膝上提，以膝关节为轴由屈到伸向前上方踢击；两臂屈肘自然置于体侧。右脚放松前落成前行步站立，右拳同时向前内旋平冲，随即冲拳大喝，左脚支撑。

收势：同太极一章。

第八章 磨炼意志的跆拳道运动

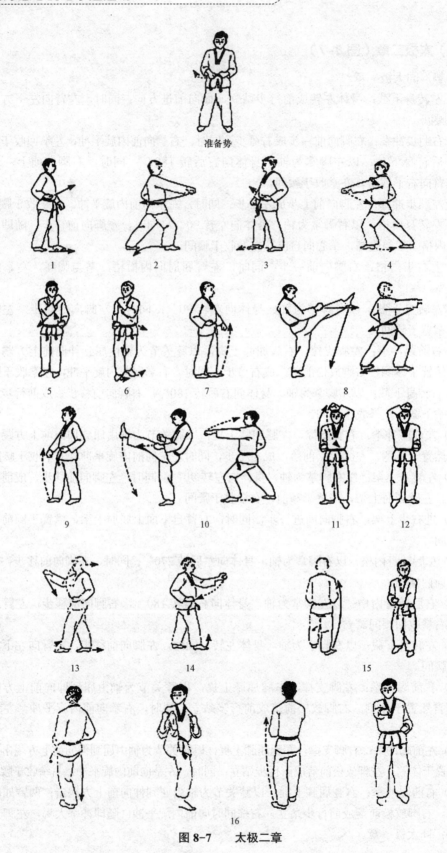

图 8-7　太极二章

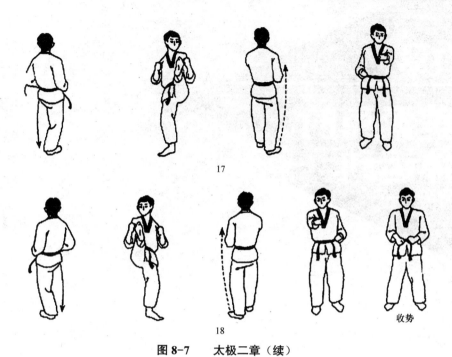

图 8-7　太极二章（续）

第九章 优美柔和的形体运动

第一节 健美操

 健美操简介

（一）健美操的起源与发展

"健美操"一词源于英文"aerobics"，意为"有氧运动""有氧健美操"，最早是美国太空总署为宇航员设计的室内体能训练内容。健美操的魅力在于将音乐融进了当时流行的迪斯科，动作融合了时尚的霹雳舞等现代舞蹈，鲜明强烈的节奏催人奋进，激情奔放的身体动作很具感染力，使人们在轻松、愉悦的气氛与心态中达到锻炼的目的。

20世纪80年代初，当世界性的健美操热刚刚踏进国门的时候，最先接受它的是高校，得到普及的是高校，开始向社会推广的也是高校。一时间各种类型的健美操中的流行旋律、时尚动作占据了校园文化阵地，开创了高校健美操蓬勃发展的新局面。无数大学生开始认识健美操、参与健美操，并受益于健美操。

高校健美操热促进了学校体育教学的改革，健美操已被列入学校体育教学大纲，这为健美操在学校的普及奠定了良好的基础。不仅如此，随着健美操运动的迅速推广，高校之间的健美操竞赛活动也日渐频繁，使健美操运动的发展形成了良性循环。高校的健美操热也促进了全民健身热潮的兴起，其以新颖的锻炼方式、良好的锻炼效果很快被向往健美的人群所接受，越来越多的以健美操为主要健身方式的健身中心、健身俱乐部应运而生，成为健身市场一道靓丽的风景线。

（二）健美操的分类

1．竞技健美操

竞技健美操目前大致分三种比赛：

（1）全国健美操比赛。

（2）全国职工健美操比赛。

（3）全国大学生健美操比赛。

竞技健美操在练习场地的大小、练习人数的多少、特定动作、动作节奏快慢等方面有严格统一的标准，必须按规则进行，不得擅自更改。

2．健身健美操

健身健美操的目的在于增进健康，可为社会不同年龄层次的人所采用。它根据练习对象的需求进行创编，动作简单易学，节奏稍慢，时间长短不等，可编排5分钟到1小时。例如，美国著名健美操明星简·方达所编的初级健美操，一套有27分钟；在日本，一般的健美操约1小时。目前，我国健身健美操运动开展非常广泛，各种成套健美操动作的练习时间、场地、人数、内容、动作名称、节奏快慢等没有统一的标准，可以根据练习者的需要进行编排。

3．表演性健美操

表演性健美操是我国在健美操运动历史发展过程中出现的一种特殊形式，在国外是没有的。表演性健美操的主要练习目的是"表演"，它是事先编排好的、专为表演而设计的成套健美操，时间一般为2～5分钟。表演性健美操的动作较健身健美操动作复杂，音乐速度可快可慢，并为了保证一定的表演效果，动作较少重复，也不一定是对称性的。在参与的人数上可是单人，也可是多人，并可在成套中加入队形变化和集体配合的动作，表演者可以利用轻器械，如花环、旗子等，还可采用一些风格化的舞蹈动作，如爵士舞等，以达到烘托气氛，感染观众，增加表演效果的目的。

 健美操的基本动作

健美操基本动作分别是头颈部、肩部、胸部、腰部、髋部、腹部、上肢和下肢等部位的动作。

（一）头颈部动作

（1）头颈屈。做练习时，上体保持不动和探颈（图9-1）。

(2) 头颈转。做动作时，头要正，不能抬下颌（图9-2）。

(3) 头颈绕和绕环。颈部肌肉及韧带要相对放松（图9-2）。

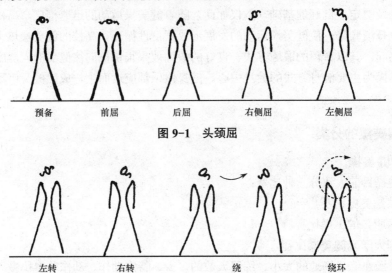

图 9-1　头颈屈

图 9-2　头颈转和头颈绕

（二）肩部动作

(1) 提肩和沉肩。颈与头不能向前探，上体不摆动（图9-3）。

(2) 肩绕和绕环。肩绕和绕环是指以肩关节为轴做小于或大于360°的弧形或圆形运动。注意肩部肌群放松，大幅度绕环（图9-4）。

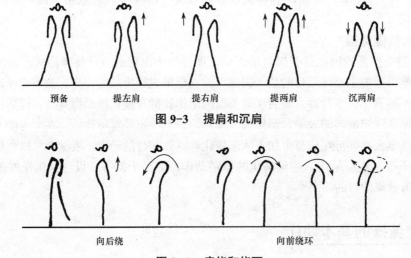

图 9-3　提肩和沉肩

图 9-4　肩绕和绕环

（三）胸部动作

(1) 含胸。动作要缓慢，速度要均匀（图9-5）。

(2) 展胸。展胸是指挺胸肩外展，向上展胸时下塌腰（图9-5）。

图 9-5 胸部动作

（四）腹部动作

（1）下腹练习。仰卧，腿伸直，绷脚面；下腹肌发力，将腿向上举起；随后将腿放下，腿与地面约成 15°。手臂与上体不能离地。

（2）上腹练习。仰卧，腿伸直，绷脚面；上腹肌发力，将上体拉起成坐势；随后使上体从下至上逐步着地。练习时脚不能离地。

（3）全腹练习。仰卧，脚伸直，绷脚面；整个腹肌发力，将上体和腿拉起，双手抱膝；上体和腿同时着地成仰卧。

（4）综合练习。仰卧、抱颈、屈膝、两腿分开；腹肌发力头离地；上体离地，两手臂插于两腿中间；上体完全立起；随后脊柱及腹肌相对放松，顺势躺下。要用腹肌发力，将上体一节一节地拉起。

（五）腰部动作

（1）腰屈。动作有：腰前屈、后屈和左右侧屈。

（2）腰绕、绕环。动作有：腰的左绕、右绕和绕环。

（六）髋部动作

（1）顶髋。动作有：前、后、左、右顶髋（图 9-6）。

（2）提髋。动作有：髋的左、右侧摆，同侧脚提起（图 9-7）。

（3）摆髋。动作有：左、右侧摆。摆髋时，膝关节伸直（图 9-8）。

（4）绕髋和绕环髋。动作有：向左、向右绕髋和绕环髋（图 9-9）。

（5）行进间正（反）髋走。行进间正（反）髋走是指顶髋方向与身体行进方向一致（相反）的移动动作。

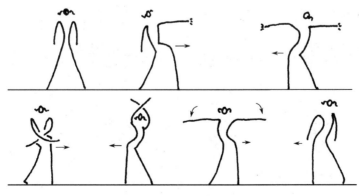

图 9-6 顶髋

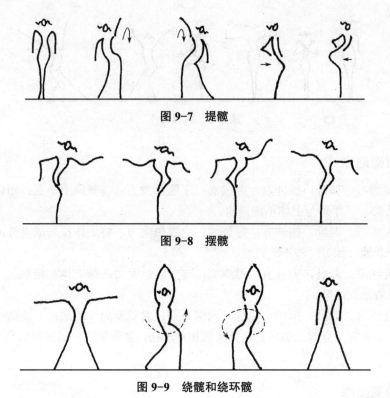

图 9-7 提髋

图 9-8 摆髋

图 9-9 绕髋和绕环髋

（七）上肢部位的动作

（1）基本手形。常用的手形如图 9-10 所示。

（2）屈臂。屈臂是指肘关节产生一定的弯曲角度（图 9-11）。

（3）举臂。以肩为轴，臂的活动范围不超过 180°，停止在某一部位的动作（图 9-12）。

（4）绕环。臂以肩为轴，向不同方向做圆形运动（图 9-13）。

（5）振臂。以肩为轴做臂的加速度摆至最大幅度（图 9-14）。

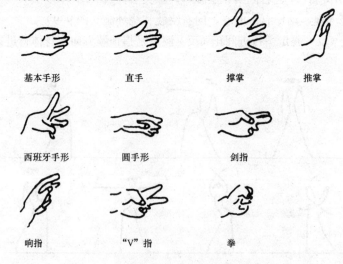

图 9-10 基本手形

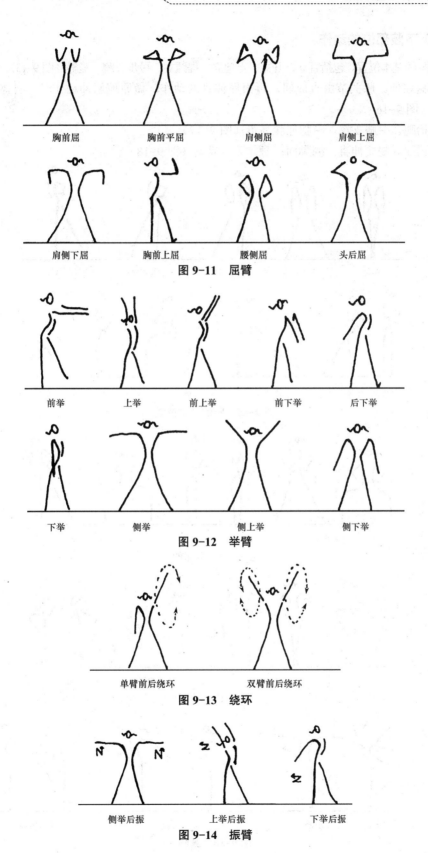

图 9-11 屈臂

图 9-12 举臂

图 9-13 绕环

图 9-14 振臂

（八）下肢部位的动作

（1）腿的基本位置。包括直立、开立、点地立、提踵立、弓步、蹲、跪等（图9-15）。

（2）腿屈伸。膝关节由直成屈，再由屈伸直的动作。做原地屈伸动作时，身体重心不能前后移动（图9-16）。

（3）抬腿。一腿支撑，一腿屈膝高抬（图9-17）。

（4）踢腿。腿要伸直，绷脚面；身体不可晃动（图9-18）。

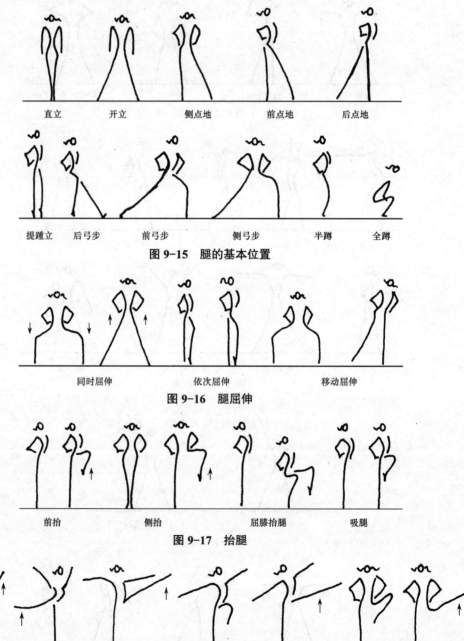

图9-15 腿的基本位置

图9-16 腿屈伸

图9-17 抬腿

图9-18 踢腿

（九）基本步伐、跳步、跑步、转体、波浪动作

（1）基本步伐。基本步伐有柔软步、提踵步（足尖步）、并步、垫步、弹簧步、滚动步、十字步等。

（2）跳步。跳步有开合跳、并步跳、提膝跳、钟摆跳、射燕跳、翻身跳、挺身跳、转体跳、弹踢跳、跨跳、交换腿跳、弓步跳等。

（3）跑步。跑步有摇臂、摆臂、屈伸臂等各种姿势不同方向、不同形式的跑，如跑十字、跑圆弧等。

（4）转体。有平转和单足转。

（5）波浪。波浪是指身体各环节依次而连贯的屈伸动作，有手臂的波浪（单、双臂）、躯干波浪（前、后、侧）、全身波浪等。

第二节 瑜伽运动

一 瑜伽运动简介

（一）瑜伽的起源和概念

"瑜伽"一词来自梵文的译音"Yoga"，起源于古印度，意思是"连接""统一"，其原意为"和谐"。它最初是古代婆罗门教（印度教的前身）为实现解脱而采用的一种修行方式。古印度瑜伽修行者在大自然中修炼身心时，无意中发现各种动物与植物天生具有治疗、放松、睡眠和保持清醒的方法，患病时能不经治疗而自然痊愈，于是古印度瑜伽修行者根据动物的姿势观察、模仿并亲自体验，创立出一系列有益身心的体位法，这些姿势历经 5 000 多年的锤炼，教给人们的治愈法让世世代代的人从中受益。

瑜伽作为一种健身方式，现已风靡全球，当今的瑜伽已不仅属于哲学和宗教的范畴，它有更广泛的含义和更强大的生命力，现如今，瑜伽主要是用来增进健康和进行心智健康的练习。

（二）瑜伽的呼吸、冥想

1．瑜伽的呼吸

瑜伽的呼吸分为腹式呼吸、胸式呼吸和完全式呼吸。

（1）腹式呼吸。腹式呼吸是瑜伽练习中最为简单和有效的呼吸练习，是所有呼吸技巧的基础，任何一个体式基本上都可以练习腹式呼吸：双手交叉，置于脑后的颈部，呼气时低头，

双肘靠近,腹部内收,把气逼出来,吸气时抬头,双肘打开,腹部隆起,腹腔充满空气。呼吸要尽量平稳、深沉、悠长。初学者也可以选择仰卧的姿势来体会腹式呼吸。

功效:腹式呼吸可以安抚神经,调节循环和呼吸系统,为身心减压,在深长呼吸时,腹部的器官得到按摩,内脏和腺体得到调整。

(2)胸式呼吸。胸式呼吸是以肺的中上部分进行呼吸,感觉胸部在张缩鼓动,腹部相对不动。可将双手放在肋骨的两侧,吸气,收缩腹部,胸廓的下部升高并向两侧扩张,肩部也会随着抬高,腹部向内朝脊椎的方向收回,吸气越深,腹部收得越紧,呼气时放松,肋骨向下并内收。

功效:胸式呼吸可加强腹肌力量,降低心跳频率。

(3)完全式呼吸。以坐姿或者仰卧的姿势来练习,将腹式呼吸和胸式呼吸结合起来就形成了完全式呼吸。先轻轻吸气,吸到腹部的位置,当小腹充满气体时,继续吸气让整个胸廓也膨胀起来,肩部稍提起,慢慢呼气放松胸部的位置,再放松腹部的位置。一定要在完全掌握腹式呼吸和胸式呼吸之后再练习完全式呼吸法。初学者练习完全式呼吸时易感觉头晕,调整为自然呼吸即可恢复。

功效:完全式呼吸的气息是腹式呼吸和胸式呼吸的叠加,可以使血氧含量增加,血液得到更好的净化,注意力得到增强,神经系统得到镇静,内心变得清澈。

2. 瑜伽的冥想

冥想是瑜伽中最珍贵的一项技法,是实现入定的途径。它是在健康的意识状态下把注意力集中在当下时刻的能力,一定要在一个幽静的环境,不受外界干扰的地方,这样更容易集中注意力,练习时的姿势一定要舒适,可以长时间确保稳定不动且不疲倦的姿势,练习前先做几个缓慢深长的呼吸,让自己内心静下来,进入冥想状态。初学者练习时间不要太长,等到精神具备忍耐寂寞的能力,再逐渐增加时间,刚开始冥想时可能会有很多杂念,不要因此而烦躁不安。

瑜伽冥想的方法如下。

(1)烛光冥想。在幽暗的房间点上蜡烛,保持坐姿,闭上双眼,感觉到舒适和稳定后,睁开眼睛,专注地凝视火焰最明亮的部分,不要眨眼,直到眼睛感到疲倦,慢慢闭上眼睛,放松心身。闭上眼睛后,继续感受火焰在眉心之间,直到余像消失,再睁开眼睛凝视火焰,这样反复练习10分钟。

(2)语音冥想。最为常用的om唱诵冥想,它被称为宇宙一切声音的组成。第一个发ao的音,感觉声音在腹部振动,接着发ou的音,声音在胸腔振动,最后发en的音,感觉声音在头颅振动。语音冥想能够让练习者净化心灵,安定情绪。

二 瑜伽的基本技术

(一)瑜伽坐姿

1. 简易坐(散盘)

腰背挺直,坐于垫子上,双腿交叉,右脚压在左腿下方,挺直脊背,收紧下颌,眼睛看向前方一个位置,两手掌心向下轻放在膝盖处。

2. 莲花坐

弯曲左膝，将左脚放在右腿的大腿根部，弯曲右膝，将右脚放在左腿上贴近大腿根部，双膝向两侧地面靠近，类似盘坐，脚心朝上，挺直脊背，收紧下颌，保持正常呼吸。

3. 半莲花坐

弯曲左膝，将左脚放在右腿上贴近大腿根部，脚心朝上，可两腿交换做；挺直脊椎收紧下颌（初学者可采用这一坐姿）。

4. 雷电坐

两膝靠拢，两脚跟指向外，伸直背部，臀部放在两个分离的脚跟之间，两手轻放在膝盖处（初学者可用手握拳支撑在臀部后方）。

（二）瑜伽基本动作练习方法

瑜伽包含伸展、力量、耐力和强化心肺功能的练习。其有促进身体健康，协调整个机体的功能，使人在学习如何使身体健康运动的同时，也增加了身体的活力。此外，还可使人心境平和、情绪稳定，引导人们改善自身的生理、感情、心理和精神状态，使身体协调平衡，保持健康。

1. 鱼式（图 9-19）

鱼式做法如下：

（1）平躺，双腿伸直并拢。

（2）吸气，拱起背部，把身体躯干抬离地面，胸口上顶，抬头，轻轻地让头顶紧贴地面。

（3）双臂伸直，成合十状，双脚同时抬离地面。

2. 三角转动式（图 9-20）

三角转动式做法如下：

（1）自然站立，两脚宽阔分开；深吸气，举手臂与地面平行，双膝伸直，右脚向右转 90°，左脚转 60°。

（2）呼气，上体左转，弯曲躯干向下，右手放于两脚之间；右手臂与左手臂成一竖线，双眼看左手指尖。

（3）伸展双肩及肩胛骨，保持 10～30 秒；吸气，先收双手，再收躯干，最后两脚收回。随后换方向进行。

图 9-19　鱼式

图 9-20　三角转动式

3. 半莲花脊柱扭转式（图9-21）

半莲花脊柱扭转式做法如下：

（1）坐立，双腿向前伸直，弯曲左腿放在右大腿上，脚心朝上。

（2）呼气，左臂前伸，左手抓住右脚脚趾，上身转向右边，将右臂收向背部，将右手揽住腰的左侧。

（3）吸气，然后呼气，同时头部和上身躯干尽量向右转，保持20秒自然呼吸，换另一侧。

4. 简化脊柱扭动式（图9-22）

简化脊柱扭动式做法如下：

（1）坐立，两腿伸直，两手平放在地上，略微放在臀部的后方，两手手指向外，把左手移过两腿，放在右手之前。

（2）把左脚放在右膝的外侧，右手掌进一步伸向背后，吸气，尽量把头部转向右方，从而扭动脊柱。

（3）蓄气不呼，保持这个姿势若干秒；呼气，把躯干转回原位，换另一侧。

图9-21 半莲花脊柱扭转式

图9-22 简化脊柱扭动式

5. 侧角伸展（图9-23）

侧角伸展做法如下：

（1）站立面向前方，双腿尽量分开，双手侧平举与肩同高，手心向下；右脚向外打开90°，左脚收回30°；呼气，右膝弯曲，大腿与地面平行，左膝膝盖伸直。

（2）沿右腿内侧放低右手手臂，手放在脚内侧地上；脸向上转，左手臂向头侧前方伸展，上臂贴太阳穴部位。

（3）保持30～60秒，平稳地呼吸，吸气起身，换另一侧。

图9-23 侧角伸展

6. 鹭式（图9-24）

鹭式做法如下：

（1）从"棒坐"开始，坐直腰背，与头和颈成一直线。右脚屈膝，小腿内侧紧贴着大腿的外侧，作"半英雄式"坐姿。

（2）左脚屈膝提起，双手握着左脚掌，呼气，然后慢慢提起向上伸直，保持大腿、膝盖和脚拇趾成一直线，保持腰背挺直。

（3）将蹬直的脚继续拉近躯干，一边慢慢呼气，尽量将头、胸部和腹部贴着小腿及大腿。谨记把蹬直的脚向自己身体拉近，而不要把身体向脚移近。保持这个姿势15～30秒。完成后，换另一只脚重复上述步骤。

若你的腘绳肌太紧，无法向上蹬直大腿，或双手无法捉紧脚板的话，可在脚板套上一条毛巾或瑜伽绳，改而抓紧它。也可以置一个瑜伽砖在臀部后面，帮助完成"半英雄式"坐姿。

图9-24　鹭式

7. 站立伸展式（图9-25）

站立伸展式做法如下：

（1）从"山式"开始。双脚稍微分开，吸气，提起双臂向上伸直伸展，手心向内。膝盖及大腿收紧。

（2）呼气，腰背挺直，伸展脊椎。盆骨向前伸展，上半身保持挺直，保持膝盖及大腿收紧。双臂保持在耳朵旁边的位置，头部、颈、脊椎和臀部形成一条直线，与大腿成90°。

（3）吸气，保持背部挺直，接着一边呼气，盆骨再慢慢向前方地面伸展，直至坐骨朝天。顺序将腹部、胸部和头部按在双脚上。双手握着脚踝后面，也可以平放在脚边，手肘贴在两侧。双脚保持蹬直以稳定身体的重心。自然呼吸。保持这个姿势30～60秒，然后倒序返回起始的"山式"姿势。

常犯错误：弯下的时候，上半身未伸展就将头部压在大腿，令背部严重弯曲，可背痛；身体歪向一边，以致失去平衡；屏着呼吸；膝盖屈曲，膝盖及大腿没有收紧。

难度调整：如你的盆骨或腘绳肌僵硬，无法将躯干向前伸展，可先用墙壁来练习。面向墙，按顺序完成步骤（1）和（2）。完成步骤（2）后，双手平行按在墙上，保持头、颈、脊椎和臀部成一直线。

8. 猫式（图9-26）

猫式做法如下：

（1）跪在地上，两膝打开与臀部同一宽度，小腿及脚背紧贴在地上，脚板朝天。俯前，挺直腰背，注意大腿与小腿及躯干成直角，令躯干与地面平行。双手手掌按在地上，置在肩膀下面正中位置。手臂应垂直，与地面成直角，同时与肩膀同宽。指尖指向前方。

（2）吸气，同时慢慢地将盆骨翘高，腰向下微曲，形成一条弧线。眼望前方，垂下肩膀，保持颈椎与脊椎连成一条直线，不要过分把头抬高。

（3）呼气，同时慢慢地把背部向上拱起，带动脸向下方，视线望向大腿位置，直至感到背部有伸展的感觉。配合呼吸，重复以上动作6～10次。

完成步骤（3）后，再一次挺直腰背，同时抬起右脚向后蹬直至与背部成水平位置，脚掌蹬直，左手向前方伸展。抬起头，眼望前方，伸展背部。伸直的手和脚与地面保持平行。

图 9-26　猫式

9．船式（图 9-27）

船式做法如下：

（1）从"棒坐"开始。坐直腰背，背部微微向后。双脚靠拢，屈膝，脚板贴地，双手置在身后两侧。

（2）吸气，提起小腿，直至与地面平行，脚尖朝天，上半身再向后倾，与地面成45°角。双手按在地上协助支撑身体，腹部收紧，作整个身体的平衡点。

（3）呼气，锁紧脚跟，双脚以45°撑展蹬直，躯干与双脚形成一个"V"形。双手提起并向前伸直与地面平行。凝聚躯干力量，挺直腰背和胸膛，双脚并拢夹紧。保持自然呼吸，维持这个姿势约10秒或更久。

图 9-27　船式

10．侧前伸展式（图 9-28）

侧前伸展式做法如下：

（1）从"山式"开始。双手置后，手掌向内合上，置在肩胛骨之间、身体正中的位置。这合掌的动作称为"Namaska"。挺胸收腹，肩膀往后转，手肘朝后方。

（2）双脚分开约1米宽，蹬直，左右脚跟保持在同一条直线上，脚尖向正前方。

（3）右脚向右转90°，左脚向右转75°～80°，右脚跟与左脚弓对齐。然后把整个身体转右，与右脚保持相同角度朝着右方，双脚位置则保持不变。肩膀与盆骨保持垂直向着前方。

(4) 尽量蹬直及伸展右脚腘绳肌，收紧大腿肌肉，由脚跟支持身体的重量。左脚腘绳肌向后方用力，保持平衡。吸气，仰头，向上伸展胸部和腰腹，眼睛望向上方。保持手掌互相紧贴在背后，躯干稍微向后仰，但颈部不要过分仰后。

(5) 呼气，伸展脊椎，由盆骨带动，将躯干往前伸展。由腹部开始慢慢按在前面的大腿上，接着是胸部，最后将下颚按在膝盖上。肩膀和手肘尽量朝向上方。保持双脚蹬直，尤其后腿腘绳肌用力以保持平衡。自然呼吸，保持这个姿势20～30秒。然后按倒序返回步骤（1），换另一只脚重复以上步骤。

图 9-28　侧前伸展式

11．单脚背部伸展式（图 9-29）

单脚背部伸展式做法如下：

(1) 从"棒坐"开始。右脚屈膝放在地上与左脚成 90°，将右脚跟靠在胯下位置，同时将右脚趾贴着左脚的大腿内侧。

(2) 吸气，提起双臂，腰背挺直，将双手往上尽量伸展，两手手心向内。

(3) 由下盆带动，呼气，身体慢慢往左脚的方向向前伸展，背部保持挺直。左脚跟蹬直，脚趾朝天。拉长肩膀，不要放松双臂，应继续向前伸展，直至到达甚至超越左脚掌的位置。

(4) 吸气，再次挺直背脊，接着一边呼气，一边慢慢将上半身向前伸展，先是腹部，然后按顺序是胸部、脸，最后是额头贴在左小腿上。双手抓着左脚掌外侧。如果想增加难度，可改用一只手扣着另一只手腕的方式。注意要尽量挺直背部，蹬直的左膝盖不可弯曲。保持这个姿势4～12次呼吸或更久，练习时以感觉舒适为限度。然后轻轻按倒序回到步骤（1），再换另一只脚重复上述步骤。

12．坐广角式（图 9-30）

坐广角式做法如下：

(1) 坐下，双手着地后，腰背挺直，眼望前方。双脚保持蹬直，慢慢打开。然后根据自己的柔韧度尽量打开双脚，确定大腿背部紧贴在地上，脚跟向前，膝盖及脚趾向上。

(2) 吸气，提起双臂，两手掌平行向内，手指指向天花板。

(3) 一边呼气，一边由下盆带动，将上身慢慢向前伸展。先是腹部，然后是胸部，最后是下巴贴在地上。手掌张开放在前方的地上做身体的调整，同时尽量使腹部、胸部和头贴在地上。整个过程脊椎骨必须保持挺直。保持这个姿势4～12次呼吸或更久，练习时以感觉舒适为限度。然后轻轻按倒序回到步骤（1）的坐姿休息。

图 9-29　单脚背部伸展式

图 9-30　坐广角式

13．头倒立式（图 9-31）

头倒立式做法如下：

（1）屈膝跪坐着，双膝并拢。双手置前，十指交叉紧扣，手肘打开与肩膀同宽，使手臂和紧扣的双手形成一个三角形，牢牢固定在地上。

（2）将头置在三角形内。头顶中心位置着地，后脑贴着手心，眼睛要能直线望向双脚后面的事物。无论过多看见自己的上半身，或过多看见地上，均表示不是把头顶中心放在地上。其后，以手心包着头，慢慢蹬直膝盖，并提高臀部。

（3）将双脚完全蹬直，只以脚尖点地。双脚向自己的头部慢慢移近，直到躯干和腰成垂直状态。

（4）牢牢固定头部和手肘。收紧腹部肌肉，同时把臀部向后推。呼气，慢慢将双脚抬起直至大腿成水平状态，膝盖弯着，收紧大腿肌肉，双脚并拢。这时身体的所有重量应由三个部分用力支撑在地上：头顶中心的位置以及一双手肘。初学者应将 20% 的身体重量放在头顶，80% 的身体重量放在手肘。日后慢慢增加至头顶及手肘各支撑身体重量的 50%。先停留在这个动作最少 20 秒，保持自然呼吸。若能轻松完成，再继续进行以下步骤。

（5）吸气，慢慢蹬直双脚，脚趾往上抬。继续收紧腹部和大腿肌肉，双脚并拢，向上伸展，使整个身体都成一条垂直线。身体不要左右或前后倾斜。初学者保持这个姿势 1 分钟，然后慢慢增加至 3～5 分钟或以上。期间保持自然呼吸，脸部肌肉尽量放松，然后轻轻按倒序回到步骤（1）。接着做"儿童式"作为休息姿势，令脑部及心脏恢复水平位置。

难度调整：初学者可以先用墙壁来辅助练习"头倒立式"。在离墙壁 10 cm 的位置跪下，按前述完成步骤（1）～（3），然后双脚提起离地，将臀部贴在墙上。双脚蹬直后，再把臀部移开，只有脚跟挂在墙上。保持身体垂直，不要左右倾斜。

14．肩立式（图 9-32）

肩立式做法如下：

图 9-31 头倒立式

（1）仰卧在地上。肩膀及背部平躺在毛毡上。毛毡为 2～3 厘米厚。屈膝，双脚并拢，脚板贴地。双手放在地上，手掌向下，靠在盆骨两旁。肩膀向下转动，令手臂外侧贴地，上背稍微离地。

（2）吸气，凝聚腰腹力量，呼气，将膝盖和躯干往上抬起，随即把双手放在背上作支撑。大拇指放在腰的两侧，其余手指平均托着背部近肩胛骨位置，手指朝向臀部方向。手肘屈曲的同时，上臂应紧贴在毛毡上，两手肘与肩同宽，用力支撑身体，背部保持垂直。膝盖抬至额头上方然后停下，小腿垂直向上，脚板朝天，以肩膀和手肘支撑身体的重量。

（3）吸气，双脚慢慢向上蹬直，然后将脚趾向上。整个身体保持垂直。两手肘的距离保持与肩同宽，可用瑜伽绳辅助。手肘不要移离毛毡，这样才能有力地支撑整个抬高了的身体。保持自然呼吸。初学者保持这个姿势 30 秒至 1 分钟，再慢慢增加至 3 分钟或以上。然后轻轻按倒序回到步骤（1）的姿势休息。

图 9-32 肩立式

15. 蝗虫式（图 9-33）

蝗虫式做法如下：

（1）俯卧在地上，双手置在身旁两侧，手心向上，脸向下，头保持在正中位置。双脚并拢并用力向后伸展，感觉整个身体被拉长了。收紧臀部及大腿肌肉。尾椎内收，然后指向脚跟。

（2）呼气，头、胸部、双手及双脚同时慢慢向上提起，利用腰背的力量将肋骨部位尽量向上抬，只剩下盆骨和腹部在地上支撑身体。手脚、脊骨尽量伸展。保持呼吸自然。保持这个姿势约 10 秒或更久，然后返回步骤（1）的姿势休息。

图 9-33 蝗虫式

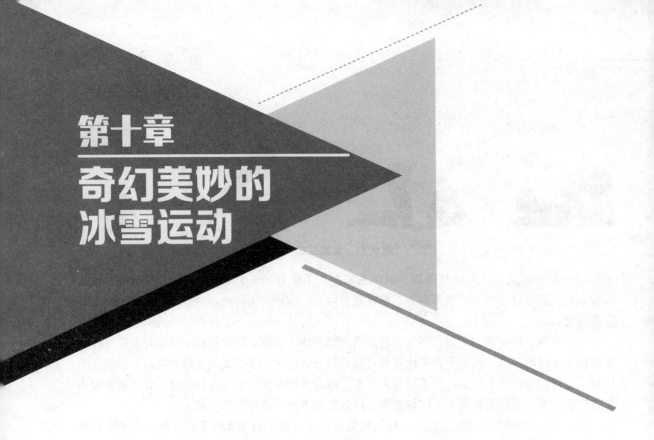

第十章
奇幻美妙的冰雪运动

冰雪运动是指在冰上和雪地举行的体育运动，一般分为冰上运动和雪上运动。冰上运动主要包括速度滑冰、短道速滑、花样滑冰、冰球和冰壶等。雪上运动主要包括高山滑雪、单板滑雪、越野滑雪、跳台滑雪、自由式滑雪、冬季两项、北欧两项、雪橇等。

第一节　滑冰运动

 一　滑冰运动简介

早在宋代，我国就已经有了滑冰运动，不过，那时不叫滑冰，而称为"冰嬉"。根据《宋史》记载可知：皇帝"幸后苑，观冰嬉"。这项"冰嬉"运动延续几个朝代经久不衰，到了清朝已经成了民间普遍的文体娱乐活动。

现代滑冰运动兴起于欧洲。13世纪中叶，一种安装在木板上的铁质冰刀在荷兰出现。因为这种冰刀比绑在鞋上的兽骨滑行速度快了很多，所以迅速盛行于欧洲。1572年，苏格兰人制造了第一双"全铁制冰刀"，这是现代冰刀的起始标志。17世纪中叶，英国国王查理二世将滑冰引入英国的上流社会，为滑冰运动的蓬勃发展奠定了坚实的基础。1850年，美国人布什内尔制造了第一副钢制冰刀，滑冰运动从此揭开了新的篇章。19世纪末，滑冰运动传入中国。

速度滑冰

速度滑冰是一项比赛滑行速度的冰上体育运动。速滑项目按照国际滑冰联盟的规则规定可分为短距离、中距离、长距离和全能4种，每种均分男女组。

速度滑冰是一项能让人类不借助于外力在冰面上达到最快速度的体育项目，奥运冠军的最快速度可以超过60千米/小时。比赛在周长400米的跑道上进行，分内、外两道。比赛时每组2人，同时滑跑，每滑1圈交换1次内、外道。

1．速滑跑道

标准速滑跑道是由两条直线跑道连接两条弧度为180°的半圆式曲线组成的封闭跑道，最大周长为400米，最小周长为333.33米。国际比赛应在400米周长的跑道上进行，其直线跑道长为111.98米，跑道宽为5米，内跑道的内圈半径为25米，外跑道的内圈半径为30米。假定跑道为南北方向，终点应设在西南角，东边直线跑道为"换道区"。跑道分界线应用宽10厘米、高5厘米严密整齐的雪砌成。除换道区无雪线外，其余均应堆砌雪线，但不使雪线冻结在冰面上。如无雪，可将宽5厘米、长10厘米、高不超过5厘米的橡皮、木块或其他合适的物质涂上协调颜色代替雪线。起点线、边线、起跑预备线、终点线前5米每隔1米的标线均为蓝色，终点线为红色，线宽均为5厘米。

2．速滑装备

速滑装备包括冰刀、冰鞋和滑冰服装。

速滑冰刀是由刀刃、刀身管、前小刀托、前大刀托、前托盘、后刀托和后托盘等部分组成。现代高级速滑冰刀刀刃多由优质高碳钢制成，其他部分由轻合金制作。速滑冰刀的特点是：刀身比花样滑冰刀高、比冰球刀低，刀身比这两种刀长，刀刃比这两种刀薄（厚度为1～1.3毫米）而轻，刀刃平，与冰面接触距离长，可保持滑行的良好直线性。

速滑冰鞋选用优质厚牛皮缝制，为半高腰瘦长形，鞋跟部为坚硬式，以包围和固定脚跟。鞋底为硬皮，冰刀以螺钉或铆钉固定在鞋底上。一般运动员冰刀与冰鞋的匹配长度是：从鞋尖到刀尖为8～9厘米，从鞋跟到刀跟为5～6厘米。由于两只刀的刀刃在滑跑中使用的程度不同，加之弯道滑跑时身体向左倾倒，所以两脚冰刀与鞋固定的位置也不同。一般右脚冰刀将冰刀尖装于右脚大脚趾正下面，冰刀后跟位于鞋跟的正中间，左脚冰刀将冰刀尖装于左脚大脚趾与二脚趾中间，冰刀跟位于鞋跟中间。

速滑服装应具备保暖、轻便等特点。速滑运动员的比赛服均为尼龙紧身运动服和连体服。连体服是帽子、上衣、裤子、袜子连成一体的，具有轻便、紧身、阻力小、动作灵活等特点。为保暖需穿贴身的棉毛内衣。男运动员还需要穿三角裤衩或护身。

3．速滑比赛规则

运动员必须按逆时针方向滑跑。内道起跑的运动员，滑行到换道区时应换到外道滑跑，外道运动员要换到内道。在换道区争道时，出内弯道运动员要主动让道。起跑时，在"各就各位"口令下达后，运动员要在起跑线与预备线之间静止站好；"预备"口令下达后，立即做好起跑姿势，鸣枪前不准活动，保持静止，枪响后即起跑。

在弯道滑跑中，冰刀不准切入雪线。在比赛过程中，运动员可随时超越对手，但如采用不法手段，如故意推挤其他对手、偷跑、滑出跑道等都会被取消比赛资格。运动员的冰刀触及终点线，才算到达终点。

运动员在比赛中由于不属于自身的原因而影响了正常滑跑或摔倒时，经裁判长允许，可以休息 30 分钟后重新参加该项比赛，但因冰场不洁或冰刀损坏，则不能重新比赛。

4．速滑技术

（1）直道滑行技术。直道滑行技术是速滑的基本技术。合理的滑行姿势应是：上体放松成背弓的流线形姿势，上体倾至几乎与冰面平行或肩背略高于臀部，与冰面形成 10°～25°的角度，上体要充分放松，团身，两肩下垂，头部微抬起，目视前方 10～20 米；腿部要成低姿势，即大腿深屈，膝关节角度为 90°～110°，踝关节角度为 55°～75°，髋关节角度屈至 45°～50°，并使身体重心线从后背下部穿过大腿，经过膝盖后与脚的中后部相接。

直道滑行，关键在于要能掌握适宜的蹬冰时间。冰刀切入冰面，获得牢固支点，同时即应开始蹬冰，最大用力蹬冰，应在两腿交接体重的刹那间完成。为了利用体重蹬冰，倾倒时体重应牢牢压在支撑腿上，不要过早交接体重。收腿动作要利用蹬冰后的弹力立即放松后腿，积极靠拢支撑腿，不要有停顿和后引的动作。下刀动作应注意膝关节领先，与前进方向一致，向前提拉要快，着冰后动作要轻巧。

（2）弯道滑行。滑跑弯道与滑跑直道有着显著不同的滑跑姿势。在圆周运动中，运动员要想沿着弯道快速、有效地滑行，使滑跑姿势既能保持力的平衡，又能利用弯道（离心力）增加滑跑速度，则整个身体必须取较大程度向左倾斜流线形滑跑姿势，并以交叉步方式完成弯道滑跑。其主要动作要求是：进弯道时，右脚最后一步要进入直道和弯道交接处，深入程度以天气、冰质、风向、项目等情况而定。左腿紧贴右脚下刀，指向切线方向，着冰时脚尖开始逐渐顺送，用外刃紧紧咬住冰面，左肩与新的切线方向一致，不要扭腰摆臀。收腿动作在蹬冰后即放松，积极向支撑腿方向提拉，膝关节领先，以利形成前弓角度。在浮腿收回过程中促进身体向左倾倒，两腿成边收边蹬形式。蹬冰方向，两脚要有"侧送蹬"感觉，上体纵轴与浮脚着冰方向一致。

（3）起跑技术。起跑姿势按运动员站立姿势分为正面起跑和侧面起跑，其中正面起跑包括正面点冰式起跑、丁字式起跑。

①正面点冰式起跑。前脚冰刀与起跑线成 45°，刀尖切入冰面，刀跟抬起保持稳定不动。后刀用平刃或内刃置于冰面，两刀间距略大于髋，两刀开角在 90°～120°，后刀刀刃应牢牢咬住冰面，以便起动时后脚冰刀快速发力。上体直立，两臂自然下垂，目视前方，体重大部分落在后腿上。

②丁字式起跑。丁字式起跑方法与点冰式起跑基本相同，其主要区别在于：丁字式起跑两冰刀是以平刃在冰上支撑站立，重心位于两冰刀中间，即体重较均匀地置于两腿；重心略有前移，但不能将体重大部分移至前脚冰刀，否则将因重心过分前移而出现冰刀滑动现象。目前，使用新式冰刀比赛时，通常采用丁字式起跑姿势。

③侧面起跑。两刀平行与起跑线成一定角度的侧向站立，这种姿势在 20 世纪五六十年代曾被广泛采用。

（4）起动技术。起动是指浮腿向前摆动迅速跨出着冰、后腿快速用力蹬离冰面。其动作要领如下：迅速向前上摆动浮腿，并使前脚冰刀尽量外转。身体重心偏前，成前冲姿势，快速用力蹬直后腿，两刀抬离冰面，身体有个腾空阶段。两臂配合腿的蹬踏动作，屈肘做小幅度快速摆臂。髋要随重心移动而前送，外转的前脚冰刀以内刃踏切动作迅速着冰，并使刀跟落于前进方向的中线上。

（5）疾跑技术。疾跑技术有切跑法、滑跑法和扭滑法三种。在长距离比赛中多用滑跑法，中短距离比赛多用切跑法和扭滑法。

①切跑法。切跑法适合于腿部力量较强、灵敏性较好的运动员，其优点是起速快，形成的加速度大。缺点是消耗体力大，疾跑过渡到途中滑跑的衔接技术不易掌握。

②滑跑法。滑跑法对于灵敏性较差、腿部肌力较弱的新手较为适宜。其优点是起滑稳定，消耗体力较小，疾跑与途中滑跑之间的衔接较容易掌握。缺点是起速较慢。

③扭滑法。扭滑法是切跑法和滑跑法的结合体，具有前两种的优点，克服了前两种的缺点，是一种效果较好的疾跑方法。

现代优秀速滑运动员起跑，通常不用单一的起跑法，而是将3种方法融为一体，即前1～3个复步用动作灵活性较高的踏切方式疾跑，而后转入扭滑式，当达到一定的滑速后转入滑跑法。这种综合起跑法既有利于起速，也有利于衔接过渡，又能节省能量，起跑效果很好。

三 短道速滑

短道速滑的全名是短道速度滑冰，是一种在冰上竞速的运动。短道速滑于1992年列为冬奥会正式项目，通常设8个小项，分别为：男子500米、女子500米、男子1 000米、女子1 000米、男子1 500米、女子1 500米、男子5 000米接力、女子3 000米接力。

1．场地设施

短道速度滑冰比赛一般在室内冰球场上进行，比赛场地的大小为30米×60米，使用椭圆形、周长为111.12米的跑道，直道长28.855米，直道宽不少于5.71米，弯道半径为8米，弯道弧顶标志物到界墙的距离不少于4米。

2．短道速滑的装备

短道速滑的冰刀，其刀体短，刀刃弧度大，与冰面接触面积相对小，转弯半径小，适于短跑道的滑行。短道速滑冰鞋的鞋帮较高，支撑性较好，但是灵活性稍差，这是因为短道速滑场地较小，弯道半径小，滑行过程中离心力较大，为了保证弯道高速滑行，弯道滑行时需要更大的倾倒角度，所以对踝关节稳定性要求很高。

3．短道速滑比赛规则

短道速滑比赛采用淘汰制，以预、次、半决、决赛的比赛方式进行。4～8名运动员在一条起跑线上同时起跑，预赛站位通过抽签决定，之后进行的比赛站位由上一场比赛的成绩决定，排名第一则站第一道，以此类推。比赛途中在不违反规则的前提下运动员可以随时超越对手。运动员必须戴防护头盔和防护手套，身穿防切割服参加比赛。

短道速滑比赛是一项多轮淘汰赛，每轮比赛的前两名晋级下一轮，直至决赛。短道速滑比赛中超越非常困难。超越通常发生在直道的外道，如果领先者留下很大的空隙，也可能在弯道的内道完成。比赛中经常会出现摔跤现象，结果可能导致相当数量的申诉和取消资格。

接力比赛由4名队员按预先确定的顺序依次完成，每棒要滑一圈半或者两圈。接力交接棒由一名队员推动另一名队员完成。在队员滑行过程中，其余3名队员在赛道的内侧等待。

4．短道速滑技术

（1）直道滑行技术。短道速度滑冰采用流线形的蹲屈姿势，上体前倾，髋、膝、踝三关节处在屈的状态。躯干纵轴线与支撑大腿纵轴线之间的夹角称"髋角",为 45°～75°;支撑大腿的纵轴线与支撑小腿纵轴线之间的夹角为"膝角",为 90°～110°;支撑小腿纵轴线与水平线之间的夹角称"踝角",为 50°～90°。短道速滑运动员的滑跑姿势一般要根据滑跑的项目(距离)、战术需要和运动员的技能水平来决定。一般情况下,滑跑距离较长、运动员技能水平较差及战术需要时,比赛的前半程可以采用较高的姿势滑行;滑跑距离较短、运动员技能水平较高时,可以采用较低的滑跑姿势。在直道滑行过程中,短距离项目采用双臂摆,长距离项目采用单摆臂的较多,单摆臂采用摆动右臂。短道速度滑冰的摆臂动作幅度相对较小,摆动时两臂以肩关节为轴,辅以屈伸肘关节的动作完成前后自然摆动的动作。手半握拳前摆至颌下,后摆至与躯干平行。摆臂的方向应以与躯干的纵轴线成 40°角为宜。摆臂动作的节奏、速度要与蹬冰腿保持一致,臂、腿的配合动作是蹬冰腿的同侧臂向前、异侧臂向后摆动。

(2)弯道滑行技术。弯道滑行是短道速度滑冰最重要的技术部分,既要保持高速滑行,又要扣住 8 米半径的弯道。在弯道滑行的区段也是体现战术意图的重点区域。弯道滑行时髋、膝、踝三关节保持屈的状态。在弯道滑行过程中,身体始终向圆心倾斜,并保持鼻与支撑腿的膝关节、刀尖处在同一纵轴平面上。倾斜的幅度较大,蹬冰角在 30°～40°。右臂前后摆动,左臂自然下垂,手指轻触及冰面,身体重心的位置以落在冰刀的中部为宜。

(3)起跑技术。起跑是短道速度滑冰运动全程滑跑的组成部分,是获得滑跑速度以及实现战术的重要因素。起跑一般包括起跑预备姿势、起动和疾跑三个动作阶段。

①起跑预备姿势。短道速度滑冰常采用正面点冰式起跑。

②起动。当发令员鸣枪后,运动员在起跑预备姿势的基础上,重心向前移动。前点冰腿快速抬离冰面,展髋和外旋踝关节;后腿利用冰刀内刃向后方快速用力蹬伸;蹬冰腿的同侧臂向前屈肘快速摆动,异侧臂快速向后摆动,完成起跑动作。

③疾跑。疾跑过程中运动员要保持两脚刀刃之间有较大的开角,以冰刀前半部先接触冰面,过渡到冰刀中部用力向后蹬冰,保持向前倾斜的身体姿势,以较高的动作频率向前跑动,完成疾跑。

(4)冲刺技术。冲刺是短道速度滑冰运动技术中的重要组成部分,以送刀式冲刺为例,在接近终点的滑行过程中,将重心落在有利于克制对手一侧的腿上,将另一侧腿迅速前伸,保持平衡冲过终点。

四 花样滑冰

花样滑冰起源于 18 世纪的英国,后在德国、美国、加拿大等欧美国家迅速开展。1772 年,英国皇家炮兵中尉罗伯特·约翰逊(Robert Johnson)撰写的《论滑冰》在伦敦出版,这是世界上出版的第一部涉及花样滑冰的书籍。1863 年,被誉为"现代花滑之父"的美国人杰克逊·海因斯(Jackson Haines)将滑冰运动与舞蹈艺术融为一体,在欧洲巡回表演,丰富了花样滑冰的内容和形式。1868 年,美国的丹尼尔·梅伊(Daniel Mey)和乔治·梅伊(George Mey)首次表演了双人滑。1872 年,奥地利首次举办了花样滑冰比赛。1896 年,首次世界男子单人花样滑冰锦标赛在俄国彼得堡举行。1906 年,首次世界女子单人花样滑冰锦标赛在瑞士达沃斯举行。1924 年被列为首届冬季奥运会的比赛项目,包括男女单人滑(1924 年列入)、双人滑

（1924年列入）和冰上舞蹈（1976年列入）四个比赛项目。1952年，首次世界冰上舞蹈锦标赛在法国巴黎举行。

1．场地设施

花样滑冰的冰场长为56～61米，宽为26～30米，冰的厚度不小于3～5厘米。冰面要平滑并保持无线痕。大型竞赛应准备两个同样大小的场地，以便安排训练。其中一个可安排图形比赛，其他项目可在另一场地进行；规定图形竞赛，应有适当图形。

2．花样滑冰装备

（1）冰鞋、冰刀。花样滑冰的冰鞋用优质牛皮制成，高腰高跟硬底，男子鞋为黑色，女子鞋为白色。冰刀固定在鞋底上，冰刀较矮，刀刃刀托为一体。刀身有一定弧度，刃较厚，呈浅"凹"沟形，沟两边刃锋利，既便于滑行又能使冰刀在冰面上留下清晰的图案。刀刃前端有5～6个锯齿，根据锯齿的大小分为图形刀和自由滑刀两种。图形刀的锯齿较小，以免滑图形时刮冰。自由滑刀锯齿较大，便于急停、跳跃或迅速改变动作。冰刀应与鞋的大小相适应，一般刀身前端的刀齿应在鞋底前端的边缘处，刀身前端安装在脚的大脚趾与二脚趾之间的正下方，刀跟装在脚跟正中间的下方，刀身应超出鞋后跟1～2厘米。高水平的花样滑冰选手通常都会定制冰鞋和冰刀。冰上舞蹈的冰刀后部比其他项目的要短1英寸，这是为了满足舞蹈对双人近距合作和精细步法的要求。选手穿着冰鞋在冰场外行走时，要在冰刀外套上硬塑料的保护套，这是为了避免冰刀被地面磨钝或沾上灰尘杂质。选手不穿冰鞋时，则用软套保护冰刀，其可以吸收残留的融水，防止冰刀生锈。

（2）服装。花样滑冰选手练习时通常穿紧身柔软的长裤。比赛中，女选手可以穿短裙、长裤或体操服，裙装下穿不透明的肉色紧身裤或长袜，有时会以此来覆盖冰鞋。不得穿上下分开的服装，裙子前后长度要掩盖臀部；男选手则必须穿长裤，不能穿紧身裤。不得穿露胸无袖上衣和紧身裤。花样滑冰的运动服装是很讲究的，因为它是表现花样滑冰运动员形体美的一个组成部分。花样滑冰的技术与色、形、音乐的美糅为一体，所以服装的色彩和式样十分重要。运动员服装的设计、质量和颜色的选择要因人而异，要适合本人的身体，可根据音乐突出不同的风格和特点。

3．比赛规则

（1）单人滑。单人滑比赛按短节目和自由滑的顺序进行，第一天为短节目，第二天为自由滑。单人短节目是运动员必须在2分40秒的规定时间内完成一套由跳跃、旋转、联合跳跃、联合旋转共8个动作和连接步编排而成的节目。单人自由滑由运动员自选音乐，男子在规定的4分30秒，女子在规定的4分钟内完成一套编排均衡，由跳跃、旋转、步法以及各种姿势组成的滑行动作。

（2）双人滑。双人滑比赛按双人短节目和双人自由滑的顺序进行，第一天双人短节目，第二天双人自由滑。双人短节目由运动员自选音乐，在2分40秒的规定时间内完成一套双人短节目规定动作，每个动作只允许做一次，附加动作扣分。双人自由滑由运动员自选音乐，在规定的4分30秒内完成一套自编动作。

（3）冰上舞蹈。比赛按第一天规定舞，第二天创编舞，第三天自由舞的顺序进行。规定舞是根据规定的音乐、图案、步法和重复次数完成动作。规定舞共有22套，国际滑冰联盟用抽签方式确定两套作为下年度的比赛项目。创编舞又称定型舞，是运动员按规定的韵律自选音乐，在规定的时间内完成一套自编的舞蹈步法和图案。自由舞是参赛选手自选音乐，在规定的

4分钟内完成由各种步法、托举、小跳、姿势、握法等动作组成的自编舞蹈。

花样滑冰是技巧性和艺术性高度结合的冰上运动项目。裁判员根据动作质量和艺术表现分别给予评分。

4．花样滑冰技术

限于篇幅，此处只简单介绍单人花样滑冰基本技术。

（1）冰上站立。两脚稍分开与肩同宽，平稳站立，冰刀与冰面保持垂直，两膝微屈，上体保持正直（稍前倾），两臂在体侧伸开，自然控制身体平衡，目视前方。

（2）单足蹬冰，双足向前滑行。上体直立，目视前方，手心向下，两臂向侧前方伸展，双足稍分开，与肩同宽，两只冰刀平行站立。开始蹬冰时，首先双膝微屈，然后将身体重心移向右足，用右足刀刃前半部分向侧方蹬冰。在完成蹬冰动作后，迅速将蹬冰足收回原位，此时身体重心落在双足之间，形成双足向前滑行动作，然后再换另一足蹬冰，做同样双足滑行动作，如此反复交替。

（3）单足蹬冰，单足向前滑行。准备姿势与双足滑行相同，在蹬冰结束后要保持重心不变和单足向前滑行姿势，蹬冰足放在滑足后，保持身体重心平稳。两臂在两侧自然伸展。

（4）单足蹬冰，双足向前弧线滑行。以右足蹬冰为例，双足成丁字形站立于冰面上，左足在前，右足在后，双膝微屈，用右足冰刀内刃部做蹬冰动作，此时身体重心稍向前移至左足外刃一侧，蹬冰后右足尽快回到左足内侧，成双足滑行姿势，用左前外刃和右前内刃双足向左成弧线滑行。用同样的方法，相反的姿势和动作，做左足蹬冰，双足向前右侧弧线滑行。

（5）单足蹬冰，单足向前弧线滑行。准备姿势和技术动作同上，不同之处在于：在蹬冰后应立即将重心移至滑行足，蹬冰足应尽快放在滑足足跟后，足尖向下，成单足向前弧线滑行姿势。

（6）前交叉步滑行。在向左做前交叉步时，左足用外刃，右足用内刃，身体向左侧倾斜，左臂在后，右臂在前，面向滑行方向。首先，用右足内刃蹬冰，左前外刃滑行。然后，将右足经左腿前交叉放在左足左前方，同时重心由左足移向右足，成右前内刃滑行，并用左前外刃向右后侧方蹬冰，右腿屈膝，左腿伸直，两腿成交叉状。如此反复蹬冰和滑行，便形成了左前外、右前内交叉步滑行。再用相同方法、相反的姿势和动作，做右前外、左前内交叉步的练习。

（7）双足向后滑行。双足成内八字形站在冰面上，足尖靠近，足跟分开，身体重心在冰刀前半部，双膝微屈。双足间的距离同肩宽时，将双足跟向内收紧，形成双足平行向后滑，此时两膝逐渐伸直，靠拢后再次蹬冰，如此反复脚下的动作和滑行路线。

（8）后交叉步滑行。在向右后交叉滑行时，背向滑行方向，右肩臂在前，左肩臂在后，左足后内刃蹬冰，右后外刃滑行，左足后内刃滑行，然后右足用外刃向左侧蹬冰，左足在右足前交叉着冰向后滑行。右脚伸直，离开冰面后，收回到右侧用外刃着冰，同时左足内刃蹬冰，上体姿势不变，左右足交替蹬冰，形成左后内、右后外交叉步滑行。用同样的方法，相反姿势，做左后外、右后内交叉步滑行。

（9）弧线滑行。弧线滑行是花样滑冰最基本的技术，它包括前外、前内、后外、后内四种。

①前外刃弧线滑行技术。双足成丁字形站立，右足尖向前，左足正对右足跟部，右肩在

前，左肩在后，用左前内刃做蹬冰，用右足前外刃滑行，身体稍倾向圆内。在滑行中两臂带动两肩成均匀转动，在滑至半圆的一半时（1/4圆），两臂和两肩平放在身体两侧，浮足也由在身体后方移至滑足内侧，然后左臂带动左肩向前，右臂带动右肩向后，滑足继续成右前外刃滑行，浮足由内侧伸向滑足前方滑线之上，足尖向下，为下一半圆弧线滑行做好准备。用同样方法，相反姿势和动作，做左前外刃半圆弧线滑行。

②前内刃弧线滑行技术。双足成丁字形站立，左足尖向前，右足心对左足跟部，左肩在前，右肩向后，用右足内刃蹬冰，左足前内刃做弧线滑行，身体稍倾向圆内。在滑行中两臂带动两肩均匀缓慢转动，当滑至半圆的一半时（1/4圆），两臂和双肩平放在身体两侧，浮足从身后滑线之上逐渐向滑足靠近，然后，左臂带动左肩向前，右臂带动右肩向后，右浮足紧靠左滑足内侧移至前方滑线之上，足尖向下，为做下一个半圆弧线滑行做好准备。用同样的方法，相反的姿势和动作，做内刃半圆滑行。

③后外刃弧线滑行。双足平行站立，两肩和臂平放，面向滑行的方向，用右足后内刃蹬冰，两臂动作协调配合，右臂用力向后滑行方向摆动，左臂在前。右足蹬冰后迅速放在滑足前，左足做后外刃弧线滑行，当滑行到弧线一半时头向圆内，上体随着向外转动，浮足靠近滑足移向滑线前，上体姿势不变，为做右后外刃弧线滑行做好准备。用同样方法，相反姿势和动作，做右后外刃弧线滑行。

④后内刃弧线滑行。双足平放在冰面上，背向滑行方向，两臂伸向身体两侧，用右足蹬冰，左后内刃做弧线滑行，右臂在前，左臂向滑行方向用力摆动，右足蹬冰后迅速放在滑线后，当滑行至弧线一半时，浮足向滑足靠近，上体均匀缓慢地向圆内转动，此时左臂在前，右臂在后，浮足伸向滑线前，上体姿势不变，为做后内刃弧线滑行做好准备。用同样方法，相反姿势和动作，做右后内刃弧线滑行。

（10）急停动作。急停是在练习和表演中经常做的动作，大体可以分为双足急停和单足急停两大类。

①双足急停。

a. 双足向前内刃急停。在滑行时，突然将足尖靠近，足跟分开，身体重心后移，两腿微屈，双膝靠近，形成用双足冰刀内刃向前刮冰的急停动作。

b. 双足向后内刃急停。在向后滑行时，突然将双足尖分开，足跟靠近，双腿伸直，身体稍向前倾，形成用双足内刃向后刮冰的急停动作。

c. 双足向左右转急停。在向前滑行时，身体突然向右转体90°，双腿微屈，身体向右后倾斜，用左足内刃及右足外刃同时向滑行方向刮冰做急停动作。用相同的方法，相反的姿势和动作，做双足向左急停。

②单足急停。

a. 单足前外刃急停。在向前滑行时，突然用左足（或右足）前外刃做横向刮冰急停动作，身体应后倾，右足（或左足）抬离冰面。

b. 单足前内刃急停。向前滑行时，突然用右足（或左足）前内刃做横向刮冰急停动作，身体后倾，右足（或左足）抬离冰面。

c. 单足后内刃急停。在向后滑行时，突然用左足（或右足）后内刃做横向刮冰急停动作，身体向前倾，右足（或左足）在身前抬离冰面。

第二节 滑雪运动

 滑雪运动简介

滑雪始于北欧的挪威,距今已有四千多年的历史。世界最早的滑雪俱乐部于1861年成立于挪威的翠寒尔。1883年成立了挪威滑雪联合会,同年在哈斯白山举行了越野和跳台滑雪比赛。1910年,在挪威滑雪联合会的倡议下,芬兰、瑞典、德国等10个国家的22名代表,在克里斯蒂安尼(今奥斯陆)举行了一次国际滑雪会议,成立了国际滑雪委员会,并决定起草国际滑雪规则。最早的滑雪规则于1911年在斯德哥尔摩会议上通过,1913年开始被采用。北欧滑雪项目于1924年列入了在法国沙莫尼举行的第一届冬季奥运会。

如今,滑雪运动(特别是现代竞技滑雪)项目不断增多,领域也不断在扩展。世界比赛正式的大项目分为:高山滑雪、北欧滑雪(Nordic Skiing,越野滑雪、跳台滑雪)、自由式滑雪、冬季两项滑雪、雪上滑板滑雪等。

 滑雪运动装备

1. 滑雪服装

(1)滑雪服。滑雪服一般分为竞技服和旅游服。竞技服是根据比赛项目的特点设计的,旨在提高运动成绩。旅游服主要是保暖、舒适、美观、实用。滑雪服有连体套衫和两件套衫两种类别。连体套衫一般比较合身,将身体包裹得很紧,活动方便,但相对较薄。最典型的连体套衫就是比赛用的滑雪服,它可为运动员减少阻力,提高成绩。两件套衫是指分开的滑雪上衣和滑雪裤。两件套衫脱下方便,并能适应天气变化,但没有连体套衫适合身体活动。

滑雪服最好选择能与白色形成较大反差的红色、橙黄色、天蓝色或多种颜色搭配的醒目色调,不仅可为这项运动增添迷人的魅力,更主要的是为其他滑雪者提供一个醒目的标志,以避免碰撞事故的发生。

(2)滑雪手套。滑雪的全程都要依靠雪杖进行,所以对手套的要求很高。不仅要保暖、防寒,而且要柔软、耐磨、防割伤。滑雪手套一般用天然皮革和合成材料制成,且应选择不透水面料。滑雪手套要宽大,要选择五指分开的,手套腕口要长,最好能将袖口罩住,如能有松紧带封口,就能有效地防止雪的进入。

(3)滑雪帽。头部是滑雪时要重点保护的地方,所以在滑雪帽的选择上要格外仔细,一定要注意保暖。滑雪帽以弹性较好的绒线帽为最佳,长度以能遮到耳朵为首要条件,要能紧贴头部及耳朵部位,这样即使剧烈运动也不易松脱。

(4)滑雪镜。滑雪镜分为高山镜、跳台镜、越野镜、自曲镜等。由于雪地上阳光反射很厉害,加上滑行中冷风对眼睛的刺激很大,所以需要滑雪镜来保护滑雪者的眼睛。专业的滑雪镜的外观类似潜水镜,外框由软塑料制成,能紧贴面部,防止进风。镜面由镀有防雾、防紫外线涂层的有色材料制成。这种材料很柔软,用力扭曲只发生变形而不会断裂,以保证镜面受到撞击时不会对脸部造成伤害。另外,在外框的上沿有用透气海绵制成的透气口,以使面部皮肤排出的热气散到镜外,保证镜面有良好的可视效果。

(5)滑雪鞋。滑雪鞋一般分为高山鞋、越野鞋、跳台鞋和单板鞋等。高山鞋一般由内外两部分构成,外壳是由塑料或 ABS 注塑而成,较硬不易变形,内层由化纤织物和保温材料组成,鞋的踝关节角度和鞋的肥瘦等可根据需要进行调节,具有保护功能。越野鞋一般分为尼龙和皮革制品,鞋腰矮软且轻便。跳台鞋一般是用皮革制成,鞋腰较高且前倾大,有利于运动员跳跃和空中飞行保持前倾姿势。

2. 滑雪器材

(1)滑雪板。滑雪板种类繁多、形状多样,从长短来分有超长、长、中、短和超短;从宽度来分有窄、宽;从硬度来分有软板、硬板。一般来说,宽的滑雪板适用于大回转,窄的滑雪板适合于急转弯和小回转。选用滑雪板最关键的原则是要适合自己。现在选购滑雪板不必按照传统直板时代身高加 10 厘米的方法来确定长度,应选择身高减去 5~15 厘米的滑雪板。初学者应选用弹性较大的滑雪板,因为这种滑雪板遇到不平的雪面时不易颠簸,制动效果也较好,操作起来比较容易。技术好的滑雪者可以选择长一点、弹性小一点、稍微重一些的滑雪板,它可以增加滑行中的稳定性,使滑雪板的金属边刃紧紧地卡在雪地上,有利于滑雪者充分地操纵滑雪板,滑出漂亮的弧形。

(2)滑雪杖。滑雪杖是用来在起滑时支撑、在滑行中平衡身体的。除跳台滑雪、空中技巧滑雪、单板滑雪外,其他项目都使用滑雪杖,是滑雪者控制重心必不可少的一件工具。选择滑雪杖的长度以适合自己的身高为原则,一般由拦雪轮起算,最长不过肩,最短不低于肋下。越野滑雪杖的长度为使用者身高的 85% 左右,高山滑雪杖的长度为使用者身高的 65% 左右。高山滑降用"S"形滑雪仗。

(3)固定器。固定器又称脱落器,是在滑雪时将滑雪鞋固定在滑雪板上的装置。固定器分前后两部分,直接用螺丝固定在滑雪板上,前部固定器不可移动,后部固定器可沿滑雪板前后移动,以适应大小不同的滑雪鞋。

三 高山滑雪

高山滑雪是以滑雪板和滑雪杖为工具,在山坡专设的线路上进行快速回转和滑降的一种雪上竞技项目。冬季奥运会高山滑雪设 10 小项,男女各五项。男子项目设速降、回转、大回转、超级大回转、全能(速降/回转);女子项目设速降、回转、大回转、超级大回转、全能(速降/回转)。

高山滑雪比赛均在海拔 1 000 米以上的高山上进行。高山滑雪主要分速度系列和技术系列两部分。速度系列分速降和超级大回转,比赛按一次滑行成绩决出名次。滑降道落差最大,距离也最长,最高时速可达 130 千米。超级大回转由于旗门数较多,故速度稍慢。技术系列分大回转和回转,名次按两次成绩合计决定。大回转距离是回转的两倍以上,对速度和技术都有要求。回转旗门数男子为 55～75 个，女子为 45～65 个。

速降（又称滑降）要求运动员从山顶按规定线路穿过用旗插成的门形向下滑行，是竞速滑雪比赛项目。线路长 2 000 米以上，坡度 5°～35°，平均 20°，起点到终点的高差为 500～700 米。线路两旁插一定数量的旗杆作为各种门形，男子比赛插红色旗，女子比赛插红蓝两色旗，旗门间距为 4～8 米，上下旗门间距一般为 30 米左右。以滑降两次的时间计算成绩，决定名次。技术动作有直滑降、斜滑降、乙形滑降、起伏地滑降、犁式和半犁式滑降等。身体姿势分高、中、低三种。

回转比赛的场地起点与终点的高差，男子为 180～220 米，女子为 140～80 米。两个旗门的最小距离不得少于 0.75 米，旗门宽度为 4～6 米。旗门设置应包括有开口旗门（两个旗门杆连线与线路方向垂直）、闭口旗门（两个旗门杆连线与线路方向平行）以及 1～4 组由 3～4 个旗门组成的旗门组，如蛇形门、螺旋门、三角门以及菱形门等。回转比赛的成绩以在两条不同线路各滑行一次的成绩相加决定。

大回转比赛场地起点与终点的高差，男子为 350～400 米，女子为 260～350 米。两个上下连续门的旗门杆最小距离不得少于 10 米，旗门宽度为 4～8 米。大回转比赛一般需进行两轮滑行。第二轮滑行可在同一场地进行，但旗门必须重新设置。两轮滑行成绩相加得到最终成绩。

超级大回转比赛场地起点与终点的高差，男子为 500～650 米，女子为 350～500 米。旗门宽度，开口旗门最少为 6 米，闭口旗门为 8～12 米。旗门数，男子不得少于 35 个，女子不得少于 30 个。选手只滑行一次。

四　越野滑雪

越野滑雪是滑雪项目中起源最早、滑行距离最长、滑雪器材最轻、所受制约条件最少、安全程度最高的滑雪运动。冬奥会越野滑雪共设 12 个小项，男子项目为男子 15 千米（自由技术）、男子 15 千米 +15 千米双追逐、男子个人短距离（传统技术）、男子团体短距离（自由技术）、男子 50 千米集体出发（传统技术）、男子 4×10 千米接力。女子项目为女子 10 千米（自由技术）、女子 7.5 千米 +7.5 千米双追逐、女子个人短距离（传统技术）、女子团体短距离（自由技术）、女子 30 千米集体出发（传统技术）、女子 4×5 千米接力。

越野滑雪技术分为传统式和自由式滑行技术两种，传统式要求运动员在比赛中不得使用蹬冰技术，自由式滑行技术对运动员的蹬动动作不作限制。

比赛的雪道要求是上坡、波动式道面及有变化的下坡各占 1/3，雪道的最高点不得超过海拔 1 800 米。比赛开始前，运动员的雪板由大会打上标记，到终点时要求至少有一支雪板留有标记，双板都更换将被判为犯规，成绩无效。单项比赛一般采用间隔单人出发。有时因场地条件限制，也可分成若干小组间隔出发或集体出发。运动员按赛前抽签决定的顺序佩戴号码布。出发前运动员双脚不能超过起点线，但雪板的前部和雪杖可超过起点线。比赛名次根据运动员按规则滑完全程所用的时间确定。接力比赛除按单项比赛规则进行外，在每一站设以终点线为基点前后各延长 15 米的接力区。交接时上一站队员必须在接力区内用手触及下一站队员的身体任何部分方可完成交接。成绩以全队滑完全程所用时间的总和计算。

雪上运动场地，线路要尽量选择森林地带等多变地形，要保证雪质、雪量，线路宽度应达到 4～5 米，雪面要经过机械或人工捣固、踏压，厚度至少 10 厘米。最好在线路的一侧开有带雪辙的雪道，两条雪辙的内壁相距 15～18 厘米，雪辙深度至少为 2 厘米，雪辙的宽度以雪板的固定器不撞击两侧雪壁为准。线路的另一侧不开带有雪辙的雪道。要避免单调而过长的平地滑行、难度过大的急陡坡滑降，以及连续较长距离的蹬行。开始阶段要较易滑行，难度应出现在全程的 3/4 处。在出发后 2～3 千米内不应出现难度极大的急陡坡，在终点前 1 千米内不应出现较长的危险滑降，线路中要避免有危险的斜滑降，同时要避开冰带、陡角和狭窄的地带。

五 跳台滑雪

跳台滑雪简称"跳雪"，就是运动员脚着特制的滑雪板，沿着跳台的倾斜助滑道下滑，借助速度和弹跳力，使身体跃入空中，使整个身体在空中飞行 4～5 秒钟后，落在山坡上。

冬奥会的跳台滑雪比赛设 90 米、120 米和团体三项。按两次飞跃距离分和飞跃姿势分计算成绩。飞跃距离分因距离不同而不同。团体赛由 4 人组成，按 120 米跳台的合计得分计算。

跳台滑雪比赛中的跳台由助滑坡、着陆坡、停止区组成。滑雪者两脚各绑一块专用的雪板，板长为 2.30～2.70 米，宽为 11.5 厘米，板底有 3～5 条方向槽。比赛时运动员不用雪杖，不借助任何外力，以自身体重从起滑台起滑，经助滑道获得 110 千米/小时左右的高速度，于台端飞出，身体前倾与滑雪板成锐角，两臂紧贴体侧，沿自然抛物线在空中滑翔，在着陆坡着陆后继续自然滑行到停止区，然后根据从台端到着陆坡的飞行距离和动作姿势评分。

第三节 雪橇运动

 雪橇运动简介

雪橇运动起源于瑞士阿尔卑斯山山地，是乘木制或金属制的双橇滑板在专用的冰雪线路上高速滑降、回转的一项冬季运动项目。雪橇种类繁多，一般有无舵、有舵、单橇、宽橇、骑式、卧式、连模、牵引、电动、风帆等类型。冬奥会雪橇比赛项目包括有舵雪橇与无舵雪橇项目。

有舵雪橇用金属制成，形如小舟，车首覆有流线形罩，因此也得名"雪地之舟"。车底前部是一对舵板；上与方向盘相接，车底后部为一对固定平行滑板。车尾装有制动器。双人雪橇长 270 厘米，宽 67 厘米，包括人的体重不超过 375 千克。四人雪橇长 380 厘米，宽 67 厘米，包括人的体重不超过 630 千克。如重量不足，可携带其他加重物给予补足。

无舵雪橇为木制，底部滑板为金属。一对平行的滑板宽不超过 45 厘米。滑板前翅允许保持一定的弹性，但不得安装操纵滑板的舵和制动器。单座重不超过 20 千克，双座重不超过 22 千克。

 有舵雪橇

1．比赛场地

有舵雪橇的滑道是以混凝土或木材建成，宽度为 1.4 米，两侧均为护墙，护墙内侧高 1.4 米，外侧高 2～7 米。滑道及两侧的护墙均需浇冰，比赛线路长度为 1 500 米，全程有最少 15 个弯道，最多 20 个弯道，弯道的半径最低下限为 20 米，起滑道的平均坡度为 4°30′～8°30′，而起点与终点的高差是 100～150 米。

2．比赛规则

比赛分双人座和四人座两项。每赛次滑行 4 次，以 4 次比赛的累计时间计算成绩，时间少者名次列前。遇两队时间总和相等时，以任何一次最少时间的队为胜。

每个小项赛期两天，每天进行两次。首轮出发顺序由抽签决定。从第二轮起，出发顺序由前一轮的最后一名先出发，接着顺次下排。出发前，雪橇距起点线 15 米。出发信号发出后，均由选手在起点处手推雪橇奔跑起动，推行距离大概在 50 米，选手然后跃入座位，前座的人掌舵，最后座的人负责制动。到达终点时选手均须在座位上，否则成绩无效。

 无舵雪橇

1．比赛场地

无舵雪橇滑道是以混凝土或木材为基础砌成槽状的滑道，与有舵雪橇滑道相同，只是起点更远一些。赛道设计成希腊字母欧米伽的形状，滑道宽 1.30～1.50 米，滑道两侧的护墙均需浇冰。比赛线路长度男子为 1 000～1 400 米，女子为 800～1 200 米。全程设 11～18 个弯道，弯道的半径为 8 米。滑道的平均坡度男女相同，为 4°～10°。起点与终点的高差为 70～130 米。

2．比赛规则

冬奥会无舵雪橇比赛设男子单人座、男子双人座、女子单人座、团体接力赛共计 4 个小项。比赛时运动员坐在雪橇上，双手借助起点助栏用力向后推，使雪橇向前起动，滑行中仰卧在雪橇上，单手拉住雪橇皮带利用身体起卧，变换肩、腿姿势操纵雪橇，使之沿着冰道快速滑降。选手可选择最理想的线路前进，以尽可能地减少比赛用时。到达终点时，运动员须坐在雪橇上，否则不予计算成绩。比赛中平均时速可达 130 千米（80 英里），最快时速可达 145 千米（90 英里）。

单人赛会进行两日的赛事，每日进行两次滑行，首次的出发顺序以抽签决定，之后的出场次序以成绩决定，在 4 次的滑行中所得时间合计起来，所有时间最短的一队为优胜，如若成绩相同，则以任何一次最快时间完成的一队为优胜。

双人赛赛事为期一天，分别进行两次滑行，赛事第一次的出发顺序以抽签决定，之后的出场次序以成绩决定，在两次的滑行中所得时间合计起来，所有时间最短的一队为优胜，如若成绩相同，则以任何一次最快时间完成的一队为优胜。

第四节 冰球运动

 一 冰球运动简介

冰球，也称"冰上曲棍球"。冰球运动是多变的滑冰技艺和敏捷娴熟的曲棍球技艺相结合，对抗性较强的集体冰上运动项目之一。

早在二三百年以前，世界上就有着不同形式的冰上球类游戏，如荷兰的"科尔芬"、北美的"欣尼"、俄国的俄罗斯冰上曲棍球、北欧的"班迪"以及中国的冰上蹴鞠等。现代冰球运动起源于19世纪中叶的加拿大。加拿大早期的冰球比赛没有统一的规则，比赛也缺乏严密的组织。此后，这项运动传入欧洲及世界各国并流行起来。1908年，在巴黎成立了国际冰球联合会；1920年，冰球运动在第7届冬季奥运会上被列为比赛项目。

 二 冰球装备

1．冰球鞋

冰球鞋为高腰型，鞋头、鞋帮、两踝、后跟等外层均为硬质。前面的长鞋舌加上硬实的高腰，可将腿踝箍紧，帮助运动员支撑和用力。冰球鞋原为优质牛皮缝制，20世纪60—70年代出现全塑料模压鞋。现国际上多用尼龙纤维鞋帮、塑料底的冰球鞋。这种鞋比皮制鞋轻，坚硬、耐湿，适合室内冰球场使用。守门员冰鞋在鞋的四周包有特殊加厚的硬皮革，以抗球击打，保护脚部。

2．冰球刀

冰球刀原为铁托钢刃，现多采用全塑刀托、优质合金钢刀刃，具有质量轻、抗击打、不易生锈等优点。冰球刀刀身高而短，弧度大，刀刃较厚。刀身高，在运动员急转弯冰刀倾斜时也不会使鞋触及冰面；刀身弧度大，与冰面接触面积小，可以灵活地滑跑和改变方向；刀刃厚，可抗打击而不弯；刀刃带有浅沟可使其锋利持久。守门员冰球刀与运动员冰球刀有较大区别，其全为金属制作，刀身矮而平，刀刃与刀托有多处连接以防漏球。

3．护具

为防止在紧张激烈的对抗中受伤，冰球运动员全身穿戴护具。护具包括头盔、面罩、护肩、护胸、护腰、护身、护肘、手套、裤衩、护腿、护踝等。现代冰球护具一般多采用轻体硬质塑料外壳，内衬海绵或泡沫塑料软垫。守门员戴有特制的面罩、手套、加厚的护胸及加厚加宽的护腿等。

4．球杆

球杆用木质材料制成，从根部至杆柄端不能长于147厘米。杆刃不得长于32厘米，宽为5～7.5厘米。守门员球杆杆柄的加宽部分从根部向上不得长于71厘米，不宽于9厘米，杆刃长不超过39厘米，宽不超过9厘米。为了减轻重量，现多用碳素材料制成的球杆，在长宽不变的情况下重量减轻，更容易让选手发挥水平。

5．冰球

冰球为用黑色硬橡胶或经国际冰联批准的材料制成。冰球厚为2.54厘米，直径为7.62厘米，重量为156～170克。

三 冰球场地

标准冰球场地的最大规格为长61米，宽30米；最小规格为长56米，宽26米；四角圆弧的半径为7～8.5米。国际比赛均采用长61米、宽30米、四角圆弧半径为8.5米的场地。

冰球场地四周围以高1.15～1.22米木质或可塑材料制成的牢固界墙。除场地正式标记外，全部冰面和界墙内壁应为白色。在冰场两端，各距端墙4米，横贯冰场并延伸到边线界墙，画出宽5厘米的两条平行红线为球门线。两个球门固定在球门线的中央。两条30厘米宽的蓝线横贯整个冰场并垂直延伸到边线界墙，将两条球门线之间的区域作三等分，自己球门一侧为守区，中间为中区，对方球门一侧为攻区。

在冰场中间，有一条30厘米宽的红线平行于蓝线，横贯冰场并垂直延伸到边线界墙，称为中线。中线的中间有一个直径为30厘米的蓝点为开球点。此外，在中区和两端区还有8个直径为60厘米的争球点和5个半径为4.5米的争球圈。在每个球门前有一个1.22米×2.44米、由线宽5厘米的红线连成的长方形，称为球门区。在中线附近靠近一侧边线界墙的冰面上还画有半径为3米的半圆形裁判区。冰球球门宽为1.83米，高为1.22米，球门内最深处不大于1米或小于60厘米。球门支架后面应覆盖门网，门内悬挂垂网，以便把球挡在门内。球门柱、横梁等向外的表面为红色，向内的表面和其余支架、底座的内表面为白色。在冰场一侧的界墙外设有分开的、供比赛队使用的队员席，对面边线界墙外设裁判席和受罚席。

为使比赛顺利进行，冰球场必须备有信号装置、公开计时装置和光线充分良好的照明设备。

四 冰球术语

1．比赛的开球点

红色中线最中间有一个蓝色点，这就是开球点。每局比赛开始或者射中球门以后，双方都要在这个点上争球，以此开始下面的比赛。

2．争球点

除开球点之外，场地上还有另外8个点，称为争球点。比赛中，如果攻方队员由本队半场将球直接打过对方球门线形成"死球"，裁判员要鸣笛停止比赛，把球拿回到攻方的守区争球点，双方争球，并重新开始比赛。

3．越位

在球没有进入攻区之前，攻方队员不能先于球进入攻区，否则就是越位。此时，裁判员要鸣笛停止比赛，把球拿回到中区争球点，重新争球，并开始比赛。

4．合理冲撞

比赛中，运动员可以用肩、胸、臀冲撞对方控球队员，但不得滑行三步以上或跳起来进行冲撞，也不得从背后或距离界墙3米以内向界墙方向猛烈冲撞，否则就是非法冲撞。凡是非法冲撞者，裁判员将视情节对其进行2分钟小罚或者5分钟大罚及附加10分钟违例，严重者将被判罚为严重违例或者取消比赛资格。

5．犯规

因为冰球比赛速度极快，运动员手中又有冰球杆，场上竞争局面如果不得到适度控制，就会出现极不文明甚至危险的现象。因此，规定下列动作不允许出现：用手推人、抱人，用腿绊人，用肘顶人，用杆钩人、绊人，横杆推阻，将杆举过肩部以上，持坏杆参加比赛，向场外投掷球杆，用杆打人，用杆头刺人或杵人。出现以上现象，裁判员将视情节给予小罚、大罚、违例或严重违例的处罚。

6．各位置名称

C：中场；LW：左边锋；RW：右边锋；LD：左边卫；RD：右边卫；c（centre）：中锋；Lw（left wing）：左前锋；Rw（right wing）：右前锋；Ld（left defender）：左后卫；Rd（right defender）：右后卫。

7．肩部冲撞

肩部冲撞是防守队员对控制球队员的一种抱截技术。冲撞时要降低身体重心，膝部弯曲，两脚比肩稍宽，上体前倾，后腿用力蹬冰，用肩部向对方队员胸部进行冲撞。身体接触后，后腿用力向下蹬冰将对方撞倒，而后立即抱球。

8．争球

每一场冰球比赛，从开始到结束，都要进行多次争球，它是获得球权的重要手段。在攻区争到球后，可直接射门得分，在守区争得球后，既可减少对球门的威胁，又可立即组织进攻。争球时，裁判员将球抛在两方争球队员的冰球杆之间的冰面上。争球队员面向对方端区站立，彼此相距约一冰球杆远的距离，杆刃放在冰上，两腿分立，两脚距离略比肩宽，集中注意力并对本队队员所站位置心中有数，待裁判员一抛球，立即迅速击拍争球，拨球给本队队员。

9．击射

击射是一种最快、最有力量的射门方法。击球前，球的位置在身体侧前方。上体向后移动并将杆向后上方举起，然后后腿用力伸展蹬冰，利用腰腹力量使上体向前移动，同时肩带、上臂肌肉发力，从后向前迅速摔拍。击球时，杆刃击在球后几厘米的冰面上，利用冰面对杆产生的变形弹力，然后击打冰球，使球从杆刃后半部向前半部分转动旋出。整个动作短促快速。

10．侧躺

侧躺是指运动员在比赛中身体向左或向右侧躺在冰面上，以阻止对方射门或阻挡球杆拨球。因动作类似棒球比赛中的滑倒，所以侧躺又被称为棒球或滑倒。

五　比赛规则

国际冰球联合会根据比赛成绩，将所有会员国按冰球运动水平高低划分为A、B、C 3组，

A组6个队，B组8个队，其余均为C组。A组可参加冬季奥运会冰球比赛和世界冰球锦标赛。3个组间按每年比赛成绩实行升降级制度，即A组、B组的最后两名翌年分别降入B组、C组；B组、C组的最前两名翌年分别升入A组、B组。冰球比赛在同一组别的两个队间进行。每队20人。比赛时每队上场6人，3名前锋、2名后卫、1名守门员。运动员在被界墙围起来的冰球场内按规则运用滑行、运球、传球、射球、身体阻截等技术，在战术配合下相互攻守，力争用冰球杆将冰球射入对方球门。比赛进行中可随时换人，运动员犯规要受到离场2分钟、5分钟或10分钟以至更重的处罚。全场比赛分为3局，每局20分钟，中间休息15分钟。最终以射门得分多者为胜。

运动员脚穿冰鞋，手持冰杆，身穿国际冰联规定的护胸、护肘、护裆、护腿、头盔等护具。比赛每射中1球得1分。比赛进行中可以不通过裁判随时替换队员和守门员。防守队员可以用肩、胸、臀部对控制球的进攻队员进行合理冲撞，也可用身体贴挤和阻挡。同队队员可在一个区域内互相传球，但不能从守区向位于前半场的同队队员传球，违者判为越区传球。

冰球比赛的裁判人员包括两名场上裁判员，两名监门员（球门裁判员），两名边线裁判员，一名计时员和一名记分员。（两位）场上裁判员共同控制整场比赛，各负责一个半场。

 ## 六 冰球技术

冰球技术包括滑行技术，运球技术，传、接球技术，射门技术，抢截球技术，跪挡技术和守门员技术。

1．滑行技术

滑行技术是冰球运动最基本和最常用的技术，其包括直线向前滑行、直线倒滑、正滑转弯滑行、倒滑转弯滑行、单脚内刃转弯、正滑、倒滑压步、起跑、急停、转体和跳跃等。

2．运球技术

运球技术也是冰球运动最基本和常用的技术，主要包括拨球、推球、拉杆过人和倒滑运球等。

3．传、接球技术

传、接球是完成进攻战术配合的主要手段，只有快速、准确和熟练传、接球，才能有效地完成各种进攻战术的配合。传球技术包括正拍传球、反拍传球、弹传、传腾空球和挑传球等。接球技术包括正拍接球、反拍接球、冰刀接球和杆柄接球等。

4．射门技术

射门技术是重点技术，是决定比赛胜负的关键。射门技术包括正手拉射、反拍推射、弹射、击射、挑射和垫射。

5．抢截球技术

抢截球技术分用杆抢截和合理冲撞两类。用杆抢截包括戳球、勾球、挑杆抢球和压杆抢球。合理冲撞分肩部冲撞、胸部冲撞、臀部冲撞和向界墙挤贴。

6．跪挡技术

跪挡技术多用于防守和抢截，包括单腿跪挡和双腿跪挡。

7. 守门员技术

守门员应掌握以下十大防守技术：用球拍挡球、抓球、手挡球、全分腿挡球、分腿挡球、双腿侧躺挡球、蝶式跪挡、侧踢球、刀挡球、戳球。

七 冰球战术

冰球运动常采用以下战术：

（1）进攻战术，有1人、2~3人和全队的进攻战术，全队进攻战术又可分为快攻和阵地进攻等。

（2）防守战术，分为个人防守、2~3人防守和全队防守战术。

（3）"多打少"和"少打多"战术，冰球规则有罚出场2分钟和5分钟的规定，场上可能形成6打5或6打4以多打少的局面，这是得分的最好时机，多打少战术就是针对这一情况采取的一种特殊形式的进攻战术；反之，少打多则是因队员被罚出场而被迫采取的特殊形式的防守战术。

第五节　冰壶运动

一 冰壶运动简介

冰壶运动又叫冰上溜石，起源于14世纪的苏格兰，至今在苏格兰还保存着刻有1511年份的砥石（即冰壶）。1795年，第一个冰上溜石俱乐部在苏格兰创立，1838年，苏格兰冰上溜石俱乐部制定第一个正式的比赛规则。1807年，冰上溜石活动传入加拿大，1820年，开始在美国等地流行。从此，冰上溜石作为一项冬季运动在欧洲和北美逐渐开展起来。20世纪初，通过加拿大冰上溜石爱好者的努力，使这项运动的比赛规则和方法更加完善，并由室外逐渐移入室内，并于1927年举行首次全国冰上溜石比赛。首届世界冰壶锦标赛始于1959年，最初称为苏格兰威士忌杯赛，于1968年改称加拿大银扫帚锦标赛，1986年，正式定名为世界冰壶锦标赛。

1924年，冰壶首次以表演项目的形式在冬奥会上亮相。1966年，国际冰壶联合会成立，于1991年改为世界冰壶联合会，同时获得了国际奥委会的承认。冰壶运动曾于1924年、1932年、1936年、1964年、1968年、1992年6次被列为冬奥会表演项目。1993年，国际奥委会决定，从1998年开始，冰壶被列为冬奥会正式比赛项目。

二 冰壶装备

冰壶运动的装备包括冰壶、比赛用鞋和毛刷。冰壶由苏格兰不含云母的花岗岩凿磨制成,标准直径为 30 厘米、高为 11.5 厘米、质量为 19.1 千克。大赛用壶的壶把上装有传感器,又称"前掷线上的眼睛",专门探测投壶者是否犯规(投壶者必须在前掷线前松手,否则被视为犯规),如图 10-1 所示。参赛队员脚穿比赛专用鞋,两鞋底部质地不同,蹬冰脚的鞋底为橡胶制成,而滑行脚的鞋底为塑料制成。冰壶用的刷子是为了减小冰壶与冰面间摩擦。冰壶受到摩擦力作用的过程,是一个减速的过程。

图 10-1 冰壶

三 冰壶场地

冰壶运动所用场地是一个长为 44.5 米、宽为 4.32 米的冰道。冰壶赛道的横截面是 U 形的,并不水平,U 形的冰面可以帮助高水平运动员打出弧线球。冰道的一端画有一个半径为 1.83 米的圆圈作为球员的发球区,被称作本垒。冰道的另一端也画有一圆圈,被称为营垒。营垒是由 4 个半径分别为 0.15 米、0.61 米、1.22 米和 1.83 米的同心圆组成,外面两圆之间涂为红色。在场地两端各装有一个斜面橡胶起蹬器。在冰壶场地前后两端各有一条蓝色的实线称为"前卫线"和"后卫线"。冰壶掷出后,如果未进前卫线或越过后卫线都视作无效,将被清出场外。掷球时,若冰壶已通过掷球区的圆心线,则不可再重掷。冰壶掷出后,己方的刷冰员可在冰壶通过标的区的圆心线之前进行刷冰;之后,对方将有权进行刷冰,以使壶离开圆心。

四 冰壶术语

(1) 得分区。直径 12 英尺,带有四个中心圈,内面直径 8 英尺。

(2) 一个冰壶队。有 4 个队员:即第四号队员(拿刷子的队员),第三号队员(或副刷子队员),第二号队员和首号队员(最先掷石队员)。在每次掷石中所有的队员都参与,要有一个掷石,两个刷子,一个呼叫策略。

(3) 赛区。146 英尺的赛区。赛区设计两个方向均可使用。

(4) 拉引击石。这是最基本并最广为应用的射击,即将冰壶石掷在得分区之前或得分区内。

(5) 防卫击石。将冰壶石掷在拱线和得分区之间用来防御对手的冰壶石进入得分区。

(6) 敲退击石。将冰壶石放在一个或是多个已经存在场上的冰壶石的前面。敲退击石就是将对手的冰壶石轻敲挤退远离得分中心线,但不将它击出,而使其停在掷石者的冰壶石的后面,如此一来对方便很难将这颗冰壶石击出场。

(7) 通道击石。在两颗冰壶石中间的缝隙叫作通道,当掷石者需要让他的冰壶石通过两颗或是多颗阻碍石时,他便需要掷出一个通道击石。

（8）晋升击石。晋升击石是将一颗在得分区之前的冰壶石，由射石撞击到更接近得分区的中心。同时这颗射石被晋升为中心石起到卫兵的作用。

（9）晋升移除掷石。一颗冰壶石被射石撞击之后，往后推近并碰击到对方的冰壶石，而使对方的冰壶石被驱离得分区或出局。

（10）精彩击石。若希望将冰壶石掷到一颗卫兵石的后面；或是希望将一颗被保护得很好的冰壶石击出场，有一种方式是将冰壶石丢掷去撞击一颗停在外围的冰壶石，然后让掷石转向朝目标地方向前进。这种射击大概是冰壶最精彩的射击之一，因为这种射击通常会出现意想不到的结果。

（11）奉送击石。奉送击石有两种形式，这两种都牵涉到（两颗、多颗）冰壶石十分接近甚至靠在一起的情况。一种情况是连接两个冰壶石中心的线，朝（指）向得分区中心或目标区；另外一种情况是两颗冰壶石接点的切线，朝（指）向得分中心或目标区。

（12）削剥击石。当你的队处于领先的状况，或是你的对手有一颗冰壶石在得分区中，并被良好地保护着，你会希望移除在得分区之前的障碍（卫兵）石。当这种情况存在时，这个射击会被称为剥削击石。剥削击石涉及移除一个在得分区之前的冰壶石，而射石和被移除石将同时出局，不会进入（经过）得分区，以免造成任何损失。有时，利用撞击推进卫兵石，去移除被卫兵石保护的冰壶石，会是一个好的策略。但是这个策略也有很大的风险，只要一点小小的失误，你的射石就会留在原地成为对方的卫兵，并奉送对手一个机会再放一个卫兵石或是放另一冰壶石到得分区中。

五 比赛规则

冰壶比赛时，每场由两支球队对抗进行，每队由4名球员组成。比赛共进行10局。两队每名球员均有两个冰壶，即有两次掷球机会。两队按一垒、二垒、三垒及主力队员的顺序交替掷球，在一名队员掷球时，由两名本方队员手持毛刷在冰壶滑行的前方快速左右擦刷冰面使冰壶能准确到达营垒的中心。同时，对方的队员为使冰壶远离圆心，也可在冰壶的前面擦扫冰面。球员掷球时，身体下蹲，蹬冰脚踏在起蹬器上用力跷蹬，使身体跪式向前滑行，同时手持冰壶从本垒圆心推球向前，至前卫线时，放开冰壶使其自行以直线或弧线轨道滑向营垒中心。掷球队员在力求将冰壶掷向圆心的同时，也可在主力队员的指挥下用冰壶将对方的冰壶撞出营垒或将场上本方的冰壶撞向营垒圆心。最后当双方队员掷完所有冰壶后，以场地上冰壶距离营垒圆心的远近决定胜负，每石1分，积分多的队获胜。

一场比赛需两组石球，每组各八颗，印上色彩以使在冰道另端仍可轻易辨识。传统上，在第一局中未拥有最后一球掷球权的一队可选择该队的球色。

一场比赛分为10局，比赛时间约2小时30分。两个队共投16个石为一局。以双方队员掷出的石离大本营中心的个数多少来计算得分并决定胜负。

主将应领导球赛。当队员掷球时，主将应持冰刷，作为掷球之目标物。主将并应指示石球的旋转方向及应滑行的距离，并使队员了解掷球的目的，使刷冰员决定应如何刷冰，因为刷冰可使石球增加滑行距离同时减少行进的曲度。

第十一章 贴近自然的休闲与拓展运动

第一节 定向越野运动

一 定向越野的起源与发展

定向越野既是一种户外休闲、娱乐运动，又是一种竞技运动。军队是定向越野运动的先驱，最初的定向越野比赛于 1895 年在瑞士斯德哥尔摩和挪威奥斯陆的军营举行，距今已有 120 余年历史。1919 年，第一次正式的定向越野比赛在斯堪的纳维亚举行，由于这个项目组织方法简便，器材装备简单，在北欧得到迅速的发展并很快普及到世界各地。1961 年 5 月在丹麦首都哥本哈根成立了国际定向越野联合会（简称国际定联，IOF），定向越野成为正式的比赛项目之一。定向越野在世界各地正吸引着越来越多的人参与并为之狂热。参加定向越野除需要指北针和地图外，不需要特殊的设备，是一种较为经济的运动项目。

定向越野在我国发展起步较晚，20 世纪 70 年代末期，我国的体育报刊上陆续刊登了一些介绍国外定向越野运动情况的文章，国际定向越野特有的锻炼价值和实用性，逐渐地引起了国内的体育和军事部门的关注。中国定向运动协会成立于 1995 年，简称"中国定协"，英文名称为"Orienteering Association of China",英文缩写为"OAC"。中国定协是在民政部注册,由国家体育总局主管的国家级单项体育协会。该协会是具有独立法人资格的全国性群众体育组织,是由定向爱好者、定向专业人士、从事定向活动的单位或团体自愿结成的专业性、全国性、非营利性社会组织,是中华全国体育总会的团体会员,是代表中国加入 IOF 的唯一合法组织。

二 定向越野的概念及分类

定向越野的概念就是参加者借助地图和指北针,以徒步越野赛跑的形式,按顺序到达地图上所标示的各个点标(也称检查点),以最短的时间完成规定赛程的运动项目。定向越野是一项集体力与智力、竞技与娱乐、探险与刺激于一体的运动,有其独特的魅力和价值。

定向越野按运动工具的不同可分为以下两种:

(1)徒步定向,如传统定向越野跑(标准距离、长距离、短距离)、公园定向、接力定向、夜间定向。

(2)工具定向,如滑雪定向、山地自行车定向、摩托车定向。在有些国家,人们还尝试使用不同交通工具的定向越野比赛,如乘坐摩托车、自行车、独木舟或骑马等。

定向越野的其他分类如下:

(1)按性别的不同可分为男子组和女子组。

(2)按年龄的不同可分为青年组、老年组和少年组。

(3)按技术水平的不同可分为初级组(体验组和家庭组)、高级组和精英组。

(4)按参加人数的不同可分为个人单项、个人双项和集体项。

三 定向越野的价值

(一)健身价值

作为一项运动,其对人体最突出、最直接的影响就是能使人强身健体、增强体质。定向越野运动对提高人的肌肉耐力有显著的效果。教育部对大学生体质健康的测试结果显示:大学生的体质连续 20 年呈下滑趋势,特别是学生的耐力素质越来越差。对经过定向越野课程培训的部分学生的调查发现,有不少原来自认为不能完成 800 米的女生在不知不觉中也能跑完直线距离为 3 000 米的定向越野路线。这是因为定向越野运动是一种有氧运动,在风景优美、空气清新的森林或复杂的校园中奔跑,给人带来一种新鲜感和神秘感,由于在运动的过程中需要读懂地图、判断方向、选择线路,在一定程度上转移了运动中承担的生理和心理负荷,使人在不知不觉中锻炼身体,提高机体运动能力。

(二)益智价值

定向越野不仅是一种身体的活动,还是一种智力的活动,它具有积极的益智价值。通过定向越野的学习、锻炼和比赛,可以使人们增长相关学科的基本知识和在实践中运用这些知识的能力,学会在运动中使用指北针的技能,发展空间思维能力和快速应变能力。

（三）德育价值

定向越野由于在环境、条件和比赛方法上的特殊性，在培养道德品质方面具有独到的作用。在锻炼和比赛中，能够更好地培养坚定的信念、拼搏的精神、坚强的意志，以及互帮互助的团队合作精神。另外，还能培养人在新的、陌生的环境下的竞争意识和适应能力，培养人对新事物的追求、对事业的进取心、坚韧不拔的毅力、绝不放弃和永不言败的精神。

（四）娱乐价值

定向越野的竞赛性、游戏性、情趣性和神秘性，能给人带来愉悦身心的良好效果。在体验过程中，虽然会遇到诸多困难，但通过自己的努力与智慧，找到设在无论如何也无法相信的地点标时，那种激动和喜悦的心情是极其美妙的。在校园开展定向越野能拓宽体育课程的内容和空间，促进学生身心发展，丰富校园体育文化生活。

四 定向越野的工具和装备

（一）指北针

指北针是定向越野中运动员必备的工具之一，是一种利用地磁作用指示方向的多用途袖珍仪器，也称指南针。其主体由一根可绕立轴转动的磁针和方位刻度盘构成。在水平测量情况下，磁针指向地磁场的南北极。方位刻度盘采用密位或角度两种分划制。定向越野使用的指北针一般可分为基板式（图11-1）和拇指式（图11-2）两类。

图 11-1　基板式指北针

图 11-2　拇指式指北针

（二）定向越野地图

国际定向越野地图的最基本的要求如下：

（1）幅面的大小：根据比赛区域的大小确定，赛区以外的情况不必表示。

（2）比例尺：通常为1∶1.5万或1∶2万，当需要时也可采用1∶1万或1∶2.5万。

（3）等高距：通常为5米，当需要时也可采用2～10米，但在一幅图上不得使用两种等高距。

（4）精度：正常速度奔跑的运动员没有任何不准确的感觉；内容表示出重点，详细表示与定向越野跑直接相关的地物、地貌，要利用颜色、符号等，详细区分通行的难易程度。

（三）点标旗

点标旗简称点标，主要用于检验运动员是否按规定跑完全程，也是运动员寻找和辨别检查点的主要依据。国际定联对点标的尺寸、颜色、设置方法等都做了较为详细的规定。点标旗是由三面标志旗连接成的三菱体。每面点标旗为30厘米×30厘米的正方形，出对角线一分为二，左上部为白色，右下部位为橙黄色，夜间定向检查点应有光源（图11-3）。

图11-3　点标旗

悬挂点标旗的方法分为有桩式和无桩式两种。悬挂高度一般从标志旗上端计算，距离地面为80～120厘米。

（四）打卡器

打卡器包括针孔打卡器和电子打卡系统。

1．针孔打卡器

针孔打卡器用弹性较佳的塑料制成，一端装有钢针，每个针孔打卡器的钢针的组合图案都不相同（图11-4）。运动员可在记录卡上打孔，也可直接将孔打在地图上的记录卡上。此种打卡器价格便宜、使用方便，适用于日常教学与训练及一些小型比赛。

图11-4　针孔打卡器

2．电子打卡系统

电子打卡系统由指卡、打卡器和终端打印系统组成。其特点如下：
（1）使用方便快捷；
（2）检卡快速准确；
（3）能及时将结果打印出来；
（4）安全持久，不易损坏。

随着定向越野的不断发展，定向器材的研制和开发也十分迅速，目前在国内外的大型定向越野赛事中都采用先进的电子打卡计时系统。使用电子打卡计时系统不仅使运动员容易操作，还使组织者工作变得更加简单，同时也使比赛更公平公正。Sportident 和 Emint 及国内的 China-health 电子打卡计时系统都是当前知名的定向越野电子打卡计时系统，如图 11-5 所示。

图 11-5　电子打卡器组件

（五）号码布

定向越野竞赛地图号码布一般不超过 24 厘米 ×20 厘米，号码数字的高不小于 12 厘米，字迹要清晰，字体要端止。正规的比赛还要求将号码布佩戴于前胸及后背两处。

五　定向越野的基本技术

（一）辨别方向

1．使用指北针辨别方向

（1）辨别方向。当指北针的磁针静止后，其 N 端所指的方向为北方。

（2）标定地图。先使指北针定向箭头朝地图上方，使箭头两侧的平行线与越野地图上的磁北线重合或平行；然后转动地图，使磁针北端对正磁北方向。

（3）确定站立点。选择图上和现场都有的两个明显地形点，并用指北针分别测出这两个地形点的磁方位角；将所测磁方位角图解在地图上。图解磁方位角时，要先转动指北针的分度盘，让指标分别对已测的方位角值；再将指北针的直长边分别切于图上被照准的两个地形点符号，并转动指北针；待磁针与定向箭头重合后，分别沿直长边描方向线。两方向线的交点，就是站立点在图上的位置。

2．引用地物判别方向

（1）房屋一般门朝南开，在我国北方尤其如此。

（2）庙宇通常也向南设门，尤其庙宇群的主要殿堂。

（3）树木朝南的一侧通常枝叶茂盛、色泽鲜艳、树皮光滑；北侧则相反。

（4）凸出地物，如墙、地埂、石块的北侧基部较潮湿，可能生长苔类植物。

（5）凹入地物，如河流、水塘、坑的北侧边缘（岸、边），存在与凸出地物相同的现象。

（二）越野地图

1．越野地图的比例尺

（1）比例尺的概念。图上某线段的长度与相应实地水平距离之比，叫作地图比例尺。即

$$\text{地图比例尺} = \frac{\text{图上长度}}{\text{相应实地水平距离}}$$

（2）比例尺的特点。

①比例尺是一种没有单位的比值，相比的两个量的单位必须相同，单位不同则不能相比。

②比例尺的大小是按比值的大小衡量的。比值的大小，可按比例尺分母来确定，分母小则比值大，比例尺就大；分母大则比值小，比例尺就小。如 1∶1 万大于 1∶1.5 万，1∶25 万小于 1∶1 万；一幅地图，当图幅面积一定时，比例尺越大，其包括的实地范围就越小，图上显示的内容就越详细；比例尺越小，图幅包括的实地范围就越大，图上显示的内容就越简略；比例尺越大，图上量测的精度越高；比例尺越小，图上量测的精度也就越低。

2．符号分类

（1）依比例尺表示的符号。实地面积较大的地物，如城镇、森林、湖泊、江河等，其符号图形的外部轮廓是按比例尺缩绘的，可供运动途中确定方向和站立点。

（2）半依比例尺表示的符号。实地的线状地物，如道路、沟渠、电线、围墙等，这类地物符号的长度是按比例尺缩绘的，但其宽度不是。也可供确定运动方向和站立点使用。

（3）不依比例尺表示的符号。实际面积小但对运动有影响或有方位意义的独立地物，如窑、独立坟、独立树等。在越野地图上，它们的长与宽都不能依比例尺表示，只能用规定的符号表示。

（4）定向越野地图采用不同颜色来表示不同地形，清晰易读。一般是蓝色表示水系，棕色表示地面起伏，绿色表示植被；其他内容则用黑色表示。

（三）体育课中开展的小型定向越野

1．路线与设点

（1）路线的设计。当起点、终点同设一处时，路线可设计成闭合形；起点、终点各设一处时，路线可设计成"一"字形或"弓"字形。设计时，应本着既适合学生运动技能的发挥，又具有路线可选择性的原则。

（2）设置检查点。在体育课中设置检查点的原则是根据路段需要确定检查点，必须将其设置在图上有明显地物（地貌）符号的地方；前一名参加者在该点作业时，不被后续向该点运动的参加者发现。

2．起点与终点

（1）起点。起点应设置在地形平坦、面积较大、地势较低之处，应使之与第一检查点之间有足够的遮蔽物，保证参与者在离开出发位置之后很快消失。

（2）终点。终点与起点可设置在同一场地内，也可单独设置。最后一个检查点至终点之间的路段应比较简单，以便让所有参加者从同一方向跑回终点。

3. 出发与比赛

（1）出发。IOF 规定出发时间间隔为 3 分钟。小型的低级别的定向越野活动，可适当缩短时间间隔，但原则上是要保证前一名参加者出发消失后，后一名参加者方可出发。

（2）比赛。可按考核性、娱乐性和竞赛性定向越野三种形式进行比赛。

（四）校园定向越野

校园定向越野，是利用校园的地形条件开展的定向越野，是徒步定向越野的一个新兴的运动项目，也是一种偏重于娱乐的群众性体育活动。

1. 路线的选择

校园定向越野的地形条件，只要有一定的地貌起伏，有一定的植被覆盖，有一定数量的明显地物即可。器材准备要坚持因陋就简的原则。

2. 练习

校园定向越野的练习主要包括识别越野地图、使用越野地图、比赛方法等。在练习时要突出重点，重在实用，要注意以下问题：

（1）在识别越野地图练习中，主要针对越野地图突出讲清楚地物，利用地物定向是校园定向越野的特点。

（2）使用越野地图的练习要注意尽量不用指北针，先抓准站立点，着重利用地物标定地图的方法。

3. 比赛

（1）比赛的规模应根据校园面积大小、可利用路线长短、路线的条数及可设检查点的个数来决定，每次参加者应控制在合理的数量内。

（2）路线长短要根据各组参赛人员多少来决定。

（3）比赛起点与终点应设在同一处，通常选择在球场或操场。

（4）在进行具体路线设计时，检查点（包括起点、终点）之间应有多条道路可供参赛者选择，以增加比赛的难度。

第二节 攀岩运动

攀岩运动是一项不用攀登工具（攀登工具仅起保护作用）而仅靠手脚和身体平衡来攀登陡峭岩壁或人造岩墙的竞技性运动项目。攀岩者在各种高度及不同角度的岩壁上，连续完成转身、引体向上、腾挪甚至跳跃等惊险动作，集健身、娱乐、竞技于一身，是一项刺激而不失优美的极限运动，被全球的攀岩迷们称为"峭壁上的芭蕾"（图 11-6）。

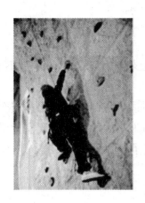

图 11-6　户外运动——攀岩

一　攀岩运动的起源和发展

最早的攀岩者当然是远古的人类。可以想见，他们为了躲避猎食者或敌人，在某个危急的时刻纵身一跃，从此成就了攀岩这项运动。而人类最早的攀登记录，是公元 1492 年法国国王查理三世命令 Domp Julian de Beaupre, Captain of Montelimar 去攀登一座名为 Inaccessible 的石灰岩，高为 304 米。当时他们就带着简单的钩子和梯子，凭着经验和技巧登顶成功。那座山后来被命名为 Mt Aiguille，那次攀登成为历史上第一个有记录并使用装备的攀岩事件。然而之后长达几百年的时间里，历史上一直没有再留下人类新的攀登记录。

一直到了 17 世纪中期，人们攀登高山的活动开始重新被记载下来。冰河地形及雪山成为这些早期登山者主动迎接的挑战，而他们的足迹遍布阿尔卑斯山区。在 1850 年，登山者已经发展了一些简单的攀登工具，以帮助他们通过岩壁和一些冰河地形。例如，有爪的鞋子和改良过的斧头和木斧，这些都是现在冰爪和冰斧的前身。

在阿尔卑斯山区，有另外一些人尝试不过多依赖工具，而是运用他们自己的身体来攀登高山。1878 年，George Winkler 没使用任何工具，成功首攀 Vajolet Tower 西面。虽然 George Winkler 使用了钩子且鞋子也经过改良，但他仍算是开创了自由攀岩运动的先河。

进入 20 世纪 80 年代，以难度攀登而闻名的现代竞技攀登比赛开始兴起，并引起人们广泛的兴趣。1985 年在意大利举行了第一次难度攀登比赛。1988 年 6 月国际竞技攀登比赛在美国举行。1989 年首届世界杯赛分阶段在法国、英国、西班牙、意大利、保加利亚和苏联举行。运动员参加各地比赛，最后累计总成绩，进行排名。世界杯攀登比赛每年举行一次。我国于 1987 年在北京怀柔登山基地举办了第一届全国攀岩邀请赛，此后每年一届。随着攀岩运动的蓬勃发展，国际攀联在各大洲成立委员会，组织洲内地区性大赛。"亚洲攀委会"1991 年 1 月 2 日在我国香港成立，第一届亚锦赛于 1991 年 12 月在香港举行。

二　攀岩装备

攀岩的装备器材是攀岩运动的一部分，是攀岩者的安全保证，尤其是自然岩壁的攀登。因此，平时要爱护装备并妥善保管。攀岩装备可分为个人装备和攀登装备。

（一）个人装备

个人装备指的是安全带、下降器、安全铁锁、绳套、安全头盔、攀岩鞋、镁粉和粉袋等。

1. 安全带

攀岩用安全带与登山用安全带有所不同，属于专用，并不适合登山；但登山用安全带可以在攀岩时使用。我国大部分攀岩者多使用登山安全带，这是因为国内没有攀岩用安全带生产厂家，而攀岩爱好者又往往是登山人，于是两种安全带也就混用了。

2. 下降器

8字环下降器是最普遍使用的下降器。

3. 安全铁锁和绳套

安全铁锁和绳套供攀登过程中休息或进行其他操作时自我保护之用。

4. 安全头盔

一块小小的石子落下来，砸在头上就可能造成极大的生命危险。因此，头盔是攀岩的必备装备。

5. 攀岩鞋

攀岩鞋是一种摩擦力很大的专用鞋，穿起来可以节省很多体力。

6. 镁粉和粉袋

手出汗时，抹一点粉袋中装着的镁粉，立刻手就不滑了。

（二）攀登装备

攀登装备是指绳子、铁锁、绳套、岩石锥、岩石锤、岩石楔，有时还要准备悬挂式帐篷。

1. 绳子

攀岩一般使用 $\phi 9 \sim \phi 11$ 毫米的主绳，最好是 $\phi 11$ 毫米的主绳。

2. 铁锁和绳套

铁锁和绳套是连接保护点下方保护攀登者的必备器械。

3. 岩石锥

岩石锥是由固定于岩壁上的各种锥状、钉状、板状金属材料做成的保护器械。可根据裂缝的不同，而使用不同形状的岩石锥。

4. 岩石锤

岩石锤是钉岩石锥时使用的工具。轻巧、易掌握，是可以有效节省时间的攀岩装备。

5. 岩石楔

岩石楔与岩石锥的作用相同，但它是可以随时放取的固定保护工具。

6. 悬挂式帐篷

悬挂式帐篷是准备在岩壁上过夜时所使用的夜间休息帐篷，须通过固定点用绳子将其固定保护起来，悬挂于岩壁。

（三）其他装备

其他装备包括背包、睡具、炊具、炉具、小刀、打火机等用具，视活动规模、时间长短和个人需要来携带。

三 攀岩运动基本技术

三点固定法是攀岩的基本方法。

（一）身体姿势

攀登岩石峭壁时身体要自然放松，以三个支点稳定身体重心，而重心要随攀登动作的转换移动，这是攀岩能否稳定、平衡、省力的关键。要想身体放松，就要根据岩壁陡缓程度，使身体和岩壁保持一定距离，若靠得太近，会影响观察攀岩路线和选择支点；但在攀登人工岩壁时要贴得很近。在自然岩壁攀登时，上、下肢要协调舒展，攀岩要有节奏，上拉、下登要同时用力，身体重心一定要落在脚上，保持面向岩壁、三点固定支撑、直立于岩壁上的攀登姿势。至于手臂的动作，手在攀登中是抓住支点、维持身体平衡的关键，手臂力量的大小直接影响攀登的质量和效果。因此，一个优秀的攀岩运动员，必须有足够的指力、腕力和臂力。对初学者来说，在不善于充分利用下肢力量的情况下，手臂的动作就显得更为重要。手臂如何用力，在人工岩壁攀登和自然岩壁攀登时情况不同；前者要求第一指关节在用力抠紧支点的同时，手腕要紧张，手掌要贴在岩壁上，小臂也要随手掌紧贴岩壁而下垂；在引体时，手指（握点）有下压抬臂动作，其动作规律是重心活动轨迹变化不大、节奏更为明显。但攀登自然岩壁时，其动作就变化很大，要根据支点不同采用各种用力方法，如抓、握、挂、抠、扒、捏、拉、推、压、撑等。

（二）脚的动作

一个优秀攀岩运动员的攀登技术发挥得好坏，关键在于是否能充分利用两腿的力量。只靠手臂力量攀登不可能持久。脚的动作要领是：两腿外旋，大脚趾内侧贴近岩面，两腿微屈，用脚踩支点以维持身体重心，在自然岩壁支点大小不一和方向不同的情况下，要灵活运用。但要切记，膝部不要接触岩石面，否则会影响到脚的支撑和身体平衡，甚至会造成滑脱而使膝部受伤。另外，在用脚踩支点时，切忌用力过猛，并要掌握用力的方向。

（三）手脚配合

凡优秀的攀岩运动员，上、下肢力量定是协调运用的。对初学者或技术还不熟练的运动员来说，上肢力量显得更为重要，攀登时往往是上肢引体，下肢蹬压抬腿而移动身体。如果上肢力量差，攀登时就容易疲劳，表现为手臂无力、酸疼麻木，逐渐失去抓握能力。失去抓握能力后，即使有好的下肢力量，也难以继续维持身体平衡。所以，学习攀岩，首先要练好上肢力量，上肢又要以手指和手腕、手臂力量为主，再配合脚腕、脚趾及腿部的力量，使身体重心随着用力方向的不同而协调地移动，手脚动作的配合也就自如了。

四 攀岩运动的种类

攀岩的分类有很多种，主要有以下几种。

（一）按地点分类

1. 自然岩壁攀登

在野外攀爬天然生成的岩壁，一般是经人工开发和清理过的难度路线。

优点：可以接近自然，充分体会攀岩的乐趣；岩壁角度、石质的多样性带来攀登路线的千变万化；由于岩壁固定，路线公开且可长期保留，所以，自然岩壁的定级可经多人检测对比，成为攀岩定级的主要依据。

缺点：野外岩场地点偏僻，交通不便，时间和金钱花费都较大；路线开发也比较费力；路线开发时间长了会老化。

2. 人工岩壁攀登

在人工制造的攀岩墙上攀登，包括室内攀岩馆和室外人工岩壁。

优点：对攀岩者而言安全性较高；交通方便，省时省力；不可预见因素少，可以定期训练或进行专项训练；人员密集，便于交流切磋；人工岩壁可以对路线进行保密性设置，从而成为攀岩比赛的主要形式。

缺点：缺少特殊地形，创意性小，自由发挥余地小；支点的可调性使得人工岩壁路线常变，定级主观性更强，准确度偏低；相对自然岩壁，线路问题会比较尖锐，人工线路难度越大，对力量要求越高。

（二）按攀登形式分类

1. 自由攀登（Free Climbing）

不借助保护器械（主绳、快挂、铁锁等）的力量，只靠自身力量攀爬。此种攀登形式在我国占主导地位，较符合体育的含义范畴，考验人体潜能。

自由攀登按攀登的风格又细分为以下两项：

（1）On-sight。事前不知道某路线的攀爬信息，第一次爬该路线就无坠落成功地完成攀爬。这是攀登者能力的最好说明。

（2）Red-point。允许在练习时多次坠落，但保证能（至少有一次）做到从底爬到顶一次也没掉下来过。

2. 器械攀登（Aid Climbing）

借助器械的力量在大岩壁攀登中较为常用，对于难度超过攀登者能力范围的路线，有时也借助器械通过。其意义存在于攀登者的项目目标和活动历程中，而不在于攻克难度动作。对器械操作的要求较高。

3. 顶绳攀登（Top Rope）

在岩壁上端预先设置好保护点，主绳通过保护点进行保护，攀登者在攀登过程中无须进行器械操作。此种攀登形式安全，脱落时无冲坠力，适合初学者；但对岩壁的要求苛刻，岩壁必须高度合适（8～20米）且路线横向跨度不大。由于需要绕到顶部进行预先操作，架设和回撤保护点的工作都比较烦琐。所以，有时为方便初学者，可在先锋攀登的路线上架设顶绳。

4. 先锋攀登（Sport Climbing）

路线预先打上数个膨胀钉和挂片，在攀登过程中，将快挂扣进挂片使其成为保护点，并扣入主绳保护自己，攀登者需要边攀登边操作。先锋攀登在欧洲尤其法国最为盛行，它比传统攀登安全性高，可以降低心理恐惧对攀爬的影响，从而使攀登者全力以赴突破生理极限，挑战最高难度。另外，在角度较大或横向跨度较大的路线中，先锋攀登方式比顶绳保护有更大的便利，可以让攀登者脱落后很容易地重新回到脱落处，对难点进行反复练习。由于这种方式使攀岩由冒险的刺激运动变成安全的体育训练，所以先锋攀登被称为定点攀登。

（三）按比赛形式分类

1．难度攀岩

难度攀岩是以攀岩路线的难度来区分选手成绩优劣的攀岩比赛。难度攀岩的比赛结果是以在规定时间里到达的岩壁高度来判定的。在比赛中，队员下方系绳保护，带绳向上攀登，并按照比赛规定，有次序地挂上中间保护挂索；比赛岩壁高度一般为15米，线路由定线员根据参赛选手水平设定，通常屋檐类型难度较大。

2．速度攀岩

速度攀岩如同田径比赛里的百米比赛一样，充满韵律感和跃动感。其按照指定的路线，以时间区分优劣。

3．抱石攀岩

线路短小，难度较大，需要较好的爆发力和柔韧性。比赛设置结束点和得分点，抓住得分点并做出一个有效动作得分，双手抱住结束点3秒得分。比赛一般有4~6条线路，一条线路5分钟时间判定名次。首先看结束点的多少，如果结束点同样多，就看得分点数量，最后看攀爬次数。

4．室内攀岩

室内攀岩是在一个高而大的房间内设置不同角度、不同难度的人工岩壁，岩壁上面装有许多大小不一的岩石点，供人的四肢借助岩点的位置来"手攀脚登"岩壁。室内攀岩可分为人工岩壁和天然岩壁。人工岩壁是人为设置岩点和路线的模拟墙壁，可在室内和室外进行攀岩技术的训练，难易程度可随意控制，训练时间比较机动，但高度和真实感有限。天然岩壁是大自然在地壳运动时自然形成的悬崖峭壁，给人的真实感和挑战性较强，可自行选择攀岩的岩壁和攀岩路线及攀登地点；而且天然岩壁的路线变化丰富，如凸台、凹窝、裂缝、仰角等，让攀登者体会到"山到绝处我为峰"的感受。

（四）按比赛性质分类

1．完攀（Flash）

运动员在比赛之前可以收集路线的有关资料和观察路线，在攀登过程中一旦脱落或犯规即判其失败。

2．看攀（On-sighting）

运动员在比赛前对路线的信息一无所知，边观察边进行攀登，在攀登过程中一旦脱落或犯规即判其失败。

3．红点攀登（Red-point）

运动员可以对路线进行反复的观察和试攀，只要最终到达终点即可。

4．速度攀岩

上方系绳保护，运动员按指定路线进行速度攀登比赛。按运动员完成比赛路线所用的时间来决定每轮比赛的名次。

5. 大圆石攀岩

岩石高度不得超过 4 米，每条路线不超过 12 个支点。攀登时运动员不系保护绳，每次比赛需要选择 10 条路线攀登。

第三节　拓展运动

一　拓展训练的起源和发展

1. 拓展训练的起源

拓展训练在国外被称为"Outward Bound"，原意是指一艘小船离开平静的港湾，勇敢地驶向未知凶吉的大海并全力以赴地积极迎接挑战。拓展源于第二次世界大战时期的英国，是人们为适应战争的需要而逐步发展形成的一种训练方法。

第二次世界大战期间，战争的严酷条件要求人们具有高度的生存技能。因此，作为体验式的心理拓展训练课程方法与内容受到了人们的重视，并在战时的各种生存训练中得到了广泛应用。但是初制定训练课程也只限用于海上的训练，是训练水兵的实用课程。

战争结束后，体验式训练的独特创意和训练方式逐渐被推广，训练对象由海员扩大到军人、学生、工商业人员等群体。训练目标也由单纯体能、生存训练扩展到心理训练、人格训练、管理训练等。1941年，科翰在威尔士建立 Outward Bound 户外学校。目前，Outward Bound 已成为世界最知名的体验培训机构。

2. 拓展训练的发展

由于拓展训练适应了时代对于完善人格、提高素质和回归自然的需要，因此吸引了成千上万的人参加并迅速发展成为素质教育的新时尚。目前，全世界已有百余所从事此类培训的机构。总部设立在英国的户外拓展训练学校，已在全球五大洲设立了 40 多所分校，受训人员包括学生、家长、教师、企业员工和各级管理人员。

虽然拓展训练在我国 20 世纪 90 年代初刚刚起步，但发展迅速，并逐渐被越来越多的企业接纳和认同，加入的培训机构也越来越多。这些公司多以企业盈利为目的来开设拓展训练，内容主要包括挑战自我课程、团队建设课程、营销谋略课程、新人融入课程、卓越领导课程、自我管理课程和青少年素质拓展课程等。

进入 21 世纪，中共中央、国务院、教育部针对学生身心健康和体育教育工作先后下发了相关文件。在有关文件精神的指导下，随着拓展训练在中国的不断发展和国人对其学习方式与培训思路的认同，国内一些学校尝试性地将拓展训练引入学校体育教学，取得了较好的效果。

二 拓展训练的功能

拓展训练的主要目的是将人的身心能力中最卓越的、最出色的部分升华到可能达到的巅峰。

（1）培养个人树立明确的生涯目标。

（2）培养个人敢于挑战自我、克服困难的毅力。

（3）培养健康的心理素质和积极进取的人生态度。

（4）培养团结合作的意识。

（5）培养热爱自然和服务社会的精神。

通过拓展训练，受训者在以下方面将有显著的提高：认识自身潜能，增强自信心，改善自身形象，克服心理惰性，磨炼战胜困难的毅力，启发想象力和创造力，提高解决问题的能力，认识群众的作用，增进对集体的参与意识与责任心，改善人际关系，更为融洽地与群体合作，学习欣赏、关注和爱护自然等。

三 拓展训练项目介绍

（一）破冰行动

形成团队；展示团队文化；强化成员之间的熟悉程度；促进成员交流协作；创建友好的氛围，为下面活动的开展奠定良好的基础。

器材：破冰包两个（每个破冰包包括水彩笔一支、60厘米×80厘米单色绸布、一根针和若干线）；两根1.5～2米的竹竿。

场地：一小片开阔地。

教学步骤：

（1）通过循环报数的方法10～15人分成一个小组。

（2）每个小组分配一个破冰包。

（3）布置任务：每个队伍选出队长；用针线和绸布制作一面队旗，在队旗上用水彩笔画一个队徽；创建一个队名和一个团队口号；创作一首队歌。

（4）项目实施：

①限定10~15分钟的时间完成任务。

②由队长带领小队成员向其他同学展示自己的团队建设情况：介绍队员、队名、队旗、队徽和集体唱队歌。

（5）讨论分享：

①你在团队的建设中发挥了多少能量？你的主见和贡献被团队接受有何成就感？

②在团队的展示中你刻意去要求自己了吗？

③在教师给到大家一个时间限制的时候，大家对时间的分配是怎么看的？

（二）变形虫寻宝

运用非常规的沟通方式让每个参与者体会信息传递的有效性；建立家的沟通默契；每个人都应该注意体恤别人的处境；培养学员在有压力时做出正确选择的能力，让每个人意识到个人只有通过系统思考与团队合作才能解决问题。

器材：眼罩若干。

场地：一片开阔地。

教学步骤：

（1）布置任务：除最后一个队员外，所有队员必须全部蒙上眼睛，后一位队员用手向前一位队员传递信息并指挥整个队伍前进。

（2）项目实施：

①每个小队排成一个纵队并用一分钟选出一个领导（不一定是队长）站到队尾。

②教师讲解规则：任何人不能出声；任何人不能偷看；全体同学手搭在前面一位同学的双肩上，双手不能同时离开肩膀。如有违规，罚停 20 秒。

③限定每个团队 10 分钟时间准备。

④教师描述队旗的位置特征后，在统一口令下同时出发，先拿到队旗的队伍获胜。

⑤出发前教师根据场地情况讲解安全注意事项。

（3）讨论分享：

①领导者是怎样选择正确路线的？

②当团队的路线选择错误时领导怎么决策？

③帮助大家回顾行进的路线和分析失误的原因是什么。

④排头、排尾和中间同学各有何感受？

（三）众志成城

每个人会意识到个人只有通过系统思考与团队合作才能解决问题，在资源有限的情况下，如何向内拓展、向外延伸，以及资源分配在团队合作的重要性。只有想不到的事情，没有做不到的事情。

器材：4 张大小相等的废旧报纸。

场地：一小片平整的开阔地。

教学步骤：

（1）情景设置：大家现在在一艘漏水的船上，正慢慢地往下沉。我们现在只有一张报纸的空间可以站立。请大家在最短的时间内完成任务。

（2）布置任务：每个团队发 1 张报纸，要求所有的同学在最短的时间内全部都站在上面，不得有任何部分接触地面并保持 30 秒的时间。

（3）项目实施：

①讲解规则，宣布以小组竞赛的形式完成。

②项目开始前限定 10 分钟时间考虑对策。

③每完成一次项目后难度加大——报纸对折。

④对折几次后，以最后一次坚持时间的长短为评判标准。

（4）讨论分享：
①大家觉得任务完成得怎么样？
②在讨论的时间里大家都在做什么？
③最终大家是怎样完成任务的？靠个人的力量可以完成吗？
④你在整个过程中担当了什么角色？做出了什么贡献？

（四）信任背摔

建立换位思考意识，消除沟通障碍，增进人与人之间的理解与信任及队员之间的向心力；培养个人的平常心及自我控制力；感悟行为、语言、意识对建立团队信任的影响，信任是合作的基础；团队目标的实现需要每位队员共同努力，同心协力共同战胜困难，增强团队的凝聚力。

器材：一条60～80厘米的柔软丝带。

场地：一个背摔台——1.5～1.8米高的平台即可。

教学步骤：

（1）布置任务：一名队员从1.5～1.8米的背摔台上，背对着队友向后倒，队员在下面用双手接住。

（2）项目实施：

①让所有的学生摘下手表、戒指、眼镜、发卡等尖锐的物件，并将衣兜掏空。

②选一个志愿者，让他站到背摔台上，示意开始后倒。

③其他学生在背摔台下，面对面站成两排，伸平双臂，掌心向上，右腿在前成弓步，头后仰，形成一个安全的接人区。

④教师站在背摔台上，让跌落者背对接人队伍，将跌落者双手绑上防止跌落者在倒下时双臂张开伤到承接的学生，并调整他的位置，保证他在接人区里。教师还要查看承接队伍是否按力气大小均匀排列，必要时重新排队。

⑤跌落者下落时要始终挺直身体，不能弯腰后坐下。

⑥跌落者准备好后，大声问台下的学生："我是×××（名字），我准备好了，团队准备好了吗？"台下的学生要大声回答："准备好了，我们都来支持你！"或者类似的语句，之后向后倒下。

⑦台下的学生接住跌落者后要始终抬着跌落者的身体，直到他双脚落地。

⑧刚才的跌落者这时变成队尾的接人者，靠近平台的学生变成了跌落者，以此方式循环下去，直到所有的人都参加完毕。

（3）讨论分享：

①在还没有倒下前有什么疑虑？

②当你平安落在团队伙伴的保护网上安全落地之后，对整个动作前后有什么反差感受？

③身体悬空的感受是什么？

④当你在下面承接你的团队伙伴时的感受是什么？

第十二章 体现原始本能的田径运动

第一节 竞走、跑步、跳跃、投掷运动概述

 竞走、跑步运动

1. 竞走、跑步运动简介

竞走起源于英国。19 世纪初，英国出现步行比赛的活动。19 世纪末，部分欧洲国家盛行从一个城市到另一个城市的竞走旅行。1866 年，英国业余体育俱乐部举行了首次冠军赛，距离为 7 英里（1 英里 =1.609 344 千米）。竞走可分为场地竞走和公路竞走两种。场地竞走设世界纪录；公路竞走因路面起伏等不可控因素较多，成绩可比性差，故仅设世界最好成绩。运动员行进时，两脚必须与地面保持不间断接触，不准同时腾空；着地的支撑腿膝关节应有一瞬间的伸直，不得弯曲。比赛时，运动员出现腾空或膝关节弯曲，均给予严重警告，受 3 次严重警告者即取消比赛资格。竞走于 1908 年首次进入奥运会，当时的距离是 3 500 米和 10 英里。此后几届奥运会距离有所不同，有 3 千米、10 千米等，从 1956 年奥运会起定为 20 千米（1956 年列入）、50 千米（1932 年列入）。女子竞走于 1992 年才被列入奥运会，距离为 10 千米。2000 年的奥运

会将其改为20千米。

跑是人类与生俱来的基本能力。它自古以来就是一种比赛形式，几乎每个国家的文献中都有描述。据史料记载，短跑是公元前776年古希腊奥运会唯一的竞技项目，距离为192.27米。现代短跑起源于欧洲，最早被列入正式比赛是在1850年的牛津大学运动会上。当时设有100码、330码、440码跑项目。19世纪末，为规范项目设置，将赛跑距离由码制改为米制。它最初为职业选手的表演项目，后逐渐扩展到业余运动员。运动员比赛时必须使用起跑器，听信号统一起跑，必须自始至终在自己的跑道内跑动。奥运会比赛项目男、女均为100米跑、200米跑和400米跑。其中，男子项目1896年列入，女子100米跑和200米跑1928年列入，400米跑1964年列入。

2. 竞走、跑步运动对人的好处

走路可以说人人都会（有缺陷者除外），科学、合理、有意识地通过走路运动锻炼自己十分重要，有必要认识和懂得科学走路运动的重要性。走路运动是各种运动之母，走路运动能增强体质，促进血液流通、新陈代谢、体液分泌、身心愉悦等身体各项功能的平衡。在科学走路运动的锻炼下，不知不觉中给身体各器官的血液体液送去了营养、带走了垃圾、消耗了剩余物质，达到了和谐综合平衡的状态。内和气血、外柔肢体、强身固本和延年益寿等目标在不知不觉中得到了实现。

跑步运动能促进人体的新陈代谢，改善神经系统的调节功能，提高心血管系统、呼吸系统及其他内脏器官的机能；能全面发展力量、速度、耐力、灵巧性、协调性和提高运动素质，促进人的正常发育，增进健康水平；还能促使人的走、跑、跳、投的技能成绩进步，从而保持和提高人体在生活和工作中的适应能力，并可延缓人体衰老过程。

二 跳跃运动

1. 跳跃运动简介

跳高起源于古代人类在生活和劳动中越过垂直障碍的活动。现代跳高始于欧洲。18世纪末苏格兰已有跳高比赛，19世纪60年代开始流行于欧美国家。1827年9月26日在英国圣罗兰·博德尔俱乐部举行的首届职业田径比赛中，威尔逊（Adam Wilson）屈膝团身跳越1.575米。这是第一个有记载的世界跳高成绩。跳高有跨越式、剪式、俯卧式、背越式等过杆技术。现在，绝大多数运动员都采用背越式。跳高横杆可用玻璃纤维、金属或其他适宜材料制成，长为3.98～4.02米，最大质量为2千克。比赛时，运动员必须用单脚起跳，可以在规定的任一起跳高度上试跳，但第一高度只有3次试跳机会。男、女跳高分别于1896年和1928年被列为奥运会比赛项目。

跳远起源于人类猎取或逃避野兽时跨越河沟的活动，后成为军事训练的手段，为公元前708年古代奥运会五项全能项目之一。现代跳远运动始于英国。1827年9月26日在英国圣罗兰·博德尔俱乐部举行的首届职业田径比赛中，威尔逊（Adam Wilson）越过5.41米的远度。这是第一个有记载的世界跳远成绩。跳远的腾空动作有蹲距式、挺身式和走步式。20世纪70年代出现前空翻跳远，因危险性大，被国际田联禁用。最初，运动员是在地面起跳，1886年开始采用起跳板。起跳板为白色，埋入地下，与地面齐平，长1.22米，宽20厘米，距离沙坑近端不少于1米。起跳板前有起跳线，起跳线前有用于判断运动员起跳是否犯规的橡皮泥显示板或沙台。运动员必须在起跳线后起跳。比赛时，如运动员不足8人，每人可试跳6次；超过8人，则先试跳3次，8名成绩最好的运动员再试跳3次。最后以运动员6次试跳的最好成绩排列名次。男、女跳远分别于1896年和1948年被列为奥运会比赛项目。

2．跳跃运动对人的好处

跳跃运动能增强人体大腿的肌肉和韧带的强度，提高人体的弹跳能力和协调性，培养勇敢顽强、拼搏进取的精神。

三　投掷运动

1．投掷运动简介

推铅球起源于古代人类用石块猎取禽兽或防御攻击的活动。现代推铅球始于14世纪40年代欧洲炮兵闲暇期间推掷炮弹的游戏和比赛，后来逐渐形成体育运动项目。铅球的制作经历了用铁、铅及外铁内铅的过程。正式比赛男子铅球的质量为7.26千克，直径为11～13厘米；女子铅球的质量为4千克，直径为9.5～11厘米。早期推铅球没有固定的方式，可以原地推，也可以助跑推；可以单手推，也可以双手推；还出现过按体重分级别的比赛。最初采用原地推铅球技术，后逐渐发展到侧向推、上步侧向推。20世纪50年代，美国运动员奥布赖恩发明背向滑步推铅球技术，该技术被称为"铅球史上的一场革命"。20世纪70年代，苏联运动员巴雷什尼科夫发明旋转推铅球技术，由于旋转后难以控制身体平衡，至今只有极少数运动员使用。比赛时，运动员应在直径为2.135米的圈内，用单手将球从肩上推出，铅球必须落在规定的角度线以内方为有效。男、女铅球分别于1896年和1948年被列为奥运会比赛项目。

2．投掷运动对人的好处

投掷运动是一个全身协调用力的运动。它能提高人的协调性和柔韧性，主要发展上肢力量，增强学生的安全意识。

第二节　竞走、跑步、跳跃、投掷运动基本技术

一　竞走基本技术

竞走的一周期也称为一个复步，一个复步是由两个单步组成的。在人体经过垂直部位后，支撑腿由全部着地过渡到脚尖着地，在摆动腿前摆的配合下完成下一步的后蹬。摆动腿随着骨盆沿身体纵轴的转动，屈膝前摆，脚距离地面始终较低。腿前摆时应柔和地伸直膝关节，小腿

依惯性前摆并用足跟着地。此时形成短暂的双脚支撑姿势。人体重心在向前运动过程中不应有明显起伏，当重心投影点与前腿支点一致时，又出现了下一步的垂直姿势，接着又开始新的用力蹬地动作。运动员应做到步幅大、频率高，善于协调肌肉的用力和放松，走步朴实、自然、省力而无多余动作，两脚落地的足迹保持在一条直线上。

竞走时，运动员躯干自然伸直或稍前倾，两臂屈肘约90°，在体侧做前后协调有力的摆动，两臂配合下肢动作调节走的速度。走步时，身体重心尽量做向前的直线运动。过大的上下起伏和左右摇摆不利于提高走速，也会消耗较多能量。

二 跑步基本技术

跑步是由单脚支撑与腾空相交替，摆臂、摆腿、扒地缓冲与后蹬密切配合的周期性运动。跑步的一个周期就是一个复步。在一个复步中，人体要经过两次单脚支撑和两次腾空。一个复步包括两个单步，在每一复步的下肢运动中可分为两个阶段：支撑阶段，即从脚着地到脚离地；腾空阶段，即从脚离地到另一脚着地。在一个周期中，运动员身体重心移动轨迹会产生上下波动，这是腾空与着地缓冲的必然结果。但在跑步时，应防止身体重心的左右晃动，注意跑步的直线性。跑步包括短跑、中长跑、接力跑和跨栏跑。这里主要介绍短跑和中长跑。

（一）短跑

短跑是径赛距离最短、速度最快的项目，属于极限强度的运动，是典型的以无氧代谢为主的运动项目。其包括100米、200米和400米。短跑技术一般可分为起跑、起跑后的加速跑、途中跑和终点冲刺四个部分。

1. 100米跑技术

（1）起跑的任务：使身体迅速摆脱静止状态，尽可能获得较大的起动速度，为起跑后的加速跑创造有利的条件。

田径规则规定：在短跑比赛中，运动员必须采用蹲踞式起跑，必须使用起跑器。起跑器安装有拉长式、普通式两种（图12-1）。拉长式起跑器的支撑面与地面夹角为40°～45°，普通式起跑器的支撑面与地面的夹角为70°～80°。两个起跑器的左右距离约为15厘米。

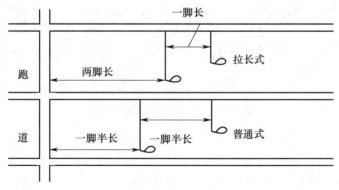

图12-1 两个起跑器的安装方法

起跑技术有"各就位""预备""鸣枪"（或"跑"）三个技术环节（图12-2）。

①各就位：听到"各就位"口令后，做几次深呼吸，走到起跑器前俯身以两手撑地，四指并拢或稍分开，与拇指成八字形，撑于起跑线后。两脚依次踏在前后起跑器的抵足板上，有力的腿在前，后膝跪地，两手与肩同宽，两臂伸直，身体重心稍前移，肩与起跑线齐平，头与躯干保持自然放松姿势，注意听"预备"口令。

②预备：听到"预备"口令时，臀部逐渐提起，使臀部稍高于肩10～20厘米，同时重心前移，两肩稍过起跑线，身体重心移动到两臂和前腿上。前腿大小腿的夹角约为90°，后腿大小腿夹角约为120°，两脚贴紧在前后起跑器支撑面，请集中注意力听枪声。

③鸣枪：听到枪声后，两手迅速推离地面，屈肘做有力地前后摆动，同时两脚快速用力蹬起跑器。后腿快速蹬离起跑器后，快速屈膝向前上方摆出。后腿前摆时，不要太高，要加快摆动速度。同时前腿用力蹬起跑器，髋、膝、踝三关节充分蹬直时，后腿也前摆至最大限度，大腿积极下压，用前脚掌在身体重心投影点着地。

图12-2 起跑的技术

（2）起跑后的加速跑（图12-3）：起跑后的加速跑是从蹬离起跑器到途中跑的一段距离，一般为15～25米。其任务是在最短距离内尽快地发挥出最大的速度。

蹬离起跑器后，身体处于较大的前倾姿势，要积极加快腿与臂的摆动和蹬地动作，保持身体平衡。第一步不宜过大，一般为3.5～4脚长，第二步为4～4.5脚长，以后步长逐渐增加，步频逐渐加快，两臂积极摆动，两腿依次用力蹬地，着地点逐渐吻合于一条直线上，上体随之逐渐抬起。当身体达到正常姿势并发挥到最大速度时，加速跑已结束，就转入了途中跑。

图12-3 起跑后的加速跑技术

（3）途中跑（图12-4）：途中跑的任务是继续发挥和保持最高速度跑到终点。在跑的周期中，包括后蹬与前摆、腾空、着地缓冲等动作，跑时要做到自然放松。

途中跑时，头正对前方，两眼向前平视，上体稍前倾。支撑腿迅速用力后蹬，使髋、膝、踝三关节充分伸直。摆动腿大腿迅速前摆，小腿随惯性折叠，前摆时带动同侧髋向前上方送出。当摆动结束时，要积极下压，用前脚掌着地，完成"扒"地动作。同时两臂弯曲，以肩为轴轻松有力地前后摆动。前摆时不超过胸中线和下颏，后摆时，肘关节稍向外，大臂不超过肩，小臂与躯干平行。

图 12-4 途中跑的技术

（4）终点冲刺和撞线：终点冲刺的任务是尽量保持高速跑过终点。在跑到距离终点 15～20 米处，应加快两臂摆动。距离终点线最后一步时，上体迅速前倾，用胸或肩部撞线。跑过终点后不要突然停止，应逐渐减速慢跑。

2. 200 米、400 米跑的基本技术

（1）弯道起跑和起跑后的加速跑：200 米、400 米跑是由弯道起跑，并有一半以上的距离是在弯道上进行的。为了在弯道起跑后能有一段直线距离进行加速跑，起跑器应安装在跑道外沿正对弯道切线方向的地方。"各就位"时，左手置于起跑线后 5～10 厘米处，身体正对切点（图 12-5）。起跑后的加速跑应沿着直线跑，速度逐渐加快，上体逐渐抬起。跑到了切点后，身体要逐渐向内倾斜，自然地进入弯道跑。

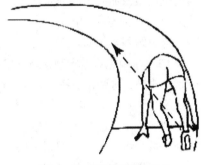

图 12-5 弯道起跑的技术

（2）弯道跑的技术：弯道跑时，整个身体要向左倾斜，两臂摆动幅度是右臂大于左臂。左脚以脚掌外侧着地，右脚以脚掌内侧着地（图 12-6）。弯道跑时，身体前倾并向左侧跑道圆心方向倾斜。越是里道，跑速越快身体越要向左侧倾斜。

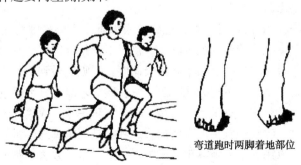

弯道跑时两脚着地部位

图 12-6 弯道途中跑的技术

（二）中长跑

中长跑项目为男女 800 米、1 000 米、1 500 米、3 000 米等。长跑是以耐力为主的项目，男女 5 000 米、10 000 米均属于长距离跑。马拉松跑（42.195 千米）属于超长距离跑。另外，还有公路赛、半程马拉松、25 千米、30 千米、100 千米和公路赛接力跑。中长跑的特点是长时间的内脏器官工作和连续的肌肉协调活动。跑时要轻松协调、重心平稳、直线性好、节奏性强，尽可能减少能量的消耗。保持步长，提高跑的步频是当今中长跑技术发展的趋向。

中长跑是一项人体负荷较大，锻炼价值高的运动项目。经常参加锻炼能改善呼吸系统和心血管系统功能，发展耐力素质。同时可培养人们的勇敢、顽强、不怕苦、不怕累和克服困难的意志品质。中长跑的技术，根据全程跑的特点可分为起跑、起跑后的加速跑、途中跑、终点跑和呼吸五个部分。

（1）起跑。田径规则规定，中长跑起跑必须是站立式的。起跑技术可分为"各就位""鸣枪"两个技术环节。

发令前要求参赛者站在起跑线后 3 米的集合线上，听到"各就位"的口令后，先做一两次深呼吸，轻松地走到起跑线后，两脚前后开立。有力的脚在前面紧靠起跑线的后沿，前脚脚跟和后脚脚尖之间的距离为一脚长，两脚左右间隔约为半脚长。身体重心落在前脚上，后脚用脚掌支撑站立。两腿弯曲，头部与躯干保持在一条直线上，眼向前看，身体保持稳定姿势，集中注意力听枪声。

（2）起跑后的加速跑。听到枪声后，两脚用力蹬地。后腿蹬地后迅速前摆，两臂配合两腿的蹬摆做快而有力的前后摆动，使身体快速向前冲出。随着跑距的延长，上体逐渐抬起，加速跑时，占领有利的战术位置，为途中跑创造条件。起跑后，上体前倾稍大，蹬、摆积极有力，与短跑基本相似。

（3）途中跑。途中跑在技术结构上与短跑相同。由于中长跑距离长，体力消耗大，要求跑时动作放松、协调、平稳和省力。途中跑技术主要体现在动作的经济性和实效性两个方面。

途中跑与短跑相比，在上体的前倾角度、摆臂、摆动腿的动作幅度、步长和后蹬力量等方面都要小，后蹬角度相对较大。脚着地时，前脚掌或前脚掌外侧先着地，然后过渡到全脚掌着地。进行中长跑时，做到轻松自如、步伐均匀、步长适中、重心平稳、呼吸与动作节奏配合好，才能提高中长跑的成绩。

（4）终点跑。终点跑是在身体十分疲劳的情况下进行的。其是中长跑临近终点时最后一段距离的冲刺跑。终点跑的距离要根据不同项目、个人特点、场上的情况和战术要求而定。比赛距离越长，终点跑的距离相对加长。冲刺时应动员全部力量，加快摆臂、加大后蹬、提高频率，以顽强意志冲过终点。

（5）中长跑的呼吸。中长跑时，首先感到呼吸困难，主要是因为能量消耗大，机体对氧的需求量增加，肺通气量比安静时增加 10～15 倍以上，每分钟可达到 100 多升。为了供给肌体充足的氧气，必须掌握一定的呼吸频率和呼吸深度。呼吸应做到均匀深长，吸入的气体最好稍有停留，然后再均匀呼出。只有充分地呼出二氧化碳，才能充分地吸进氧气，所以，呼吸必须与跑步协调配合。多数长跑者都采用"二步一吸，二步一呼"或"一步一吸，一步一呼"的方法。随着疲劳的出现，呼吸的频率也有所加快。呼吸是利用鼻与半张开的嘴同时进行的。冬天练长跑和顶风时，可以用鼻子呼吸或用鼻子吸入、嘴呼出的方法。跑速加快以后，靠鼻子呼吸已经无法摄入足够的氧气，这时需用鼻子和嘴同时呼吸。

由于内脏器官工作条件的改变，氧气的供应落后于肌肉活动的需要，因此跑到一定阶段往往会出现胸部发闷、呼吸节奏破坏、呼吸困难、跑速降低而难以坚持跑下去的感觉。这种现象即通常所说的"极点"，这是跑的过程中出现的正常现象。跑的强度越大，"极点"出现得越早。当"极点"出现时，一定要以顽强的意志坚持下去。同时要注意呼吸的方法，做到深呼吸。另外，可适当调整跑速。

三 跳跃基本技术

跳跃类项目都是从水平位移转变为抛射运动，整个运动过程可分为助跑、起跳、腾空与落地四个紧密相连的技术阶段。它包括跳高、撑竿跳高、跳远、三级跳远。这里主要介绍背越式跳高、蹲踞式和挺身式跳远。

（一）背越式跳高的基本技术

1．助跑

助跑的任务是获得水平速度，并为准确、快速踏板和起跳创造条件。在起跳前立即调整技术动作的结构和节奏。其目的是达到合理的身体姿势，促使背越式跳高成为一个独特的跳高技术。

目前，背越式跳高的助跑大多数采用8～12步或9～13步。助跑开始前4～8步要加速跑，但是后4步是跑弧线。在跑动中整个身体要向弧心倾斜，速度要加快，倾斜要适当加大。做全程助跑时要保持高重心，跑的节奏要鲜明，速度要逐渐加快。到最后一步要积极、快速、准确地踏上起跳点，要及时把水平速度转化为垂直速度，为起跳创造良好的条件。另外，在学习背越式跳高助跑中，要注意步子动作自然放松，速度与节奏稳定。背越式跳高距离的丈量，采用走步丈量的方法（图12-7）。

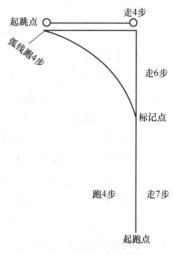

图12-7　助跑距离丈量方法

2．起跳

起跳是跳高技术的最关键技术。起跳的任务是在助跑速度的基础上，迅速地转变人体运动方向，而且获得尽可能大的垂直速度。同时要产生一定的旋转动力，保证顺利地完成过杆动作。

起跳腿要沿弧线的切线方向踏上起跳点，用脚跟外侧先接触地面，并迅速地滚动到全脚掌着地，脚尖指向弧的切线方向。这时，摆动腿蹬离地面开始摆腿，重心迅速跟上并积极前移，使起跳腿伸肌进行退让工作。当身体重心移到支撑点上方时，摆动腿继续向上摆，将同侧髋带出，带动骨盆扭转。同时蹬伸起跳腿，两臂配合腿的动作向上提肩摆臂，要及时地做引肩的动作（图12-8）。

3．腾空过杆与落地

起跳腾空后，身体保持伸展的姿势，在摆动腿和同侧臂动作力量带动下，加速身体的纵轴旋转。同时，身体迅速转向背对横杆，这时摆动腿的膝关节要放松，起跳腿蹬伸离地面后要自然下垂，肩继续向横杆伸展，头和肩越过横杆后，髋部要较快地向上升起，然后充分上挺，两腿的膝关节自然弯曲稍分开，两臂置于体侧，在杆上成背弓姿势。当身体重心越过横杆时，要含胸收腹，髋部发力，带动大、小腿快速向后上方甩动，使整个身体离开横杆后，以肩背部落于海绵垫上（图 12-8）。

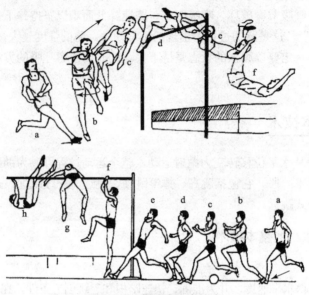

图 12-8 背越式跳高技术

（二）跳远技术

1. 助跑

助跑的任务是为了获得最大的水平速度，并为迅速有力地起跳做好准备。助跑一般采用"站立式"起动姿势。助跑距离应根据各人发挥速度的快慢来决定，一般来说，男子助跑距离是 32～38 米，助跑步数是 18～22 步；女子助跑距离是 26～35 米，助跑步数是 16～20 步。

在确定助跑点时，一般采用两个标志。第一标志是助跑的起跑线。起跑时，后蹬要充分有力，并要做到逐渐加速。踏上第二标志时，在距离起跳板 6～8 步的地方，使助跑快速接近和达到最高速度，这时做好准备踏板。倒数第二步的步幅稍长，身体重心略有降低，最后的一步略小，使身体重心升高而进入起跳。

助跑技术动作要求助跑时肩带放松，两臂配合两腿动作放松而协调地摆动，跑的节奏要明显，步子轻松自然，富有弹性，促使身体重心平稳地沿着直线向前运动。

2. 起跳

起跳的任务是充分利用助跑速度，获得尽可能大的腾起初速度和合理的腾起角。起跳动作是从助跑最后一步开始的。起跳时，大腿积极下压，小腿迅速前伸，用前脚掌着地。当身体重心接近起跳腿的支撑点时，起跳腿迅速用力蹬伸，同时摆动腿以膝领先，积极向前上方摆到水平位置。两臂也配合腿部动作用力上摆，使起跳腿髋、膝、踝关节充分伸直。要求上体正直，眼视前方，踏板起跳。

3. 腾空

起跳后的腾空姿势，是身体起跳后进入腾空的姿势。正确的腾空动作，是防止身体前旋，主要是维持身体平衡，为落地动作做好准备。

起跳腾空后，身体保持起跳后的伸展。摆动腿屈膝前摆，大腿高摆至水平位置，小腿自然下垂，上体正直，头向上顶，两臂上摆提肩，腰腹部肌肉紧张用力，向上提髋，在空中成为跨步飞行姿势，这个姿势称为腾空步。腾空步以后的空中动作有蹲踞式、挺身式和走步式三种。这里介绍蹲踞式和挺身式两种。

（1）蹲踞式（图12-9）。起跳腾空后，保持腾空步的姿势，上体正直。当腾空到最高点时，起跳腿向前上方和摆动腿并拢，两臂自然下垂，上体稍前倾，在空中成"蹲踞"姿势。快落地时，小腿前伸，同时两臂由前向后下方摆动，借高举大腿的惯性，将小腿前伸落地。

图12-9　蹲踞式跳远技术

（2）挺身式（图12-10）。完成腾空步后，摆动大腿积极下放，小腿由前向后成弧形摆动，髋关节伸展，两臂由下向上方摆动。这时，留在体后的起跳腿与后摆的摆动腿靠拢。臀部前移，胸腰稍向前挺，形成展体挺身的姿势。落地前，两臂上举或后摆，然后收腹，双腿前伸，上体前倾，完成落地动作。

图12-10　挺身式跳远技术

4．落地

良好的落地技术动作，可以提高跳远成绩，能增加20厘米左右，而且可以防止伤害事故。在完成腾空动作后，两大腿向前上方抬起，小腿向前伸，同时臀部要向前移动，上体前倾，两脚着地迅速屈膝缓冲，借助向前的惯性作用，使身体重心向下向前移过支撑点，安全地落地，避免后坐或后倒。

四　投掷基本技术

（一）投掷实心球基本技术

原地正面双手头上投掷实心球也是发展上肢力量、下肢力量和腰腹肌力量的一种最普遍的投掷方法。投掷实心球的远近，关键在于是否全身协调用力，特别是腰腹肌力量，还取决于出手速度和角度。

投掷实心球的技术有很多种，现主要介绍原地正面双手头上投掷实心球技术。

（1）握球的方法：两手自然张开，分别握住实心球的两侧。

（2）原地正面双手头上投掷实心球技术：正对投掷方向，两脚前后或左右开立与肩同宽，两臂伸直，双手持球于头上方。用力时，两腿弯曲，身体向后弯成一个弓形，两臂持球后引，借两腿蹬地、收腹，快速挥臂将球掷出。

（二）推铅球基本技术

推铅球是学校体育教学和田径比赛的主要项目之一。经常从事这项运动的锻炼，能发展学生的速度、力量、灵敏性、协调性等身体素质，增强人体的上肢、下肢和腰腹部肌肉力量，特别是对肩带肌力量的作用有很大好处。推铅球技术包括握球与持球、滑步、最后用力和维持身体平衡四个部分。

1. 握球与持球（以右手为例）

握球的手五指自然分开，将球放在食指、中指及无名指的指根上。球的大部分质量在食指和中指之间，大拇指及小指自然地扶在球的两侧。手腕成背屈，便于控制和稳定球体，促使滑步和最后用力发挥手指的力量。握好球后，将球放在肩上锁骨窝处，并紧贴着颈部，掌心向前，右肘微抬起，右上臂与躯干约成90°，躯干与头保持正直。

2. 滑步

侧向滑步推铅球技术如图12-11所示。持球后，身体左侧对着投掷方向，右脚外侧靠近投掷圈后沿内侧，两脚左右开立与肩同宽。左腿向投掷方向预摆1～2次，待身体平衡后，左腿的大腿迅速有力地向投掷方向摆动，带动身体。同时，右脚用力蹬地，迅速向前滑步，使身体重心向投掷方向移动。当滑到投掷圈中心附近，左脚积极落地，完成滑步动作，为最后用力创造良好条件。

图 12-11 侧向滑步推铅球技术

3. 最后用力

侧向滑步结束时，左脚一着地，右脚迅速用力蹬地，脚跟提起，膝盖向内转，同时髋部也边转动边向前送出，上体逐渐抬起向投掷方向转动，右髋先于右肩。当身体左侧接近与地面垂直的一瞬间以左肩为轴，右腿迅速充分蹬直，身体转向投掷方向。此时，挺胸、抬头、左腿支撑、右肩前送，右臂迅速用力向前上推球，同时伸直左腿。推球时，手腕用力，手指快速拨球。球出手后，迅速降低重心，两脚换位，维持身体平衡。

4. 维持身体平衡

铅球推出手后，两腿前后交叉，这时身体左转，及时降低重心，来减缓向前冲力，以维持身体的平衡，以便防止犯规。

第三节 竞走、跑步、跳跃、投掷运动学练方法

一 竞走学练方法

1. 竞走练习方法

（1）沿直线做普通大步走（脚跟先着地）。

(2) 沿直线做直腿走（体会脚跟着地和后蹬动作）。

(3) 慢速和中速竞走（100米、200米、400米），逐渐加大动作幅度和骨盆转动，增大步幅（体会在身体垂直部位时向前迈步）。

(4) 骨盆扭转的专门练习：

①原地做骨盆回环转动练习。

②交叉步走，使骨盆前后转动。

③原地交换支撑腿（两脚平行站立，身体重心由一腿移到另一腿）。

(5) 摆臂练习：

①原地摆臂练习。

②结合竞走做摆臂练习（要注意和腿部动作协调配合）。

(6) 改进和提高竞走技术练习：

①由普通大步走过渡到竞走。

②较小步长的慢、快竞走。

③较大步长的中速竞走。

④变速竞走（100米快、100米慢交换进行）。

⑤快速竞走（200米、400米）要特别注意由直道转入弯道的技术。

2. 竞走初学者易犯错误及其纠正方法

(1) 摆臂僵硬、不协调、无节奏。产生的主要原因是摆臂概念不清，耸肩，肩和手臂紧张。

纠正方法：第一，讲清楚摆臂的正确技术和作用；第二，做原地摆臂练习，要求肩下沉，肩和手臂放松，半握拳；第三，原地听信号做不同节奏的摆臂练习；第四，做摆臂技术与腿部动作配合的竞走练习。

(2) 骨盆沿垂直轴转动不明显，步子过小。产生的主要原因是对竞走的技术概念不清，髋关节灵活性、柔韧性差，腿部肌肉力量不够。

纠正方法：第一，通过观看竞走技术录像，建立正确的技术概念；第二，讲清楚髋关节转动的概念和技术要求；第三，做提高髋关节灵活性的练习，如原地支撑送膝转髋、双脚开立左右转髋、交叉步走等练习；第四，加强腿部肌肉力量的练习，如原地纵跳、行进间脚尖跳等练习；与在地上摆放标志，按标志步长走。

(3) 双脚无双支撑时期，双脚离地。产生的主要原因是步频过快，步长过大或过小；后蹬角度大，作用力向上；支撑腿弯曲。

纠正方法：第一，加强腿部肌肉力量的练习；第二，反复练习步长和步频，要求合理地控制步长和步频；第三，练习时要求摆动腿不要向上摆，同时要减小后蹬角度，强调支撑腿要有蹬直阶段。

(4) 支撑腿在垂直部位屈膝。产生的主要原因是膝关节支撑力量和柔韧性、灵活性差。

纠正方法：第一，加强腿部肌肉力量的练习；第二，多做一些膝关节柔韧性、灵活性练习。

(5) 竞走时身体重心起伏，左右摇摆过大。产生的主要原因是没有掌握骨盆沿垂直轴转动技术，而是左右扭髋，左右摆臂，或两脚不在一条直线上走。同时，后蹬角度大，作用力向上。

纠正方法：第一，反复做摆臂练习和髋关节灵活性、柔韧性练习；第二，练习竞走时，适当加大摆动腿的前摆幅度，但要降低摆动腿的脚掌在前摆时与地面的高度，同时要减小蹬地的角度，防止重心起伏；第三，地上画一条直线，在直线上做竞走练习。

二 跑步学练方法

(一) 短跑学练方法

(1) 短跑技术的专门性练习。

①原地摆臂：两腿前后自然站立（前腿微屈），重心投影点落在前脚上，两臂做前后交替、均匀、快速摆动。

②小步跑：由提踵、提腰开始，大腿稍抬起，约与地面成45°或稍大于45°（可达60°左右）。大腿快速下压时，膝盖充分放松，做"扒地"动作，频率由慢到快。从原地到行进间做上述练习，可逐渐地向高抬腿跑、加速跑或途中跑过渡。小步跑的目的是体会前摆下压和"扒地"动作，频率由慢到快。

③高抬腿跑：上体正直或稍前倾，身体重心提高，大腿高抬与躯干约成90°。然后积极下压，膝关节放松，小腿自然伸开，用前脚掌着地，支撑腿三关节充分伸展，骨盆前送，两臂前后摆动。

④后蹬跑：上体稍前倾，后蹬腿充分蹬直，最后通过脚趾蹬离地面。摆动腿以膝盖领先向前积极摆出，两臂前后协调摆动。频率由慢到快，幅度由小步跑到大步跑过渡。后蹬跑的目的是体会后蹬时髋、膝、踝三个关节的蹬伸动作，发展下肢的蹬摆力量。

⑤车轮跑：目的是体会大腿摆动下压和"扒地"动作。成仰卧姿势，两腿抬起做车轮跑动作，两手支撑腰部做车轮跑动作。

(2) 发展反应速度的主要练习方法。原地做快速小步跑听哨声（或击掌声）快速向前跑出；原地背对跑的方向做快速小步跑或向上跳听哨声（或击掌声）快速向后跑出。

(3) 发展加速度的主要练习。30～80米的加速跑6～8次；下坡跑（发展步频）；让距追逐跑；不同距离的接力游戏或比赛。

(4) 发展最高速度的主要练习。30～60米行进间快速跑3～8次；40～80米跑练习，最好用石灰打点做标记。侧重发展频率时，其间隔比最大步长略小10～20厘米；用于发展步长时，其间隔应比最大步长略长5～10厘米。每次练习可跑6～9次。80～120米变节奏跑，做6～8次；30～60米反复跑6～9次；50～60米下坡跑6～9次；60～80米下坡跑4～6次；负重快跑40～60米跑6～8次。

(5) 发展短跑力量的练习。

①力量训练的基本手段是抗阻力训练，即在完成练习时，全身或某一部分附加重物、阻力等，如拉橡皮带练习、双人对抗练习等。

②跳跃力量训练：短距离跳跃（快速而连贯）、立定跳远、立定三级跳远、十级蛙跳、连续单脚跳、连续跳栏、跳台阶、跳深、长距离跳、连续触胸跳和连续分腿跳等。

(6) 发展短跑一般耐力的基本练习方法。

①匀速越野跑5 000～10 000米。

②在运动场草地上匀速跑5 000～10 000米。

③大运动量的变速跑（直道快、弯道慢或直道慢、弯道快）。

(7) 发展短跑专项的练习方法。

①间歇时间长，强度为个人最好成绩的90%的主项或超过主项距离的反复跑，跑间休息

为5～10分钟，如100米、200米、150米、200米、250米跑。

②间歇时间短，强度为80%～85%的等距离反复跑，如100米、200米运动员跑6～7次等。

③间歇时间短，强度为80%～85%的不等距离的组合跑。这种跑由短距离开始，逐渐增加至长距离，然后又逐渐缩短。这种练习称为阶梯跑或组合跑。

④间歇时间短，强度为90%以上的组合跑。这种组合跑通常由两个距离组成，如100米+50米、150米+100米、300米+150米等。间歇时间为1分钟，强度也可以是第一个距离用比赛速度跑，第二个距离用全力跑。

⑤用比赛平均速度反复跑等距离，间歇时间多为3～4分钟或走回原地跑。这种练习常为400米所使用。

⑥短距离的反复跑，通常指100米以内距离的反复跑。如4～5次的60米，跑结束后继续走回，强度为90%以上。

⑦大量的短距离的变速跑。如60米快跑、40米慢跑做8组。常为100米运动员用。

（8）柔韧性练习。

①原地前后左右摆腿。

②手扶肋木做左右转髋练习。

③行进间正踢腿、外摆腿、里合腿、侧踢腿。

④原地前后、左右劈腿。

⑤俯撑高抬腿。

（二）中长跑学练方法

（1）一般耐力练习方法。一般耐力训练是发展中长跑专项耐力的基础。一般耐力是通过强度小、时间长，诸如越野跑、游泳、爬山和各种球类练习进行训练的。

①持续跑的练习方法。发展一般耐力要以增加量开始，循序渐进，波浪式地前进，随着训练水平的不断提高，适当增加跑量和强度。用规定速度进行长时间的持续跑是中长跑训练的最基本的方法之一。持续跑的强度相当于全力跑的60%～70%，每分钟的脉搏次数为120～150次；持续跑的速度一般来说比全力跑慢得多。但是有时也通过改变它的距离、时间、跑速等来调节训练内容，所以形成了不同类型的持续跑。

a. 长时间慢速跑（持续时间1～3小时）脉搏在130～150次/分钟。它是运动员保持基础耐力或者紧张训练和比赛后一种恢复体力的手段。

b. 长时间中速跑（持续时间1～2小时）脉搏在155～156次/分钟。它是发展运动员的有氧代谢功能的主要手段。

c. 长时间快速跑（持续时间30～60秒）脉搏在165～175次/分钟。它是发展有氧和无氧代谢功能的一种手段，初学者不宜采用。

②"法特莱克"跑的练习方法。"法特莱克"又称为速度游戏，是发展耐力与速度的良好手段。它是充分利用了山地、湖边、森林、草坪的自然条件作为"法特莱克"的场地。在"法特莱克"的训练中，保留了大运动量的特点，又利用了地形，增加了训练难度。瑞典教练员霍迈尔给运动员制定的"法特莱克"内容大致有以下两种：

a. 慢跑10分钟，接着再自由跑12～20分钟，途中做10～15分钟，每次70～100米的加速跑。而后做各种跳跃练习，再慢跑10分钟，用3/4的力量跑2～3次，每次300～500米。当中间歇800米慢跑，做10×300米、3×300米、8×400米均可，最后匀速跑5～10分钟。

b. 慢跑10分钟，接着做1 200～2 000米轻快的匀速跑，走5分钟，再进行50～60分钟快速跑。其中慢跑休息，量自己掌握。做各种跳跃练习，放松慢跑。而后做200米上坡跑，15分钟慢跑，途中多次疾跑，慢跑15分钟。这种跑法不仅可以提高内脏功能，提高有氧代谢能力，还可以培养运动员的意志品质，改进跑的技术和提高身体素质。

（2）发展耐力常采用的力量练习方法。
①立定跳远、多级跳、单足跳、跨跳、跳高、蛙跳、跳远、三级跳远及各种跳跃游戏。
②俯卧撑、立卧撑、俯撑曲伸腿、轻器械练习（如实心球、哑铃、沙衣、沙袋等）。
③利用地形条件（如山坡、沙滩等）进行跑的练习。
④其他的负重（如杠铃等）练习。

进行力量训练还应注意以下几点：
①认真检查场地（如地面平整、沙坑松软等）和器械，必要时要加强保护措施。
②注意身体情况和情绪。
③每次力量练习后，要放松练习。
④在两周内至少要安排一次力量练习。

（3）灵敏性、柔韧性练习方法。
①各种专门练习，如徒手体操、器械体操、技巧练习、球类活动、游戏、舞蹈等。
②田径中的其他项目（跨栏等）练习。
③各种转肩、转体练习。
④各种压腿、摆腿、踢腿、劈叉等练习。

发展柔韧性练习时还应注意以下两点：
①在采用爆发式（急骤地拉长肌肉组织）和慢张式（静力的拉长）这两种方法时，应以后一种为主，其效果较好。对于前一种方法，也应给予一定重视。一般在练习中，先做慢张式练习，接着再做爆发式练习。
②柔韧性练习后，应做放松练习；必须坚持系统不间断的训练；要做好准备活动，应循序渐进，不提出过高、过急的要求，以免造成伤害事故。

（4）专项耐力练习。发展专项耐力一般采用间歇跑、重复跑、变速跑、接近专项距离或略超过专项距离的计时跑，以及专项检查跑、检测、比赛等。
①间歇跑训练：是严格按预先规定的距离、次数、间歇时间和休息方式反复练习的方法。间歇跑时，使心率保持在120～180次/分钟，使心输出量处于最佳水平上。间歇时间应使肌肉得到休息，而内脏仍处于较高的活动水平，使整个训练对心脏功能的增强有显著效果。一般常在200～600米距离上采用间歇跑。在各年级段的训练中，均可以采用间歇跑的练习。
②重复跑训练：是按预先制定好的强度（全力或接近全力）进行运动练习，然后采取走和坐的休息方式，待疲劳得到恢复后，再进行同等强度的重复运动的一种训练方法。如果采用重复跑练习，选择的段落应以专项距离为主。如800米跑，以400～600米为主；1 500米跑，以700～1 200米为主；3 000米跑，以1 000～2 600米为主；5 000米跑，以1 000～4 000米为主；10 000米跑，以1 000～6 000米为主。
③各种训练手段和方法的综合运用。

④长距离的大强度越野跑。

（5）中长跑的战术训练。制定战术时必须以自己的能力为基础。科学分配体力是取得优异成绩的主要战术。通常，耐力好而速度差的选手多采用领先跑的战术，以便在跑程中能较好地发挥自己的特长，甩掉对手。而跟随跑，是最后一段发挥速度优势，全力冲刺超越对手，夺取胜利。弯道跑时，应靠近跑道内沿跑进，以免多跑距离。途中超越对手应利用惯性在下弯道或直道上进行。逆风跑时，应适当增大身体的前倾幅度，相应缩短步长，用加快频率来弥补速度的损失；顺风跑时，上体要稍微直立。

中长跑比赛的战术不是一成不变的，应根据场地、气候、对手等情况灵活掌握，做到知己知彼，以己为主，争取胜利。

三 跳跃学练方法

（一）背越式跳高学练方法

（1）介绍背越式跳高技术并结合图片、挂图、观看录像等手段，简要地讲述跳高意义和特点，使学生懂得背越式跳高的完整技术。

（2）学习原地摆腿和摆臂的技术。

（3）上一步做起跳技术，要求掌握摆动腿蹬地后快速起摆，在摆动腿和摆臂带动下，起跳腿快速蹬伸跳起动作的练习。

（4）沿着直径为10～15米的圆圈快跑。要求掌握身体的向内倾斜，从直道进入弯道的跑动动作的练习。

（5）起跳转体的动作技术，3～5步助跑起跳，身体腾空后沿身体纵轴转体180°，背对横杆落地动作的练习。

（6）4～6步弧线助跑起跳后，坐上高器械。要求掌握进入弧线助跑时，控制身体向内倾斜，起跳后身体垂直向上腾起，然后坐上高器械动作的练习。

（7）起跳后倒动作的技术。双脚并立，双腿屈膝发力向上方蹬伸跳起，腾空后，肩背积极后倒，以肩部和背部着垫子的练习。

（8）跳上垫子动作的技术。3～5步助跑起跳、转体、提髋，做背弓动作，落在垫子上动作的练习。

（9）过杆和落地动作的技术。仰卧在垫子或草地上，两肩和两脚撑地做向上抬臀挺髋动作的练习。

（10）立定背越式跳高动作的技术。要求掌握两腿屈膝半蹲，然后用力向上跳，两臂配合上摆，肩向后伸展，抬臀、挺髋成背越式姿势，肩背着垫动作的练习。4步助跑、起跳、过杆的动作练习。

（11）8步助跑，起跳过低横杆技术动作的练习。

（12）全程跑8～12步，背越式跳高、助跑、起跳、腾空过杆与落地技术动作的练习。

（二）跳远学练方法

（1）介绍跳远的技术，结合图片、挂图、录像等手段，讲解跳远的技术。教学动作练习时，应将快速助跑和合理有力的起跳相结合作为重点。

（2）学习立定跳远的技术，要求两脚并立，屈膝半蹲，两臂后摆，上体前倾。然后两臂猛然向前上方挥摆，同时两腿用力蹬地，向上跳起，落地时屈膝下蹲动作的练习。

（3）学习助跑和起跳的技术，在跑道上进行18～20步助跑练习，确定助跑距离，掌握助跑踏板动作的练习。

（4）学习上步模仿起跳，在跑道上连续做3步助跑起跳动作的练习。

（5）在跑道上慢跑3～5步，做连续起跳和腾空步练习。从跳箱上做"蹲踞式"空中动作并落地动作的练习。

（6）学习4～6步助跑起跳腾空步后，将起跳腿与摆动腿靠拢，收腹举腿尽量贴近胸部，成团身的蹲踞姿势，两脚同时落地。

（7）学习从跳箱上做"挺身式"空中动作并落地的练习。助跑6～8步起跳后做挺身展体，再收腹落地动作的练习。

（8）学习跳远全程助跑、起跳、腾空、落地的完整技术动作的练习。

（9）发展跳远的速度可以采用短距离的反复跑、行进间快跑、改变节奏跑、上下坡跑、跨栏跑等。

（10）发展快速力量：中等力量的负重练习（负重起踵、负杠铃原地跳、负重弓箭步走等）、负大质量的蹲起、用各种方法举杠铃和双人对抗性练习。

（11）发展弹跳力：

①一般跳跃练习：单足跳、跨步跳、分腿跳、蛙跳、直腿跳等。

②跳跃障碍练习：跳跃栏架、跳上台阶或各种物体。

③与专项技术相近的跳跃练习：助跑跳起触高、跳高、多级跳和三级跳远等。

四 投掷学练方法

（一）投掷实心球学练方法

1. 单手或双手推实心球

（1）单手推实心球。两脚左右或前后开立，身体面对或侧对投掷方向。单手持球于肩上，另一只手扶球并向后引肩，利用转体、蹬地和伸臂的力量，将球向前推出。

（2）双手推实心球。两脚左右或前后开立，两腿弯曲，双手胸前持球，利用蹬地、伸臂的力量将球向前推出。

2. 单手或双手抛掷实心球

（1）单手抛掷实心球。两脚前后开立，一只手体侧持球后引，借助向前摆臂的力量将球向前抛出。

（2）双手抛掷实心球。两脚左右或前后开立，上体前倾，两只手体前持球。立腰抬上体，将球举至头后，然后迅速收腹，两臂用力前摆，将球向前或向上抛出。向侧或向后抛球时，可加转体或上体后仰动作。

3. 单手或双手投实心球

（1）单手投实心球。两脚前后或左右开立，一只手举球至头上，用挥臂的力量将球向前、向侧投出。

（2）双手投实心球。两脚左右或前后开立，向左或向右转体，利用挥臂的力量将球向前、向侧投出。

（二）推铅球学练方法

（1）介绍推铅球的技术。通过讲解和示范、观看录像和图片等手段，使学生懂得推铅球的技术概念，提高学生推铅球的完整技术。

（2）学习铅球的握球、持球的技术。

（3）原地双手正面向前、向后抛实心球，两脚左右开立与肩同宽，持球半蹲。然后两腿用力蹬地，将球向前向后抛出动作的练习。

（4）原地正面推实心球或小铅球练习，两脚前后开立，右脚在后。持球后身体后仰，右腿屈膝，重心后移。接着，右腿用力向前向上蹬伸，送髋挺胸将球推出动作的练习。

（5）原地侧向推铅球练习，体会"蹬、转、挺、推、拨"的动作练习。

（6）原地侧向推铅球，完整技术教学。按侧向推铅球的预备姿势和最后用力技术的发力顺序，将铅球推出动作的练习。

（7）发展推铅球力量训练方法。

①抓举、挺举、推举杠铃。

②肩负杠铃或其他重物半蹲、全蹲、下蹲跳起、转体、前屈体。

③肩负重物单腿深蹲跳起、转体180°。

④仰卧推举、用较轻杠铃向斜上方连续推举。

⑤推或掷实心球、较重的壶铃。

⑥俯卧撑或指卧撑。

⑦各种跳跃练习，如立定跳远、立定三级跳远、多级跳等。

（8）发展速度的方法。

①跑的专门练习，快速跑20～40米。

②肩负较轻杠铃或其他重物快速半蹲、深蹲。

③用较轻的铅球或其他器械练习。

④各种形式的跳跃练习和跨栏跑。

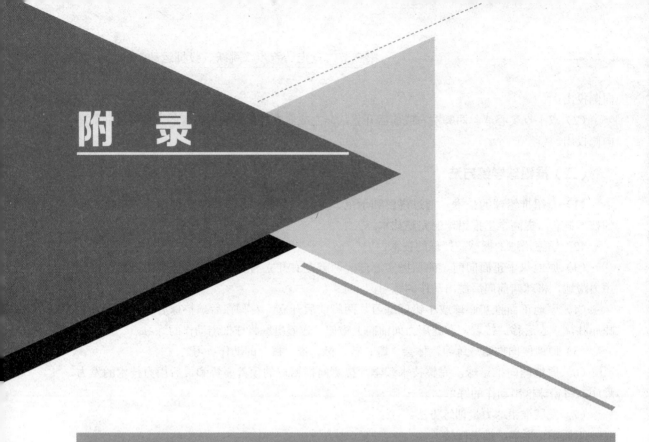

附录一 国务院办公厅关于加强全民健身场地设施建设发展群众体育的意见

国办发〔2020〕36号

各省、自治区、直辖市人民政府，国务院各部委、各直属机构：

加强全民健身场地设施（以下简称健身设施）建设，发展群众体育，是各级人民政府的重要公共服务职能，是贯彻全民健身国家战略、实施健康中国行动的必然要求。为推进健身设施建设，推动群众体育蓬勃开展，提升全民健身公共服务水平，经国务院同意，现提出以下意见。

 总体要求

以习近平新时代中国特色社会主义思想为指导，深入贯彻党的十九大和十九届二中、三中、四中全会精神，完善健身设施建设顶层设计，增加健身设施有效供给，补齐群众身边的健身设施短板，大力开展群众体育活动，统筹推进新冠肺炎疫情防控和全民健身促进工作。争取到2025年，有效解决制约健身设施规划建设的瓶颈问题，相关部门联动工作机制更加健全高效，健身设施配置更加合理，健身环境明显改善，形成群众普遍参加体育健身的良好氛围。

 完善顶层设计

（一）摸清底数短板。各地区要抓紧启动本地区健身设施现状调查，评估健身设施布局和开放使用情况,对照相关标准规范和群众需求,摸清健身设施建设短板。与此同时,要系统梳理可用于建设健身设施的城市空闲地、边角地、公园绿地、城市路桥附属用地、厂房、建筑屋顶等空间资源,以及可复合利用的城市文化娱乐、养老、教育、商业等其他设施资源,制定并向社会公布可用于建设健身设施的非体育用地、非体育建筑目录或指引。

(二)制定行动计划。各地区要结合相关规划,于1年内编制健身设施建设补短板五年行动计划,明确各年度目标任务,聚焦群众就近健身需要,优先规划建设贴近社区、方便可达的全民健身中心、多功能运动场、体育公园、健身步道、健身广场、小型足球场等健身设施,并统筹考虑增加应急避难(险)功能设置。对确有必要建设的大型体育场馆,要从严审批、合理布局,兼顾社区使用。

(三)规范审核程序。各地区在组织编制涉及健身设施建设的相关规划时,要就有关健身设施建设的内容征求同级体育主管部门意见;在审查审批建设工程设计方案时,要按照国家关于健身设施规划建设的标准规范严格把关。对于已建成交付和新建改建的健身设施,要严格用途管理,防止挪作他用。

挖掘存量建设用地潜力

(四)盘活城市空闲土地。各地区在不影响相关规划实施及交通、市容、安全等前提下,可应社会主体申请,提供城市空闲土地建设健身设施,并可依法按照兼容用途、依据地方关于临时建设的办法进行管理。

(五)用好城市公益性建设用地。鼓励依法依规利用城市公益性建设用地建设健身设施,并统筹考虑应急避难(险)需要。在不妨碍防洪、供水安全等前提下,可依法依规在河道湖泊沿岸、滩地建设健身步道等。

(六)支持以租赁方式供地。鼓励各地区在符合城市规划的前提下,以租赁方式向社会力量提供用于建设健身设施的土地,租期不超过20年。以先租后让方式供地的,健身设施建成开放并达到约定条件和年限后,可采取协议方式办理土地出让手续,出让的土地应继续用于健身设施建设运营。对按用途需要采取招标拍卖挂牌方式出让的土地,依照有关规定办理。依法必须以招标拍卖挂牌方式出让国有建设用地使用权的土地实行先租后让、租让结合的,招标拍卖挂牌程序可在租赁供应时实施。

(七)倡导复合用地模式。支持对健身设施和其他公共服务设施进行功能整合。在不改变、不影响建设用地主要用途的前提下,鼓励复合利用土地建设健身设施,通过与具有相容性用途土地产权人达成使用协议的方式促进健身设施项目落地。在养老设施规划建设中,要安排充足的健身空间。

四 提升建设运营水平

(八)简化审批程序。各地区要加大健身设施建设审批领域放管服改革力度,协调本地区发展改革、财政、自然资源、生态环境、住房城乡建设、体育、水务、应急管理、园林、城市管理等相关职能部门,简化、优化审批程序,提高健身设施项目审批效率。

（九）鼓励改造建设。各地区要统筹体育和公共卫生、应急避难（险）设施建设，推广公共体育场馆平战两用改造，在公共体育场馆新建或改建过程中预留改造条件，强化其在重大疫情防控、避险避灾方面的功能。有关改造应符合工程建设相关法律法规和技术标准，具体要求由体育总局、住房城乡建设部、国家卫生健康委、应急管理部等部门另行制定。支持建设符合环保和安全等要求的气膜结构健身馆、装配式健身馆。"十四五"期间，在全国新建或改扩建1 000个左右体育公园，打造全民健身新载体。

（十）落实社区配套要求。新建居住小区要按照有关要求和规定配建社区健身设施，并与住宅同步规划、同步建设、同步验收、同步交付，不得挪用或侵占。支持房地产开发企业结合新建小区实际和应急避难（险）需求配建健身馆等设施。社区健身设施未达到规划要求或建设标准的既有居住小区，要紧密结合城镇老旧小区改造，统筹建设社区健身设施。不具备标准健身设施建设条件的，鼓励灵活建设非标准健身设施。

（十一）支持社会参与。社会力量投资建设的室外健身设施在符合相关规划要求的前提下，由各相关方协商依法确定健身设施产权归属，建成后5年内不得擅自改变其产权归属和功能用途。社会力量可申请利用尚未明确用途的城市空闲土地、储备建设用地或者已明确为文化体育用地但尚未完成供地的地块建设临时性室外健身设施，使用时间一般不超过2年，且不能影响土地供应。

（十二）推广委托运营。推进公共体育场馆"改造功能、改革机制"工程。规范委托经营模式，编制和推广政府委托社会力量运营公共体育场馆示范合同文本。鼓励采取公开招标方式筛选运营团队，鼓励将公共体育场馆预订、赛事信息发布、经营服务统计等工作委托社会力量承担，提高运营效率。

（十三）推动设施开放。完善大型体育场馆免费或低收费开放补助政策，支持体育场馆向社会免费或低收费开放。挖掘学校体育场地设施开放潜力，在政策范围内采取必要激励机制，鼓励各地区委托专业机构集中运营本地区符合对外开放条件的学校体育场馆，促进学校体育场馆开放。推动公共体育场馆为学校开展体育活动提供免费或低收费服务。充分挖潜利用现有城市公共体育设施，加强对公共体育场馆开放使用的评估督导，对开放程度低、使用率低、服务对象满意度低的，要求其限期整改。加强对公共场所室外健身器材配建工作的监管，确保健身设施符合应急、疏散和消防安全标准，保障各类健身设施使用安全。

（十四）加强信息化建设。公共体育场馆管理运营方要积极执行场馆信息化建设标准规范，建立完善预约制度，通过即时通信工具、手机客户端、官方网站、电话等多种渠道开放预约并做好信息登记，确保进出馆人员可追溯，并根据疫情防控要求及时调整入馆限额。对开放式室外健身设施，其管理者要进行必要的人流监测，发现人员过度聚集时及时疏导。

五　实施群众体育提升行动

（十五）丰富社区体育赛事活动。体育总局要加强统筹指导和顶层设计，结合开展"我要上全运"群众体育赛事活动，打造线上与线下比赛相结合、全社会参与、多项目覆盖、多层级联动的"全国社区运动会"，充分发挥社区体育赛事在激发拼搏精神、促进邻里交往、增强社区认同感等方面的积极作用。强化项目推动和综合保障，激发社区组织协办赛事活动的积极性，支持有条件的学校体育俱乐部承办社区体育赛事。通过政府购买服务等方式，引导社会力量承接社区体育赛事活动和培训项目。赛事组织方要严格落实防疫等安全管理要求，制定相关预案。

（十六）推进"互联网＋健身"。依托现有平台和资源，委托专业机构开发基于PC端、移动端和第三方平台的国家社区体育活动管理服务系统，集成全国公共健身设施布局、科学健身知识、社会体育指导员情况等内容，实现健身设施查询预订、社会体育指导员咨询、体育培训报名等功能，并作为"全国社区运动会"的总服务保障平台。依托该平台，运用市场化方式打造"全国社区运动会"品牌，鼓励各地区正在开展或拟开展的线上、线下社区赛事活动自愿加入平台，为相关活动提供组织管理、人才技术等方面支撑，提高全民健身公共服务智能化、信息化、数字化水平。

（十七）推动居家健身。按照常态化疫情防控要求，大力推广居家健身和全民健身网络赛事活动，充分发挥全民健身在提升全民健康和免疫水平方面的积极作用。在健康中国行动系列工作中大力推进居家健身促进计划，鼓励各地区与线上运动平台合作开办居家健身课程。鼓励体育明星等体育专业技术人才参加健身直播活动，普及运动健身知识、提供科学健身指导、激发群众健身热情。

（十八）夯实组织人才基础。各地区要加快制定完善社区体育相关标准和制度规范。培育发展社会体育指导员协会、社区体育俱乐部等基层体育组织。加强社会体育指导员队伍建设，优化社会体育指导员等级制度，在组织社区体育活动、指导科学健身方面充分发挥作用。

六　加强组织领导

体育总局要会同有关部门制定落实本意见的工作计划和工作台账，对各省（自治区、直辖市）政府贯彻落实本意见情况进行跟踪评估并做好督促指导。各有关部门要加强沟通协调，抓紧细化健身设施规划、用地、开放运营等政策和标准，完善开展社区体育和居家健身的措施，指导地方做好有关工作。各地区要将健身设施规划建设、开放利用和开展群众体育纳入重点工作安排，建立健全责任明确、分工合理、齐抓共管的工作机制，提出符合本地区实际的具体贯彻落实措施。

国务院办公厅

2020年9月30日

附录二 体育总局 教育部关于印发深化体教融合 促进青少年健康发展意见的通知

体发〔2020〕1号

各省、自治区、直辖市人民政府，新疆生产建设兵团，国务院有关部委、有关直属机构：

《关于深化体教融合 促进青少年健康发展的意见》已经中央全面深化改革委员会第十三次会议审议通过。经国务院同意，现印发给你们，请结合实际认真贯彻执行。

体育总局 教育部
2020年8月31日

关于深化体教融合 促进青少年健康发展的意见

为贯彻落实习近平总书记关于体育强国建设的重要指示和全国教育大会精神，充分发挥党委领导和政府主导作用，深化具有中国特色体教融合发展，推动青少年文化学习和体育锻炼协调发展，促进青少年健康成长、锤炼意志、健全人格，培养德智体美劳全面发展的社会主义建设者和接班人，经国务院同意，现根据"一体化设计、一体化推进"原则提出以下意见。

加强学校体育工作

（一）树立健康第一的教育理念，面向全体学生，开齐开足体育课，帮助学生在体育锻炼中享受乐趣、增强体质、健全人格、锤炼意志，实现文明其精神、野蛮其体魄。

（二）开展丰富多彩的课余训练、竞赛活动，扩大校内、校际体育比赛覆盖面和参与度，组织冬夏令营等选拔性竞赛活动。通过政府购买服务等形式支持社会力量进入学校，丰富学校体育活动，加强青少年学生军训。

（三）大中小学校在广泛开展校内竞赛活动基础上建设学校代表队，参加区域内乃至全国联赛。对开展情况优异的学校，教育部门会同体育部门在教师、教练员培训等方面予以适当激励。鼓励建设高水平运动队的高校全面建立足球、篮球、排球等集体球类项目队伍，鼓励中学建立足球、篮球、排球学校代表队。

（四）支持大中小学校成立青少年体育俱乐部，制定体育教师在课外辅导和组织竞赛活动中的课时和工作量计算等补贴政策。

（五）健全学校体育相关法律体系，修订《学校体育工作条例》。教育部、体育总局共同制定学校体育标准。教育部门要会同体育、卫生健康部门加强对学校体育教学、课余训练、竞赛、学生体质健康监测的评估、指导和监督。

（六）将体育科目纳入初、高中学业水平考试范围，纳入中考计分科目，科学确定并逐步提高分值，启动体育素养在高校招生中的使用研究。

（七）加快体育高等院校建设，丰富完善体育教育体系建设。加强体育基础理论研究，发挥其在项目开展、科研训练、人才培养等方面的智库作用。体育高等院校、有体育单独招生的普通高等学校加大培养高水平教练员、裁判员力度。建设体育职业学院，加强相关专业建设，遴选建设有关职业技能等级证书，培养中小学校青训教练员。

（八）在体育高等院校建立足球、篮球、排球学院，探索在专科、本科层次设置独立的足球、篮球、排球学院。

完善青少年体育赛事体系

（九）义务教育、高中和大学阶段学生体育赛事由教育、体育部门共同组织，拟定赛事计划，统一注册资格。职业化的青少年体育赛事由各单项协会主办、教育部学生体协配合。

（十）教育、体育部门整合学校比赛、U系列比赛等各级各类青少年体育赛事，建立分学段（小学、初中、高中、大学）、跨区域（县、市、省、国家）的四级青少年体育赛事体系，利用课余时间组织校内比赛、周末组织校际比赛、假期组织跨区域及全国性比赛。

（十一）合并全国青年运动会和全国学生运动会，改称全国学生（青年）运动会，由教育部牵头、体育总局配合，组别设置、组织实施、赛制安排等具体事宜由组委会研究确定。

（十二）加快推动体育行业协会与行政机关脱钩，充分发挥单项协会的专业性、权威性，教育部学生体协积极配合，以足球、篮球、排球、冰雪等运动项目为引领，并根据项目特点和改革进展情况积极推进。

（十三）教育、体育部门为在校学生的运动水平等级认证制定统一标准并共同评定。

（十四）对参加世界大学生运动会、世界中学生运动会、世界单项学生赛事、全国运动会、全国学生（青年）运动会、全国单项锦标赛田径、游泳、射击等项目运动员的成绩纳入体育、教育部门双方奖励评估机制。

加强体育传统特色学校和高校高水平运动队建设

（十五）按照"一校一品""一校多品"的学校体育模式，整合原体育传统项目学校和体育特色学校，由教育、体育部门联合评定体育传统特色学校。教育、体育部门共同完善体育传统特色学校的竞赛、师资培训等工作。教育部门支持优秀体育传统特色学校建立高水平运动队，给予相应政策支撑。体育部门对青少年各类集训活动进行开放，接纳在校学生在课余时间参加，推动社会公共体育场馆免费或低收费向学生开放，促进学校体育水平提高。

（十六）充分利用冬夏令营活动，以体育传统特色学校为主要对象，实施体育项目技能培训，并组织力量提供专业体育训练和指导，提高体育传统特色学校运动水平。

（十七）教育、体育部门每两年对体育传统特色学校发展情况进行评估，制定相应工作计划。

（十八）教育、体育部门联合建设高校高水平运动队，进一步规范项目布局、招生规模、入学考试、考核评价等。鼓励高校积极申报设立高水平运动队，合理规划高水平运动队招生项目覆盖面，加大对高水平运动队的招生力度。

（十九）教育部门要完善加强高校高水平运动员文化教育相关政策，通过学分制、延长学制、个性化授课、补课等方式，在不降低学业标准要求、确保教育教学质量的前提下，为优秀运动员完成学业创造条件。

（二十）体育、教育部门推进国家队、省队建设改革与高校高水平运动队建设相衔接，在高水平运动队训练、竞赛、保障等方面给予大力支持，并将其纳入竞技体育后备人才培养序列。按照公开公平公正的程序选拔一定比例的优秀运动员、运动队进入省队、国家队，由其代表国家承担相应国际比赛任务。

四 深化体校改革

（二十一）推进各级各类体校改革，在突出体校专业特色和体育后备人才培养任务的同时，推动建立青少年体育训练中心，配备复合型教练员保障团队，以适当形式与当地中小学校合作，为其提供场地设施、教学服务、师资力量等。

（二十二）继续贯彻落实《关于进一步加强运动员文化教育和运动员保障工作的指导意见》，将体校义务教育适龄学生的文化教育全部纳入国民教育体系，配齐配足配优文化课教师，加强教育教学管理。鼓励体校与中小学校加强合作，为青少年运动员提供更好教育资源，创造更好的教育条件，不断提高其文化教育水平。

（二十三）确保体校教师在职称评定、继续教育等方面相应享受与当地普通中小学校或中等职业学校教师同等待遇，合理保障工资薪酬。

（二十四）鼓励体校教练员参与体育课教学和课外体育活动，为学生提供专项运动技能培训服务，并按规定领取报酬。

五 规范社会体育组织

（二十五）鼓励青少年体育俱乐部发展，建立衔接有序的社会体育俱乐部竞赛、训练和培训体系，落实相关税收政策，在场地等方面提供政策支持。教育部、体育总局共同制定社会体育俱乐部进入校园的准入标准，由学校自主选择合作俱乐部。同时要加强事中事后监管，改善营商环境，激发市场活力，避免因联合认定俱乐部而可能出现变相行政审批的现象。

（二十六）支持社会体育组织为学校体育活动提供指导，普及体育运动技能。有条件的地方，可以通过政府向社会体育组织购买服务的方式，为缺少体育师资的中小学校提供体育教学和教练服务。

六 大力培养体育教师和教练员队伍

（二十七）落实《学校体育美育兼职教师管理办法》，制定优秀退役运动员进校园担任体育教师和教练员制度，制定体校等体育系统教师、教练员到中小学校任教制度和中小学校文化课教师到体校任教制度。畅通优秀退役运动员、教练员进入学校兼任、担任体育教师的渠道，探索先入职后培训。

（二十八）选派优秀体育教师参加各种体育运动项目技能培训，增强体育教学和课余训练能力。

（二十九）制定在大中小学校设立专兼职教练员岗位制度，明确教练员职称评定、职业发展空间等。

七　强化政策保障

（三十）研究制定有体育特长学生的评价、升学保障等政策，探索灵活学籍等制度，采取综合措施为有体育特长学生创造发展空间，为愿意成为专业运动员的学生提供升学通道，解除后顾之忧。

（三十一）鼓励各地在体育传统特色学校的基础上建立健全"一条龙"人才体系，由小学、初中、高中组成对口升学单位，开展相同项目体育训练，解决体育人才升学断档问题。

（三十二）加强场地设施共享利用，鼓励存量土地和房屋、绿化用地、地下空间、建筑屋顶等兼容建设场地设施。支持场地设施向青少年免费或低收费开放，将开展青少年体育情况纳入大型体育场馆综合评价体系。鼓励利用场地设施创建或引入社会体育组织，提供更多公益性体育活动。

（三十三）严格规范青少年运动员培训、参赛和流动，加强运动员代理人从业管理，坚决执行培训补偿政策，切实保障"谁培养谁受益"。

（三十四）加大对青少年体育赛事、活动的宣传转播力度，营造全社会关注、重视青少年体育的良好氛围。

八　加强组织实施

（三十五）成立由国务院办公厅、教育部、体育总局牵头，中央宣传部、发展改革委、民政部、财政部、人力资源社会保障部、自然资源部、住房城乡建设部、卫生健康委、税务总局、市场监管总局、银保监会、共青团中央等部门参与的青少年体育工作部际联席会议制度，原则上每半年召开一次，研究解决存在的问题，重大事项按程序报国务院决定。

（三十六）压实地方责任。通过统筹资源、加强考核等政策引导，充分调动地方积极性。

（三十七）建立联合督导机制，对体教融合中涉及全民健身、竞技体育的相关政策执行情况要定期评估，对执行不力的要严肃追责。

附录三　中共中央办公厅 国务院办公厅印发《关于全面加强和改进新时代学校体育工作的意见》和《关于全面加强和改进新时代学校美育工作的意见》

新华社北京10月15日电　近日，中共中央办公厅、国务院办公厅印发了《关于全面加强和改进新时代学校体育工作的意见》和《关于全面加强和改进新时代学校美育工作的意见》，并发出通知，要求各地区各部门结合实际认真贯彻落实。

《关于全面加强和改进新时代学校体育工作的意见》全文如下。

学校体育是实现立德树人根本任务、提升学生综合素质的基础性工程，是加快推进教育现代化、建设教育强国和体育强国的重要工作，对于弘扬社会主义核心价值观，培养学生爱国主义、集体主义、社会主义精神和奋发向上、顽强拼搏的意志品质，实现以体育智、以体育心具有独特功能。为贯彻落实习近平总书记关于教育、体育的重要论述和全国教育大会精神，把学校体育工作摆在更加突出位置，构建德智体美劳全面培养的教育体系，现就全面加强和改进新时代学校体育工作提出如下意见。

一、总体要求

1. 指导思想。以习近平新时代中国特色社会主义思想为指导，全面贯彻党的教育方针，坚持社会主义办学方向，以立德树人为根本，以社会主义核心价值观为引领，以服务学生全面发展、增强综合素质为目标，坚持健康第一的教育理念，推动青少年文化学习和体育锻炼协调发展，帮助学生在体育锻炼中享受乐趣、增强体质、健全人格、锤炼意志，培养德智体美劳全面发展的社会主义建设者和接班人。

2. 工作原则。

——改革创新，面向未来。立足时代需求，更新教育理念，深化教学改革，使学校体育同教育事业的改革发展要求相适应，同广大学生对优质丰富体育资源的期盼相契合，同构建德智体美劳全面培养的教育体系相匹配。

——补齐短板，特色发展。补齐师资、场馆、器材等短板，促进学校体育均衡发展。坚持整体推进与典型引领相结合，鼓励特色发展。弘扬中华体育精神，推广中华传统体育项目，形成"一校一品""一校多品"的学校体育发展新局面。

——凝心聚力，协同育人。深化体教融合，健全协同育人机制，为学生纵向升学和横向进入专业运动队、职业体育俱乐部打通通道，建立完善家庭、学校、政府、社会共同关心支持学生全面健康成长的激励机制。

3. 主要目标。到2022年，配齐配强体育教师，开齐开足体育课，办学条件全面改善，学校体育工作制度机制更加健全，教学、训练、竞赛体系普遍建立，教育教学质量全面提高，育人成效显著增强，学生身体素质和综合素养明显提升。到2035年，多样化、现代化、高质量的学校体育体系基本形成。

不断深化教学改革

4. 开齐开足上好体育课。严格落实学校体育课程开设刚性要求，不断拓宽课程领域，逐步增加课时，丰富课程内容。义务教育阶段和高中阶段学校严格按照国家课程方案和课程标准开齐开足上好体育课。鼓励基础教育阶段学校每天开设1节体育课。高等教育阶段学校要将体育纳入人才培养方案，学生体质健康达标、修满体育学分方可毕业。鼓励高校和科研院所将体育课程纳入研究生教育公共课程体系。

5. 加强体育课程和教材体系建设。学校体育课程注重大中小幼相衔接，聚焦提升学生核心素养。学前教育阶段开展适合幼儿身心特点的游戏活动，培养体育兴趣爱好，促进运动机能协调发展。义务教育阶段体育课程帮助学生掌握1至2项运动技能，引导学生树立正确健康观。高中阶段体育课程进一步发展学生运动专长，引导学生养成健康生活方式，形成积极向上的健全人格。职业教育体育课程与职业技能培养相结合，培养身心健康的技术人才。高等教育阶段体育课程与创新人才培养相结合，培养具有崇高精神追求、高尚人格修养的高素质人才。学校体育教材体系建设要扎根中国、融通中外，充分体现思想性、教育性、创新性、实践性，根据学生年龄特点和身心发展规律，围绕课程目标和运动项目特点，精选教学素材，丰富教学资源。

6. 推广中华传统体育项目。认真梳理武术、摔跤、棋类、射艺、龙舟、毽球、五禽操、舞龙舞狮等中华传统体育项目，因地制宜开展传统体育教学、训练、竞赛活动，并融入学校体育教学、训练、竞赛机制，形成中华传统体育项目竞赛体系。涵养阳光健康、拼搏向上的校园体育文化，培养学生爱国主义、集体主义、社会主义精神，增强文化自信，促进学生知行合一、刚健有为、自强不息。深入开展"传承的力量——学校体育艺术教育弘扬中华优秀传统文化成果展示活动"，加强宣传推广，让中华传统体育在校园绽放光彩。

7. 强化学校体育教学训练。逐步完善"健康知识＋基本运动技能＋专项运动技能"的学校体育教学模式。教会学生科学锻炼和健康知识，指导学生掌握跑、跳、投等基本运动技能和足球、篮球、排球、田径、游泳、体操、武术、冰雪运动等专项运动技能。健全体育锻炼制度，广泛开展普及性体育运动，定期举办学生运动会或体育节，组建体育兴趣小组、社团和俱乐部，推动学生积极参与常规课余训练和体育竞赛。合理安排校外体育活动时间，着力保障学生每天校内、校外各1个小时体育活动时间，促进学生养成终身锻炼的习惯。加强青少年学生军训。

8. 健全体育竞赛和人才培养体系。建立校内竞赛、校际联赛、选拔性竞赛为一体的大中小学体育竞赛体系，构建国家、省、市、县四级学校体育竞赛制度和选拔性竞赛（夏令营）制度。大中小学校建设学校代表队，参加区域乃至全国联赛。加强体教融合，广泛开展青少年体育夏（冬）令营活动，鼓励学校与体校、社会体育俱乐部合作，共同开展体育教学、训练、竞赛，促进竞赛体系深度融合。深化全国学生运动会改革，每年开展赛事项目预赛。加强体育传统特色学校建设，完善竞赛、师资培训等工作，支持建立高水平运动队，提高体育传统特色学校运动水平。加强高校高水平运动队建设，优化拓展项目布局，深化招生、培养、竞赛、管理制度改革，将高校高水平运动队建设与中小学体育竞赛相衔接，纳入国家竞技体育后备人才培养体系。深化高水平运动员注册制度改革，建立健全体育运动水平等级标准，打通教育和体育系统高水平赛事互认通道。

三、全面改善办学条件

9. 配齐配强体育教师。各地要加大力度配齐中小学体育教师，未配齐的地区应每年划出一定比例用于招聘体育教师。在大中小学校设立专（兼）职教练员岗位。建立聘用优秀退役运动员为体育教师或教练员制度。有条件的地区可以通过购买服务方式，与相关专业机构等社会力量合作向中小学提供体育教育教学服务，缓解体育师资不足问题。实施体育教育专业大学生支教计划。通过"国培计划"等加大对农村体育教师的培训力度，支持高等师范院校与优质中小学建立协同培训基地，支持体育教师海外研修访学。推进高校体育教育专业人才培养模式改革，推进地方政府、高校、中小学协同育人，建设一批试点学校和教育基地。明确高校高职体育专业和高校高水平运动队专业教师、教练员配备最低标准，不达标的高校原则上不得开办相关专业。

10. 改善场地器材建设配备。研究制定国家学校体育卫生条件基本标准。建好满足课程教学和实践活动需求的场地设施、专用教室。把农村学校体育设施建设纳入地方义务教育均衡发展规划，鼓励有条件的地区在中小学建设体育场馆，与体育基础薄弱学校共用共享。小规模学校以保基本、兜底线为原则，配备必要的功能教室和设施设备。加强高校体育场馆建设，鼓励有条件的高校与地方共建共享。配好体育教学所需器材设备，建立体育器材补充机制。建有高水平运动队的高校，场地设备配备条件应满足实际需要，不满足的原则上不得招生。

11. 统筹整合社会资源。完善学校和公共体育场馆开放互促共进机制，推进学校体育场馆向社会开放、公共体育场馆向学生免费或低收费开放，提高体育场馆开放程度和利用效率。鼓励学校和社会体育场馆合作开设体育课程。统筹好学校和社会资源，城市和社区建设规划要统筹学生体育锻炼需要，新建项目优先建在学校或其周边。综合利用公共体育设施，将开展体育活动作为解决中小学课后"三点半"问题的有效途径和中小学生课后服务工作的重要载体。

四、积极完善评价机制

12. 推进学校体育评价改革。建立日常参与、体质监测和专项运动技能测试相结合的考查机制，将达到国家学生体质健康标准要求作为教育教学考核的重要内容。完善学生体质健康档案，中小学校要客观记录学生日常体育参与情况和体质健康监测结果，定期向家长反馈。将体育科目纳入初、高中学业水平考试范围。改进中考体育测试内容、方式和计分办法，科学确定并逐步提高分值。积极推进高校在招生测试中增设体育项目。启动在高校招生中使用体育素养评价结果的研究。加强学生综合素质评价档案使用，高校根据人才培养目标和专业学习需要，将学生综合素质评价结果作为招生录取的重要参考。

13. 完善体育教师岗位评价。把师德师风作为评价体育教师素质的第一标准。围绕教会、勤练、常赛的要求，完善体育教师绩效工资和考核评价机制。将评价导向从教师教了多少转向教会了多少，从完成课时数量转向教育教学质量。将体育教师课余指导学生勤练和常赛，以及承担学校安排的课后训练、课外活动、课后服务、指导参赛和走教任务计入工作量，并根据学生体质健康状况和竞赛成绩，在绩效工资内部分配时给予倾斜。完善体育教师职称评聘标准，确保体育教师在职务职称晋升、教学科研成果评定等方面，与其他学科教师享受同等待遇。优化体育教师岗位结构，畅通体育教师职业发展通道。提升体育教师科研能力，在全国教育科学规划课题、教育部人文社会科学研究项目中设立体育专项课题。加大对体育教师表彰力度，在教学成果奖等评选表彰中，保证体育教师占有一定比例。参照体育教师，研究并逐步完善学校教练员岗位评价。

14. 健全教育督导评价体系。将学校体育纳入地方发展规划，明确政府、教育行政部门和学校的职责。把政策措施落实情况、学生体质健康状况、素质测评情况和支持学校开展体育工作情况等纳入教育督导评估范围。完善国家义务教育体育质量监测，提高监测科学性，公布监测结果。把体育工作及其效果作为高校办学评价的重要指标，纳入高校本科教学工作评估指标体系和"双一流"建设成效评价。对政策落实不到位、学生体质健康达标率和素质测评合格率持续下降的地方政府、教育行政部门和学校负责人，依规依法予以问责。

五 切实加强组织保障

15. 加强组织领导和经费保障。地方各级党委和政府要把学校体育工作纳入重要议事日程，加强对本地区学校体育改革发展的总体谋划，党政主要负责同志要重视、关心学校体育工作。各地要建立加强学校体育工作部门联席会议制度，健全统筹协调机制。把学校体育工作纳入有关领导干部培训计划。各级政府要调整优化教育支出结构，完善投入机制，积极支持学校体育工作。地方政府要统筹安排财政转移支付资金和本级财力支持学校体育工作。鼓励和引导社会资金支持学校体育发展，吸引社会捐赠，多渠道增加投入。

16. 加强制度保障。完善学校体育法律制度，研究修订《学校体育工作条例》。鼓励地方出台学校体育法规制度，为推动学校体育发展提供有力法治保障。建立政府主导、部门协同、社会参与的安全风险管理机制。健全政府、学校、家庭共同参与的学校体育运动伤害风险防范和处理机制，探索建立涵盖体育意外伤害的学生综合保险机制。试行学生体育活动安全事故第三方调解机制。强化安全教育，加强大型体育活动安全管理。

17. 营造社会氛围。各地要研究落实加强和改进新时代学校体育工作的具体措施，可以结合实际制定实施学校体育教师配备和场地器材建设三年行动计划。总结经验做法，形成可推广的政策制度。加强宣传，凝聚共识，营造全社会共同促进学校体育发展的良好社会氛围。

《关于全面加强和改进新时代学校美育工作的意见》全文如下。

美是纯洁道德、丰富精神的重要源泉。美育是审美教育、情操教育、心灵教育，也是丰富想象力和培养创新意识的教育，能提升审美素养、陶冶情操、温润心灵、激发创新创造活力。为贯彻落实习近平总书记关于教育的重要论述和全国教育大会精神，进一步强化学校美育育人功能，构建德智体美劳全面培养的教育体系，现就全面加强和改进新时代学校美育工作提出如下意见。

一 总体要求

1. 指导思想。以习近平新时代中国特色社会主义思想为指导，全面贯彻党的教育方针，坚持社会主义办学方向，以立德树人为根本，以社会主义核心价值观为引领，以提高学生审美和人文素养为目标，弘扬中华美育精神，以美育人、以美化人、以美培元，把美育纳入各级各类学校人才培养全过程，贯穿学校教育各学段，培养德智体美劳全面发展的社会主义建设者和接班人。

2. 工作原则。

——坚持正确方向。将学校美育作为立德树人的重要载体，坚持弘扬社会主义核心价值观，强化中华优秀传统文化、革命文化、社会主义先进文化教育，引领学生树立正确的历史观、民族观、国家观、文化观，陶冶高尚情操，塑造美好心灵，增强文化自信。

——坚持面向全体。健全面向人人的学校美育育人机制，缩小城乡差距和校际差距，让所有在校学生都享有接受美育的机会，整体推进各级各类学校美育发展，加强分类指导，鼓励特色发展，形成"一校一品""一校多品"的学校美育发展新局面。

——坚持改革创新。全面深化学校美育综合改革，坚持德智体美劳五育并举，加强各学科有机融合，整合美育资源，补齐发展短板，强化实践体验，完善评价机制，全员全过程全方位育人，形成充满活力、多方协作、开放高效的学校美育新格局。

3. 主要目标。到 2022 年，学校美育取得突破性进展，美育课程全面开齐开足，教育教学改革成效显著，资源配置不断优化，评价体系逐步健全，管理机制更加完善，育人成效显著增强，学生审美和人文素养明显提升。到 2035 年，基本形成全覆盖、多样化、高质量的具有中国特色的现代化学校美育体系。

二 不断完善课程和教材体系

4. 树立学科融合理念。加强美育与德育、智育、体育、劳动教育相融合，充分挖掘和运用各学科蕴含的体现中华美育精神与民族审美特质的心灵美、礼乐美、语言美、行为美、科学美、秩序美、健康美、勤劳美、艺术美等丰富美育资源。有机整合相关学科的美育内容，推进课程教学、社会实践和校园文化建设深度融合，大力开展以美育为主题的跨学科教育教学和课外校外实践活动。

5. 完善课程设置。学校美育课程以艺术课程为主体，主要包括音乐、美术、书法、舞蹈、戏剧、戏曲、影视等课程。学前教育阶段开展适合幼儿身心特点的艺术游戏活动。义务教育阶段丰富艺术课程内容，在开好音乐、美术、书法课程的基础上，逐步开设舞蹈、戏剧、影视等艺术课程。高中阶段开设多样化艺术课程，增加艺术课程的可选择性。职业教育将艺术课程与专业课程有机结合，强化实践，开设体现职业教育特点的拓展性艺术课程。高等教育阶段开设以审美和人文素养培养为核心、以创新能力培育为重点、以中华优秀传统文化传承发展和艺术经典教育为主要内容的公共艺术课程。

6. 科学定位课程目标。构建大中小幼相衔接的美育课程体系，明确各级各类学校美育课程目标。学前教育阶段培养幼儿拥有美好、善良心灵和懂得珍惜美好事物。义务教育阶段注重激发学生艺术兴趣和创新意识，培养学生健康向上的审美趣味、审美格调，帮助学生掌握1至2项艺术特长。高中阶段丰富审美体验，开阔人文视野，引导学生树立正确的审美观、文化观。职业教育强化艺术实践，培养具有审美修养的高素质技术技能人才，引导学生完善人格修养，增强文化创新意识。高等教育阶段强化学生文化主体意识，培养具有崇高审美追求、高尚人格修养的高素质人才。

7. 加强教材体系建设。编写教材要坚持马克思主义指导地位，扎根中国、融通中外，体现国家和民族基本价值观，格调高雅，凸显中华美育精神，充分体现思想性、民族性、创新性、实践性。根据学生年龄特点和身心成长规律，围绕课程目标，精选教学素材，丰富教学资源。加强大中小学美育教材一体化建设，注重教材纵向衔接，实现主线贯穿、循序渐进。中小学美育教材按规定审定后使用。高校落实美育教材建设主体责任，做好教材研究、编写、使用等工作，探索形成以美学和艺术史论类、艺术鉴赏类、艺术实践类为主体的高校公共艺术课程教材体系。

全面深化教学改革

8. 开齐开足上好美育课。严格落实学校美育课程开设刚性要求，不断拓宽课程领域，逐步增加课时，丰富课程内容。义务教育阶段和高中阶段学校严格按照国家课程方案和课程标准开齐开足上好美育课。高等教育阶段将公共艺术课程与艺术实践纳入学校人才培养方案，实行学分制管理，学生修满公共艺术课程2个学分方能毕业。鼓励高校和科研院所将美学、艺术学课程纳入研究生教育公共课程体系。

9. 深化教学改革。逐步完善"艺术基础知识基本技能+艺术审美体验+艺术专项特长"的教学模式。在学生掌握必要基础知识和基本技能的基础上，着力提升文化理解、审美感知、艺术表现、创意实践等核心素养，帮助学生形成艺术专项特长。成立全国高校和中小学美育教学指导委员会，培育一批学校美育优秀教学成果和名师工作室，建设一批学校美育实践基地，开发一批美育课程优质数字教育资源。推动高雅艺术进校园，持续建设中华优秀传统文化传承学校和基地，创作并推广高校原创文化精品，以大爱之心育莘莘学子，以大美之艺绘传世之作，努力培养心灵美、形象美、语言美、行为美的新时代青少年。

10. 丰富艺术实践活动。面向人人，建立常态化学生全员艺术展演机制，大力推广惠及全体学生的合唱、合奏、集体舞、课本剧、艺术实践工作坊和博物馆、非遗展示传习场所体验学习等实践活动，广泛开展班级、年级、院系、校级等群体性展示交流。有条件的地区可以每年开展大中小学生艺术专项展示，每3年分别组织1次省级大学生和中小学生综合性艺术展演。加强国家级示范性大中小学校学生艺术团建设，遴选优秀学生艺术团参与国家重大演出活动，以弘扬中华优秀传统文化、革命文化、社会主义先进文化为导向，发挥示范引领作用。

11. 推进评价改革。把中小学生学习音乐、美术、书法等艺术类课程以及参与学校组织的艺术实践活动情况纳入学业要求，探索将艺术类科目纳入初、高中学业水平考试范围。全面实施中小学生艺术素质测评，将测评结果纳入初、高中学生综合素质评价。探索将艺术类科目纳入中考改革试点，纳入高中阶段学校考试招生录取计分科目，依据课程标准确定考试内容，利用现代技术手段促进客观公正评价。

12. 加快艺术学科创新发展。专业艺术教育坚持以一流为目标，进一步优化学科专业布局，构建多元化、特色化、高水平的中国特色艺术学科专业体系，加强国家级一流艺术类专业点建设，创新艺术人才培养机制，提高艺术人才培养能力。艺术师范教育以培养高素质专业化创新型教师队伍为根本，坚定办学方向、坚守师范特质、坚持服务需求、强化实践环节，构建协同育人机制，鼓励艺术教师互聘和双向交流。鼓励有条件的地区建设一批高水平艺术学科创新团队和平台，整合美学、艺术学、教育学等学科资源，加强美育基础理论建设，建设一批美育高端智库。

四 着力改善办学条件

13. 配齐配好美育教师。各地要加大中小学美育教师补充力度，未配齐的地区应每年划出一定比例用于招聘美育教师。有条件的地区可以通过购买服务方式，与相关专业机构等社会力量合作，向中小学提供美育教育教学服务，缓解美育师资不足问题。鼓励优秀文艺工作者等人士到学校兼任美育教师。推动实施艺术教育专业大学生支教计划。全面提高美育教师思想政治素质、教学素质、育人能力和职业道德水平。优化美育教师岗位结构，畅通美育教师职业发展通道。将美育教师承担学校安排的艺术社团指导，课外活动、课后服务等第二课堂指导和走教任务计入工作量。在教学成果奖等评选表彰中，保证美育教师占有一定比例。

14. 改善场地器材建设配备。建好满足课程教学和实践活动需求的场地设施、专用教室。把农村学校美育设施建设纳入地方义务教育均衡发展规划，小规模学校以保基本、兜底线为原则，配备必要的功能教室和设施设备。鼓励有条件的地区在中小学校建设美育场馆，与周边学校和社区共用共享。加强高校美育场馆建设，鼓励有条件的高校与地方共建共享剧院、音乐厅、美术馆、书法馆、博物馆等艺术场馆。配好美育教学所需器材设备，建立美育器材补充机制。制定学校美育工作基本标准。

15. 统筹整合社会资源。加强美育的社会资源供给，推动基本公共文化服务项目为学校美育教学服务。城市和社区建设规划要统筹学生艺术实践需要，新建文化艺术项目优先建在学校或其周边。鼓励学校与社会公共文化艺术场馆、文艺院团合作开设美育课程。整合校内、校外资源开展美育实践活动，作为解决中小学课后"三点半"问题的有效途径和中小学生课后服务工作的重要载体。有条件的地方和学校每年组织学生现场参观1次美术馆、书法馆、博物馆，让收藏在馆所里的文物、陈列在大地上的文化艺术遗产成为学校美育的丰厚资源，让广大学生在艺术学习过程中了解中华文化变迁，触摸中华文化脉络，汲取中华文化艺术精髓。充分挖掘学校艺术场馆的社会服务功能，鼓励有条件的学校将艺术场馆向社会有序开放。

16. 建立美育基础薄弱学校帮扶机制。各地要加强乡村学校美育教师培养，通过乡村教师公费定向培养项目，培养能够承担美育教学的全科教师。鼓励开展对乡村学校各学科在职教师的美育培训，培养能够承担美育教学与活动指导的兼职美育教师。推进农村学校艺术教育实验县等综合改革实践，建立校际教师共享和城乡学校"手拉手"帮扶机制。统筹乡镇中心学校和小规模学校美育课程设置、教学安排、教研活动和教师管理，采取同步课堂、共享优质在线资源等方式，补齐师资和资源短板。引导高校师生强化服务社会意识，支持高校开展美育浸润行动计划，支持社会力量开展美育公益项目。

五　切实加强组织保障

17．加强组织领导和经费保障。地方各级党委和政府要把学校美育工作纳入重要议事日程，纳入地方经济社会发展规划，加强对本地区学校美育改革发展的总体谋划。各地要建立加强学校美育工作部门联席会议制度，健全统筹协调机制。把学校美育工作纳入有关领导干部培训计划。各级政府要调整优化教育支出结构，完善投入机制，地方政府要统筹安排财政转移支付资金和本级财力支持学校美育工作。鼓励和引导社会资金支持学校美育发展，吸引社会捐赠，多渠道增加投入。

18．加强制度保障。完善学校美育法律制度，研究制定规范学校美育工作的法规。鼓励地方出台学校美育法规制度，为推动学校美育发展提供有力法治保障。健全教育督导评价制度，把政策措施落实情况、学生艺术素质测评情况和支持学校开展美育工作情况等纳入教育督导评估范围。完善国家义务教育美育质量监测，公布监测结果。把美育工作及其效果作为高校办学评价的重要指标，纳入高校本科教学工作评估指标体系和"双一流"建设成效评价。对政策落实不到位、学生艺术素质测评合格率持续下降的地方政府、教育行政部门和学校负责人，依规依法予以问责。

19．营造社会氛围。各地要研究落实加强和改进新时代学校美育工作的具体措施，可以结合实际制定实施学校美育教师配备和场地器材建设三年行动计划。加强宣传，凝聚共识，营造全社会共同促进学校美育发展的良好社会氛围。

参考文献

[1] 王梅珍. 大学体育 [M]. 郑州：河南人民出版社，2005.
[2] 丁英俊. 大学体育 [M]. 郑州：河南大学出版社，2003.
[3] 冯国敏，吴文胜. 体育与健康指南 [M]. 广州：暨南大学出版社，2004.
[4] 崔龙，尹林. 新编高职体育与健康 [M]. 北京：北京理工大学出版社，2011.
[5] 颜鸿填，赵双云. 大学生体育与健康教程 [M]. 武汉：武汉大学出版社，2011.
[6] 林旺枢，戴文交. 大学生体育与健康教程 [M]. 武汉：武汉大学出版社，2014.
[7] 殷志栋，陈庆合，张天雷. 大学体育与健康 [M]. 大连：大连理工大学出版社，2006.
[8] 尹建强，冯峰，张红学. 新编大学体育 [M]. 北京：中国人民公安大学出版社，2012.
[9] 张新定，云颖. 大学体育教程 [M]. 北京：高等教育出版社，2018.